U0154496

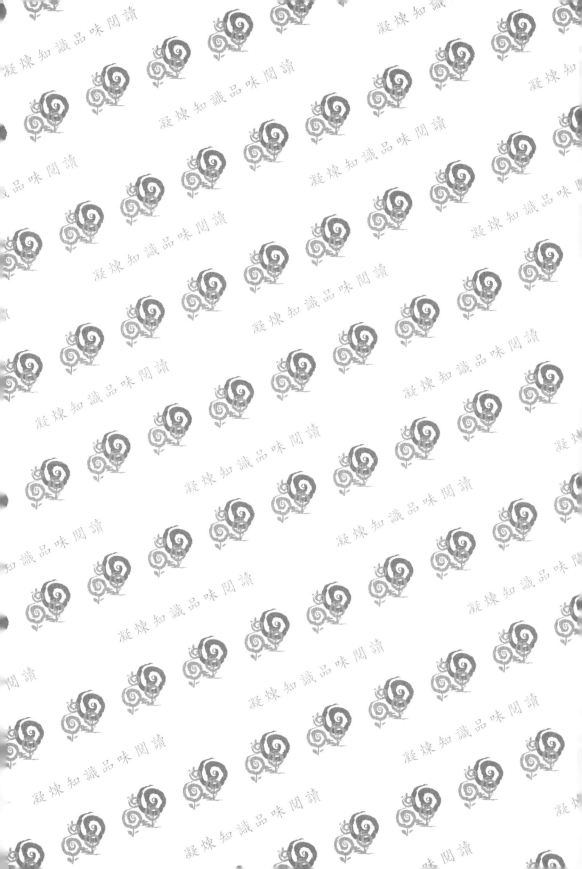

案例式

商標法

林洲富 ｜著

五南圖書出版公司 印行

六版序

PREFACE

　　拙著商標法案例式緣於2008年8月初版付梓，原意係作為有志研讀商標法者之入門書籍。因智慧財產及商業法院管轄有關智慧財產之民事、刑事及行政訴訟事件，作者現為智慧財產及商業法院法官，為使智慧財產案例式叢書可涵蓋智慧財產之民事、刑事及行政等程序法與實體法，得作為學習與實務入門之參考書籍。故近年陸續委請五南圖書公司出版智慧財產權法、專利法、著作權法、智慧財產行政程序與救濟、營業秘密與競業禁止、公平交易法、智慧財產刑事法等案例式專書，以建構智慧財產法案例式八冊。再者，本書為使考生知悉國家考試之方向，茲將歷屆考題出處標示於內文，俾於掌握研讀重心。

　　本書自上次再版迄今已逾2年，商標法前於2022年5月4日修正公布之第68、70、95至97條條文，嗣於2023年5月24日修正公布之第6、12、13、19、30、36、75、94、99、104、106、107條條文、增訂第98-1、109-1條條文。作者基於商標審判之實務心得，茲就內文再度進行修正與勘誤，並增述商標法施行細則修正、最新學說理論、實務見解及例題解析等內容，暨將參與口試有關商標之法學碩士論文，如吳昆達「由商標法上混淆理論之演進探討商標權侵權之認定—以美國法之初始興趣混淆理論為中心」、吳聆佳「商標法上公眾審查制—論異議制之存廢」、洪敏晴「商標侵權救濟制度之研究—以刑事責任之必要為中心」、陳思伃「反向混淆理論之研究—以美國法為主」、梅安華「由賽德克‧巴萊註冊案探討商標法上公序良俗條款」、賴靖基「探討網路購物平臺提供者之商標侵權責任」、許漢義「位置商標之研究－以識別性及功能性為中心」。作者認值得參考之意見，斟酌置入本文，務必使本書增訂6版，減少繆

誤與提升參考價值。承蒙法界先進之厚愛，對拙著多所指正錯誤與惠賜寶貴意見，倘有未周詳處，敬請各界賢達不吝指教。

林洲富

2023年9月1日

謹識於文化大學法學院

推薦序
FOREWORD

　　修正商標法甫於2012年7月1日施行，新法將商標法大幅翻修，章節名稱及條次等全部調整，其內容明定該法保護客體，增訂展覽會優先權、商標共有、專屬授權及非專屬授權，據以評定或廢止商標應檢送申請前三年之使用證據、海關邊境管制措施、侵害證明標章權及明知侵權商品而透過子媒體或網絡販賣之刑罰制裁，修正商標不得註冊之事由、合理使用之範圍、侵權、證明標章及團體標章之規定等，其適用所需理解及釐清之事項，可謂經緯萬端。

　　商標法之民事、刑事及行政訴訟均屬智慧財產及商業法院管轄之案件，作者林州富法官為智慧財產及商業法院現任法官，富審理商標訴訟之實務經驗，又勤於治學，於其大作《商標法—案例式》二版，迅速地將此修法之應用，體系性介紹給讀者，是欲瞭解商標法最新修正內容及其適用之極佳參考書籍。

高秀真

2012.07.27

於智慧財產及商業法院院長室

自 序
PREFACE

　　商標法不似其他智慧財產權法,有跨越科技專業領域之迷思,故研讀商標法之法條內容,即可有效率地獲得整體之概念。因筆者從事智慧財產民事審判多年,認為商標法屬於實用商業法之範疇,應將實務與理論相互結合,故本於教學與實務之工作經驗,謹參考國內、外學說及實務見解,試以案例之方式,說明並分析法律之原則,將商標法理論轉化成實用之產業利器,俾於有志研習者易於瞭解,期能增進學習之效果。準此,茲將拙著定名為「商標法—案例式」,因筆者學識不足,所論自有疏誤之處,敬祈賢達法碩,不吝賜教,誠為感幸。

林洲富

2008年6月18日

於臺灣臺中地方法院

目 次 CONTENTS

第一章

緒　論

關鍵詞：

公平交易法、使用主義、維權使用、無體財產權、商標個案審查原則

第一節　商標制度之起源

　　商標之英文為trademark，trade係指交易或買賣而言，mark之意，為標記或符號，是商標與商業行為有密不可分之關係[1]。商標雖屬智慧財產權，然商標並非經創造或發明而來，係長期使用與廣告宣傳而累積之商譽表徵，其性質與專利、著作為人類之心智成果，有所不同。準此，商標係一種標記，應用於服務或商品之用途，具有辨識、品質保證及廣告促銷等功能，是商標對於權利人而言，誠屬有價值之權利與財富，自應受法律之保護。

例題1

> 　　商標與公司名稱、自然人姓名有何不同？得否以公司名稱或自然人姓名，作為商品或服務之商標？試以公司法與商標法之規定，說明其性質、差異處及關聯？

壹、商標之演進

　　商標與商業活動有相當密切關聯，業者於商品上標示不同之記號或圖樣，作為交易之使用之標記，俾以區隔其他業者之商品，其具有強烈之商業性質。商標之起源，首推西班牙游牧部落採用的烙印，游牧民族在自己所屬之牲畜打上標誌，在以物易物交換時能與他人的牲畜有所區別[2]。法國於1857年制定世界第一部商標法，歐洲各國嗣於1883年簽訂保護產業財產權巴黎公約，承認商標為工業財產權。由於智慧財產權保護有全球化

---

[1] 鄭中人，智慧財產權法導讀，五南圖書出版股份有限公司，2005年10月，3版4刷，頁141。

[2] 曲三強，知識產權法原理，中國檢察出版社，2004年1月，頁475。

之趨勢[3]，而商標為智慧財產權之一環。職是，世界各國於1994年4月簽訂TRIPs協定，嗣於同年10月於瑞士日內瓦簽訂商標法條約（Trademark Law Treaty, TLT）。其中TRIPs係有關智慧財產權實體法之規定，TLT則為有關商標申請之程序法規範，而該等國際協定目前已成世界商標法制定或修訂之範本。

貳、商標之功能

一、表彰來源功能

商標可表彰商品或服務之來源（sources of goods and services），為表彰商標權人所生產、製造、加工、揀選、批售或經紀之商品或所提供之服務，商標之指示來源功能（source-indicating function），係商標制度之基本使命與最重要之功能[4]。

二、辨識功能

商標係商品或服務之標識，藉以與他人之商品或服務相區別，其特徵足以辨識商品或服務之來源，商品之辨識功能（identification function）與商標圖樣之獨特性，兩者形成正比關係。例如，商品上標示acer之商標，可知該商品係宏碁股份有限公司所生產。準此，商標設計應具有特別性、象徵性及獨創性等特徵，並與企業名稱一致。故其他製造家電之廠商，不得於其生產之商品上使用acer之商標，否則除侵害acer之商標權外，亦使相關消費者亦會誤認電腦之來源，而使相關消費權益受損，作為商標識別功能（distinguishing function）發揮[5]。

---

[3] Peter Drahos & Ruth Mayne, *Global Intellectual Property Rights Knowledge, Access and Development* 1 (2002).

[4] 謝國廉，歐盟與英國商標真正使用之概念與實務，智慧財產訴訟制度相關論文彙編，3輯，司法院，2014年12月，頁128。

[5] 謝國廉，歐盟與英國商標真正使用之概念與實務，智慧財產訴訟制度相關論文彙編，3輯，司法院，2014年12月，頁128至129。

三、品質擔保功能

依據市場之運作功能，不同之商品或服務會被賦予不同之評價，因此依附商品或服務之商標，其具有擔保商品或服務品質之功能，表彰商品或服務具有一定相同品質（quality function）。經由商標功能，建立廠商之營業信譽與顧客吸引力之重要效益。例如，acer之商標，相關消費者通常認為該電腦具有相當之品質保證。

四、廣告促銷功能

企業以廣告促銷其商品或服務，一般均會針對商品或服務之功能或特性設計商標，以吸引相關消費者之注意，藉此強力推銷其商品或服務，倘該商品或服務於市場上具有良好之評價或回響，該商標無疑是最佳之產品代言者。準此，商標具有廣告之功能（advertising function），可激發或加強相關消費者對於商品或服務之購買慾，為商標權人之最佳推銷員。

參、商標權之性質

一、財產權

商標權（trademark rights）係商標權利人得專用其商標之權利，商標權為財產權，屬智慧財產權之一環，其不同於有體財產權，係無體財產權，具有準物權之性質。商標權人對於侵害其商標權者，得主張禁止侵害請求權、損害賠償請求權及銷燬侵害物請求權。

二、獨占性

申請商標註冊（trademark registration）經核准而取得商標權，商標權人取得商標之獨占權，倘他人再以相同或近似之商標圖樣，使用於同一或類似之商品或服務，而致相關消費者混淆誤認之虞，經商標權人同意或授權，始得使用其商標。

三、排他性

因商標權具有獨占性，權利人得自由使用、收益及處分商標權，不許第三人干涉與侵害，否則侵害商標權者，應負民事責任，甚至處以刑事責任與課予行政責任。

肆、例題解析——商標、姓名及名稱

一、公司名稱與自然人姓名之性質

所謂公司名稱，係指公司以法人資格對外所使用之一種標誌，其行號名稱相同，均代表該事業之主體本身，屬非財產權之性質。姓名係區別自有與他人之一種符號，其包含自然人之姓氏與名字，自然人使用此符號之權利，稱為姓名權（the right of name），姓名權為人格權之一環。公司、行號名稱雖相當於自然人之姓名，然兩者係不同之概念。因名稱權係除自然人以外之各類法人與非法人團體，依法享有之權利，其不包含於姓名權內。

二、商標、公司名稱與自然人姓名之區別

商標表彰事業所提供之商品或服務之來源，其為商業之標誌或符號，必須與商品或服務相結合，始具有意義，係智慧財產權之一環，並非人格權或非財產權[6]。公司名稱具有排他性，經營相同業務之公司，不得使用相同名稱（公司法第18條第1項）。主管機關對於公司登記之申請，認為有違反本法或不合法定程式者，應令其改正，非俟改正合法後，不予登記（公司法第388條）。而商標亦具有排他效力，第三人欲使用商標，原則應經商標權人同意（商標法第35條）。再者，姓名除受民法保護外，倘

---

[6] 美國商標法第45條規定：商標者，係指製造者或商人，為表彰其商品，並與他人製造販賣之商品互相區別，而採納或使用之文字、名稱、符號、圖樣或其聯合式。

為著名之姓名、藝名、筆名或稱號者，未經本人同意申請商標註冊者，不得註冊（商標法第30條第1項第13款）。

三、商標、公司名稱與自然人姓名之關聯

公司名稱或自然人姓名倘具有識別性或第二意義，而無商標法第29條第1項、第30條第1項所列消極要件，足以使相關消費者認識其表彰之商品或服務，並得以他人商品或服務相區隔，公司或自然人自得以文字商標之形式向經濟部智慧財產局申請商標註冊，取得商標權。

第二節　我國商標制度之沿革

商標之發展具有國際性，其於國際貿易占有重要之地位[7]。是我國商標法依據國際化之趨向，商標之保護範圍，由平面商標擴張至立體商標，由傳統視覺商標延伸包含顏色、聲音、動態及全像圖商標等不同表現形式。商標具有品質保證與廣告之功能，其擁有財產價值之特性，本國所屬國際品牌之商標數目，其與經濟實力成正比關係。例如，世界著名之商標Coca-Cola於2005年之商標價值高達675億美元[8]，2007年達653億美元，足見商標之商業價值無可限量。再者，依據2012年公布之BrandZ百大全球最有價值品牌評比，顯示2012年可口可樂商標估計市場價值美金742.86億元，排名第六位，前五名分別是APPLE、IMB、GOOGLE、McDonalds、MICROSOFT[9]。該等商標，在我國均有申請商標准予註冊在案。

---

[7] W. R. Cornish, *Intellectual Property: Patent, Copyright, Trade Marks and Allied Rights* 396-397 (2nd ed., 1989).其起緣於英國出口商（British exporter）從事國際商業活動，因其他國家不保護其商標，則促使商標國際化之產生。

[8] 胡秉倫，智慧財產專業法官培訓課程—商標爭議程序及實務，經濟部智慧財產局，2006年3月21日，頁54。

[9] 呂姝賢，可口可樂的智財啟發—以「Minute Maid Bottle」立體商標申請案為中心思考，專利師，13期，2013年4月，頁63至64。

例題2

　　商標有表彰商品或服務來源之功能，具有識別性之氣味，是否得申請商標？氣味商標有無保護之必要性？試問：（一）美國法制有無規範？（二）我國商標法有無相關之規定？

壹、我國商標溯源

　　商標為商業活動的產物，我國使用商標之起源，最早於西漢宣帝五鳳年間，以五鳳作為瓷器上的標示，將一定標示用在商品包裝，使消費者認識商品來源。商標之立法最早於光緒30年頒行「商標註冊試辦章程及細目」，計28條。民國成立後，北京政府於1923年公布施行商標法與其施行細則，分別計44條、37條。現行商標法係國民政府於1930年5月6日公布，翌年元月1日施行，其後經多次修正最新修正為2023年5月24日總統華總一經字第11200042351號令修正公布第6、12、13、19、30、36、75、94、99、104、106、107條條文、增訂第98-1、109-1條條文；施行日期，由行政院定之。商標法分5章，計115條法條，各章依序為第1章總則、第2章商標申請及審查、第3章商標權、第4章證明標章、團體標章及團體商標、第5章附則。違反商標法之責任包含民事責任、刑事責任及行政責任。

貳、商標權保護之國際化

一、維護市場公平競爭秩序（92年檢察事務官）

　　我國商標法（Trademark Act）之目的在於建立註冊商標制度，以鼓勵申請註冊，藉由商標權之保護，使商標權人得以專用其註冊商標，並使消費者易於辨識，得區別商品或服務之來源，不致產生混淆誤認。是商標法之立法目的，除保障商標權人、標章權人及消費者利益外，亦有維護市

場公平競爭秩序與促進工商企業正常發展之功能（商標法第1條）。保障商標權，係指商標准予註冊後，可防止第三人以相同或近似之商標使用於同一或類似商品或服務。仿冒他人商標之行為，本質上屬於違反商業倫理之不公平競爭行為，其與公平交易法第21條至第25條所要制止之行為相同，均屬於不公平競爭行為。準此，商標法之主要目的，在於制止不公平競爭行為，以維護市場公平使用商標之競爭秩序。

二、修法與國際立法接軌

　　商業行為推陳出新，因商標與商業行為具有密切關係，故我國為維護市場公平競爭秩序（fair competitions of markets），並期與國際立法相互接軌，對於商標法有大幅之修法。例如，防止仿冒（商標法第30條第1項第10款）、著名商標之保護（商標法第30條第1項第11款、第70條第1款、第2款；商標法施行細則第31條）、防止酒類地理標示仿冒之保護（商標法第30條第1項第9款）等規範，均在維護市場之公平競爭。參諸1967年修正之保護工業財產權巴黎公約第6條之1及1994年4月之烏拉圭回合談判（GATT）所簽署之與貿易有關之智慧財產權協定（Agreement on Trade-Related Aspects of Intellectual Property Rights, TRIPs），TRIPs第15條第1項規定，足以區別不同企業之商品或服務之標識或標識之組合，應足以構成商標之圖樣。第16條亦明文揭示著名商標應予保護，以維持公平競爭之市場秩序。

參、例題解析──商標之保護範圍

一、美國法制

　　美國聯邦巡迴上訴法院1990年之Clarke事件，認為申請人以香味行銷其紡紗商品，而香味於本質以觀，已成為紡紗之特徵，作為申請人表彰該商品來源之用途，倘該氣味具有第二意義時，應准許該氣味作為商標註冊

使用[10]。準此，倘氣味得區別特定商品或服務來源時，該氣味即可作為商標使用。在特殊之商標類型而言，氣味商標應屬最獨特者。

二、我國商標法

而我國商標法除保護顏色、聲音及立體商標外，亦將氣味商標（scent or smell mark）列為保護範圍，對商標之保護範圍，將更加周全。準此，相關消費者依據嗅覺之感官，其於適當之情況，足以辨識特定之商品或服務之來源者，該氣味則具有識別性（商標法第18條第2項）。舉例說明之：（一）將各種水果氣味用於機油商品，而該氣味並非該商品之自然氣味，係附加於商品之外的獨特東西，經由嗅覺之辨識方式，得長期明顯（legible）區別其他相同或類似商品[11]；（二）該氣味屬商品或服務本身之自然氣味，或者屬業界習慣之通用氣味，均不適合作為識別之氣味。例如，將橡膠氣味用於汽車輪胎，或者草本氣味用於洗髮精[12]。因其氣味在本質或交易，並不適合用以區別商品或服務之來源。準此，商標法立法目的之一，在於保障相關消費者，當相關消費者藉由某種氣味得聯想某項商品或服務時，自可區別該商品或服務之來源，避免與其他商品或服務產生混淆情況，實可減少搜尋及交易成本[13]。

---

[10] In re Clarke, 17 U.S.P.Q.2d 1238 (T.T.A.B. 1990). Faye M. Hammersley, *The Smell of Success: Trade Dress Protection For Scent Marks*, 2 Marq. Intell. Prop. L. Rev. 105, 126 (1998). Jeffrey S. Edelstein and Cathy L. Lueders, *Recent Developments in Trade Dress Infringement Law*, 2000, 40 IDEA 105 (2000)，澳洲商標法第17條亦規定氣味商標。

[11] Wayne W. Herrington & George W. Thompson, *Intellectual Property Rights and United States International Trade Law* 222 (2002).

[12] 王德博、江存仁、李宗仁、洪淑敏、黃柏森、鍾桂華譯，澳洲商標法審查及程序手冊第21章，智慧財產權月刊，65期，2004年5月，頁115至117。

[13] 黃堅真，氣味商標之研究—以美國法探討我國氣味商標識別性問題，智慧財產權月刊，89期，2006年5月，頁71。

第三節　商標法之立法原則

　　商標之保護目的，在於辨識提供商品或服務之來源，爲避免有混淆誤認之情事，以維護商標權人、標章權人之權利及消費者利益，並防止不公平競爭行爲，暨促進工商企業之正常發展。準此，保護商標之主要目的，厥在維護產業之競爭秩序。

例題3

> 　　甲雖經營食品店多年，並自行設計標識用於其所銷售之食品，惟未申請註冊，乙亦經營食品公司，乃將甲所設計與使用之標識，用於其所生產之食品，並持之申請商標而取得註冊在案。試問：（一）甲知悉後主張乙侵害其商標，試問是否有理？（二）乙得否主張其爲商標權人，禁止甲使用該商標？（三）甲自行設計標識具有著作權時，甲有無救濟方法？

壹、註冊保護主義（95年檢察事務官）

　　商標權之取得，立法例有使用主義（first to use）及註冊主義（first to register, registration）兩種方式。美國係採行使用保護主義，令先使用者擁有商標之專用權[14]；而我國採用註冊主義。不論是採用何種主義，商標權得以受法律之保護，均需商標權人確具有使用之意義，且商標之內容設計具有識別性或取得市場上之第二意義等要件。我國商標法就商標權之取得，原則雖採註冊保護主義，惟對於著名商標之保護，得排除他人不當使用，致減損其商標識別性或商譽之情事者，則不以註冊爲保護要件。

---

[14] 此爲Common Law System之精神，在使用主義之原則下，商標權人擬主張他人侵害其專用權時，應證明其使用之事實。

貳、先申請先註冊主義 (95年檢察事務官)

所謂先申請主義，係指有二人以上以相同或近似商標，使用於相同或類似之商品或服務，專責機關應核准最先申請者。可知申請日之重要性。至於申請日之取得，取決於文件備齊之日或主張優先權之優先權日[15]。申言之，二人以上於同日以相同或近似之商標，而於同一或類似之商品或服務各別申請註冊，有致相關消費者混淆誤認之虞，而不能辨別時間先後者，由各申請人協議定之；不能達成協議時，以抽籤方式定之（商標法第22條）。職是，我國商標法適用先申請先註冊主義，商品或服務是否類似及其類似之程度，應比對申請或註冊登記之指定商品或服務，並非商標實際使用之商品或服務[16]。

參、屬地主義及獨立保護原則 (95年檢察事務官)

一、馬德里協定與馬德里議定書

依據保護工業財產權之巴黎公約的原則，各國就有關國際間商標註冊簽訂重要之條約，即Madrid Agreement Concerning the International Registration of Marks（下稱馬德里協定）及Protocol Relating to the Madrid Agreement Concerning the International Registration of Marks（下稱馬德里議定書），作為商標國際註冊之準據，其屬商標國際性註冊之條約。不論是馬德里協定或馬德里議定書，均規定國際間不論適用註冊主義或使用主義，均有商標註冊之適用，此表示保護商標權有國際化趨勢[17]。

---

[15] 陳文吟，商標法論，三民書局股份有限公司，2001年4月，初版2刷，頁44至46。

[16] 智慧財產及商業法院103年度行商訴字第55號、第149號行政判決。

[17] 曾勝珍，我國新修正商標法草案中註冊要件之評析（上），智慧財產權月刊，51期，2003年3月，頁44。

二、商標個案審查原則

各國對於商標之保護均採屬地主義，是商標僅在其註冊之國家始有效力，其效力各自獨立存在[18]。故不同人得於不同國家就相同商標取得註冊，故於他國註冊之商標，並非當然得於我國註冊。準此，商標註冊不僅爲商標保護之要件，亦可以此公示方式作爲於註冊國取得商標權之證據[19]。再者，行政行爲，非有正當理由，不得爲差別待遇（行政程序法第6條）。行政法上之平等原則，並非指絕對、機械之形式上平等，而係指相同事物性質應爲相同之處理，非有正當理由，不得爲差別待遇而言；倘事物性質不盡相同而爲合理之各別處理，自爲法律所許[20]。故商標申請准否，係採商標個案審查原則，在具體個案審究是否合法與適當，被告應視不同具體個案，正確認定事實與適用法律，不受他案之拘束[21]。例如，商標申請人以日本地名，向經濟部智慧財產局申請商標註冊登記，雖舉我國廠商以日本地名作爲商標，在各類商品或服務申請核准註冊之案例，然他案商標圖樣與本件申請案有別，案情各異，屬另案問題，且依商標個案審查原則，要難比附援引[22]。

肆、審查原則

商標法之主管機關爲經濟部，商標業務，由經濟部指定專責機關辦理（商標法第3條）。故商標註冊應經辦理商標業務之專責機關經濟部智慧財產局，就申請案進行程序與實體審查（商標法第3條第2項；經濟部智

---

[18] 因商標制度具有國際性，故我國商標法有關申請註冊程序規定與商品／服務之分類標準則有參考商標條約與尼斯協定。

[19] 馮震宇，了解新商標法，永然出版社，2001年，頁75。

[20] 大法官會議釋字第596號解釋；最高行政法院第95年度判字第446號行政判決。

[21] 智慧財產及商業法院103年度行商訴字第126號、104年度行商訴字第38號、106年度行商訴字第77號、106年度行商訴字第141號、108年度行商訴字第93號行政判決。

[22] 智慧財產及商業法院100年度行商訴字第90號、103年度行商訴字第23號、109年度行商訴字第2號行政判決。

慧財產局組織條例第2條）。符合法定要件者，始准予註冊。反之，倘有不得註冊之情形時，應依法核駁其申請[23]。

伍、使用保護主義

商標使用於主觀上應有作為商標使用之意義，客觀上有使消費者認識其為商標使用。商標之使用不僅為商標權人之權利，亦為其義務所在，是未經使用之商標，縱使取得商標註冊，亦無法作為表彰商品或服務來源之功能。因商標與企業經營有密切之關聯，倘商標無法與企業相結合，附著於商品或服務行銷，其充其量僅屬一種設計形式，不具商標應有之表彰功能[24]。而使用之概念應著重於客觀之實際使用，而非申請註冊人主觀上是否有使用之意思[25]。換言之，商標使用著重於商業上之實際（use in commerce）使用而言，而非僅為保留其權利而象徵性使用該標章（token use）[26]。以避免無實際使用商標之人，阻礙他人善意（bona fide）使用商標，導致產生不公平競爭，違背商標制度存在之目的[27]。準此，商標使用不僅為商標權人之權利，亦係維持商標權之要件。而維權使用必須符合真實使用，是商標權人應於商標註冊指定使用之商品或服務上使用，使相關消費者在交易市場中認為該商標為識別商品或區分服務之來源[28]。

---

[23] 經濟部智慧財產局，商標法逐條釋義，2013年12月，頁7。

[24] 2 Stephen P. Ladas, *Patent, Trademark, and Related Rights National and International Protection* 1054 (1975).

[25] 謝銘洋，新修正商標法評析，月旦法學雜誌，102期，2003年10月，頁95。

[26] 美國商標法第45條、我國商標法第5條。

[27] David I Bainbridge, *Intellectual Property* 363 (1992). The mark must be used or intended to be used. Such intention must be bona fide.

[28] 智慧財產及商業法院103年度行商訴字第50號行政判決；商標法第63條第1項第2款規定：商標註冊後，無正當事由迄未使用或繼續停止使用已滿3年者，商標專責機關應依職權或據申請廢止其註冊。再者，申請廢止人舉證有使用之可疑時，其方式有：1.公司解散登記滿3年；2.至商標權人處實地訪查；3.對同業進行訪查。

陸、商標救濟原則

商標保護以避免混淆誤認為目的，故近似商標或類似商品，倘造成註冊爭議或侵權救濟之情況，為使審查結果更臻周全，另以公眾審查補助審查主義之不足。換言之，我國商標制度之公眾審查制有三：異議、評定及廢止（商標法第48條至第67條）。

柒、例題解析

一、註冊保護主義與先申請先註冊主義

我國商標法就商標權之取得，採註冊保護主義，商標自註冊公告當日起，由權利人取得商標權（商標法第33條）。甲雖經營食品店多年，並自行設計標識而先使用於其所銷售之食品上，然未申請註冊，故原則不得享有商標權。乙經營食品公司，其將甲所設計與使用之標識，用於其所生產之食品，並持之申請商標而取得註冊在案，甲自不得主張乙侵害商標權。

二、善意先使用

在他人商標註冊申請日前，善意使用相同或近似之商標於同一或類似之商品或服務者，雖不受他人商標權之效力所拘束。然以原使用之商品或服務為限，商標權人得要求其附加適當之區別標示，避免相關消費者有混淆誤認之虞（商標法第36條第1項第4款）。因甲經營食品店多年，並自行設計標識而先使用於其所銷售之食品商品，故乙不得禁止甲使用該商標，其僅得要求甲於商品或服務，附加適當之區別標示。

三、評定事由

商標侵害他人之著作權、專利權或其他權利，經判決確定者。利害關係人得於註冊公告日後滿5年內，向經濟部智慧財產局申請評定其註冊。

評定案件經評定成立者，應撤銷其註冊（商標法第30條第1項第15款、第57條第1項、第58條第1項、第60條本文）。甲自行設計標識具有著作權時，乙之商標侵害甲之著作權，經乙提起侵害著作權之民事判決確定時，得以利害關係人之身分，而於註冊公告日後滿5年內，向經濟部智慧財產局評定乙之商標，撤銷乙之商標註冊。

商標類型

目　次

關鍵詞：

法人、聯合式、功能性、通用標章、相關消費者

第一節　商標法之分類

　　依據我國商標法之規定，商標因其性質、作用之不同，可分商品商標、服務商標、證明標章、團體標章及團體商標等5種態樣。再者，商標種類可分為傳統與非傳統兩種類型，前者係以文字、圖形、記號或其聯合式所組成；後者則有顏色、立體、聲音、氣味、全像圖及動態等標誌。

例題1

　　甲公司為製造冬季服飾之廠商，其為突顯其商品具有耐寒性，乃以北極熊之圖形，向經濟部智慧財產局申請商標註冊。試問其屬何種類型商標？理由為何？

例題2

　　我國商標法規定商品商標、服務商標、證明標章、團體標章及團體商標等類型。試就商標法法條規範，比較說明上開商標之法條依據及作用為何？

例題3

　　我國商標法第1條、第85條至第91條有規範團體商標與團體標章之分類，兩者均有使用規範書。試問團體商標與團體標章之主要不同處為何？法條依據為何？

例題4

公司、財團法人或寺廟管理委員會為表彰其成員之屬性或成員所提供之商品或服務。試問可否向經濟部智慧財產局申請團體商標或團體標章？理由為何？

壹、商品商標

所謂商品商標者（goods trademark），係指以文字（word）、圖形（design）、記號（symbol）、顏色（color）、聲音（sound）、立體形狀（three-dimensional shape）、動態（motion）、全像圖（hologram）或其聯合式所組成，其足以使商品之相關消費者（relevant consumer）認識其為表彰商品之來源，並得藉以與他人之商品相區別（商標法第18條第1項）。例如，以鱷魚或企鵝圖形作為服飾商品之商標。

貳、服務商標

所謂服務商標者（service trademark），係指以文字、圖形、記號、顏色、聲音、立體形狀動態、全像圖或其聯合式所組成，其足以使服務之相關消費者認識其為表彰服務之標識，並得藉以與他人之服務相區別（商標法第18條第1項）。例如，麥當勞以M圖形作為提供速食之服務商標。

參、證明標章

一、證明標章之定義

所謂證明標章者（certification mark），係指證明標章權人用以證明他人商品或服務之特定品質、精密度、原料、製造方法、產地或其他事項，並藉以與未經證明之商品或服務相區別之標識（商標法第80條第1項）。故證明標章用以證明商品或服務之特性，主要係使相關消費者藉以

辨識經證明與未經證明之商品或服務,故證明標章本身須具有識別性,舉例說明之:(一)UL為電器安全之標誌;(二)ST為玩具安全之標誌;(三)地理標誌(Geographical Indication, GI)係產地證明標章,表彰商品產自特定之區域而足以辨識商品來源。而「池上米」為我國最早之證明標章,亦屬著名標章[1];CNS為我國國家標準;(四)CAS證明農產品、農產加工品之安全性與優良性。反之,證明標章僅為單純說明文字。例如,以「GUARANTEED 100% COTTON」或「百分之百羊毛」等文字,證明衣服之材質,因為一般衣服相關之製造者或行銷者,均會使用該等說明性文字,以之作為證明標章,無法區別經證明之商品與未經證明之商品,應不具證明標章之識別功能[2]。

二、證明標章之申請人

證明標章之申請人,以具有證明他人商品或服務能力之法人、團體或政府機關為限(商標法第81條第1項)。是自然人縱使具有證明能力,亦不得申請證明標章。申請人係從事於欲證明之商品或服務之業務者,則不得申請證明標章註冊,否則有球員兼裁判之情形(第2項)[3]。再者,證明標章之使用,應經證明標章權人同意之人,依證明標章使用規範書所定之條件,使用該證明標章(商標法第83條)。

三、證明標章註冊之申請

申請註冊證明標章者,應檢附具有證明他人商品或服務能力之文件、證明標章使用規範書及不從事所證明商品之製造、行銷或服務提供之聲明(商標法第82條第1項)。而證明標章使用規範書應載明下列事項:(一)證明標章證明之內容;(二)使用證明標章之條件;(三)管理及

---

[1] 智慧財產及商業法院100年度民商訴字第16號民事判決。
[2] 商標法逐條釋義,經濟部智慧財產局,2013年12月,頁289。
[3] 鄭中人,智慧財產權法導讀,五南圖書出版股份有限公司,2005年10月,3版4刷,頁150。

監督證明標章使用之方式；（四）申請使用該證明標章之程序事項及其爭議解決方式（第4項）。商標專責機關於註冊公告時，應一併公告證明標章使用規範書；註冊後修改者，應經商標專責機關核准，並公告之（第5項）。

四、不適用產地證明標章之規定

　　產地證明標章之產地名稱不適用第29條第1項第1款及第3項規定（商標法第84條第1項）。申言之，產地證明標章之產地名稱，可僅由描述所指定商品或服務之品質、用途、原料、產地或相關特性之說明所構成者。而產地證明標章所欲保護者為產地名稱，無庸聲明不專用。產地證明標章權人不得禁止他人以符合商業交易習慣之誠實信用方法，表示其商品或服務之產地（第2項）。

肆、團體標章

一、團體標章之定義

　　所謂團體標章者（collective mark），係指具有法人資格之公會、協會或其他團體，為表彰其會員之會籍，並藉以與非該團體會員相區別之標識（商標法第85條）。例如，獅子會、扶輪社、政黨組織、大學校友會等。再者，團體標章註冊之申請，應以申請書載明相關事項，並檢具團體標章使用規範書，向商標專責機關申請之（商標法第86條第1項）。團體標章使用規範書應載明下列事項：（一）會員之資格；（二）使用團體標章之條件；（三）管理及監督團體標章使用之方式；（四）違反規範之處理規定（第2項）。

二、團體標章之使用

　　團體標章之使用，係指團體會員為表彰其會員身分，依團體標章使用規範書所定之條件，使用該團體標章（商標法第87條）。職是，主觀應

有表彰團體之意思，客觀則須由團體或其會員將標章標示於相關物品或文書上（商標法第5條）[4]。

伍、團體商標[5]

一、團體商標之定義

　　所謂團體商標者（collective membership trademark），係指具法人資格之公會、協會或其他團體，為指示其會員所提供之商品或服務，並得藉以與非該團體會員所提供之商品或服務相區別（商標法第88條第1項）。團體商標之使用，指團體或其會員依團體商標使用規範書所定之條件，使用該團體商標（商標法第90條）。例如，農會、漁會、商業同業公會等得註冊團體商標，其成員所產製之商品得標示該團體商標，使該團體成員之商品得與他人之商品相區隔。團體商標註冊之申請，應以申請書載明商品或服務類別及名稱，並檢具團體商標使用規範，向商標專責機關申請之（商標法第89條第1項）。團體商標之使用規範書應載明下列事項：（一）會員之資格；（二）使用團體商標之條件；（三）管理及監督團體商標使用之方式；（四）違反規範之處理規定（第2項）。用以區別一般商標之申請註冊程序。

二、團體成員提供商品或服務

　　商標法規範團體商標之目的，旨在防止經濟活動下使用之標章，可能產生混淆誤認之虞。除表彰團體組織或會籍之團體標章外，亦參考國外立法例，增訂為表彰團體之成員所提供之商品或服務者，欲專用其標章，應依其所提供之商品或服務類別，申請註冊為團體商標。例如，具法人資格之公會、協會或其他團體販售一定之商品或具提供相關教育訓練之服務，

---

[4] 陳昭華，商標法，經濟部智慧財產局，2008年3月，初版3刷，頁17。
[5] 商標法第94條規定：證明標章、團體標章或團體商標除本章另有規定外，依其性質準用本法有關商標之規定。

且僅得由其會員所販售或提供，而能與他人所提供之商品或服務相區別者，得申請註冊為團體商標。

陸、例題解析

一、圖形之商品商標

　　商品商標者，係營業者為表彰自己所生產、製造、加工、揀選、批售、經紀等營業商品，具有特別顯著性之標誌，其足以使消費者認識其為表彰商品之標識，並得藉以與他人之商品相區別。準此，甲為製造冬季服飾之廠商，為突顯其商品具有耐寒性，而以北極熊之圖形作為商標，係表彰自己營業之商品特性，以與他人營業之商品相區別之識別標章。倘無其他營業者使用相同或近似之商標於同一或類似商品，而導致相關消費者發生混同誤認之情事，甲得持北極熊之圖形向智慧財產局申請註冊登記[6]。

二、我國商標法之商標種類比較

商標種類	法條依據	作用
商品商標	第18條	表彰商品之標識
服務商標	第18條	表彰服務之標識
證明標章	第80條第1項	證明商品或服務之特性、品質、精密度、原料、製造方法、產地等事項
團體標章	第85條	公會、協會或其他團體等法人，為表彰其組織或會籍之專用標章
團體商標	第88條第1項	法人團體之成員所提供之商品或服務之專用標章

三、團體商標與團體標章之差異

　　團體商標與團體標章之主要不同處，係團體商標之主要目的在於表彰該團體之成員所提供之商品或服務，由團體之成員將團體商標使用於商品

---

[6] 最高法院86年度台上字第2156號民事判決。

或服務,並得以與他人之商品或服務相區別(商標法第88條)。而團體標章之主要目的,在於表彰團體或其會員身分。準此,團體標章之使用,係由團體或其會員將標章標示於相關物品或文書上(商標法第87條)。

四、申請團體商標或團體標章之限制

團體商標係表彰其成員之商品或服務,故以有會員組織之社團法人為限,財團法人之基礎為財產,不得申請團體商標。因團體商標之目的在於表彰該團體成員所提供之商品或服務,而公司為單一人格,並無由其個別成員提供商品或服務之使用問題(商標法第88條第1項)。再者,凡具有法人資格之公會、協會或其他團體,為表彰其組織或會籍欲專用標章者,應申請註冊為團體標章(商標法第85條)。準此,寺廟管理委員會須向中央或地方主管機關申請社團法人之立案證明,再向法院辦理法人登記,檢送法人登記證明文件,始具備申請團體標章註冊之要件。

第二節　非傳統商標

顏色、聲音、立體、動態、全像圖及氣味商標等特殊型態商標,而與一般傳統商標不同處,在於相關消費者通常不會將其視為區別商品或服務來源之標識,而將其視為商品本身、提供商品之實用功能或裝飾性之形狀或圖樣。準此,如何判斷顏色、聲音、立體、氣味、動態、全像圖及動畫商標之識別性,就成為實務審查上非常重要之部分。該等特殊型態商標識別性之判斷,應考慮相關消費者之認知、商品之特性及相關消費市場使用之情形等因素。僅有依據相關消費者之認知,將其作為區別商品或服務來源之標識,始具有識別性。再者,因顏色、聲音、立體、氣味、動態、全像圖及動畫商標之商標特點相異於文字、圖形、記號或其聯合式平面設計商標,較不易表彰商標識別性或第二意義,是該等商標取得註冊之數目較少。

例題5

A公司設計立體動物造型之商標,經向經濟部智慧財產局申請准予註冊在案。試問B公司以下之行為,有無侵害A公司之商標權:(一)B公司未經A公司同意將A公司商標商品化。(二)將A公司商標平面化使用於商品。

例題6

乙經營排球之販賣事業,其欲以球體外觀作為其商品商標,持之向經濟部智慧財產局申請商標註冊。試問:(一)智慧財產局應否准予商標註冊?(二)丙為製造齒輪或軸承之業者,其以齒輪或軸承之立體形狀,指定使用於特定機械傳動零件商品,向智慧財產局申請商標註冊,智慧財產局應如何處理?

壹、顏色商標

一、定 義

所謂顏色商標者,係指以顏色組合或單一顏色使用於商品或其包裝、容器之全部或一部分之表彰商品或服務來源標記者,並不包括以文字、圖形或記號與顏色之聯合式商標。故申請註冊顏色商標者,商標圖樣應呈現商標之顏色,並得以虛線表現顏色使用於指定商品或服務之方式、位置或內容態樣。申請人應提供商標描述,說明顏色及其使用於指定商品或服務之情形(商標法施行細則第14條)。準此,其於平面設計之圖形施以顏色者,應屬圖形商標而非顏色商標。

(一) 顏色組合商標

所謂顏色組合商標者,係指由2種以上可區隔之顏色組合而成,即2種以上之顏色,不論是排列或組合之方式,其可得相互區隔顏色之設計,並作爲表彰商品或服務之標識者,即可作爲顏色組合商標[7]。顏色組合商標與其他設計相組合而成,通常較易符合識別性之要件。

(二) 單一顏色商標

所謂單一顏色商標(single color),係指以單一顏色,作爲商標設計內容之商品或服務標記。參諸智慧財產局於網站公布准予註冊之顏色商標,大多屬著名企業所使用者,大多爲顏色組合商標,單一顏色不易取得識別性。例如,蜆殼國際石油股份有限公司、中國石油股份有限公司、7-11便利商店股份有限公司、全家便利商店股份有限公司。

二、立法例

(一) 保護顏色商標

我國商標法之顏色商標雖包括單一顏色及顏色組合,惟世界各國就顏色商標之保護範圍,並不盡相同。美國[8]、英國[9]、德國[10]、法國[11]、中

---

[7] 我國經濟部智慧財產局1990年2月2日公布「顏色組合商標及服務標章申請註冊要點」第3點。該要點已於2004年6月4日廢止,7月1日失效。

[8] 美國1988年商標法(Lanham Act)第45條就「商標」一詞加以定義,包括何文字(word)、名稱(name)、表徵(symbol)、式樣(device),或其聯合式(or any combination thereof),其就商標一詞則包括任何文字、名稱、象徵、圖像,或其聯合式,依其文義解釋單一顏色或顏色組合亦可以作爲商標註冊。

[9] 依據英國1994年商標法第1條規定商標之定義,單一顏色或顏色組合可作爲商標使用。

[10] 德國商標法第3條第1項規定:任何標示,尤其是文字,包括個人姓名、設計、字母、數字、音符;立體組合,包括商品之形狀或包裝;及其他作品,包括色彩、色彩之組合,其得以區別其他商品或勞務者,得受保護爲商標。

[11] 曾陳明汝,商標法原理,翰蘆圖書出版有限公司,2002年12月,初版3刷,頁27。法國1991年商標法明文規定聲音與音樂片語,即音響標記及造型標記,其中包括顏色之組合,均得爲構成標章之要素。

國大陸[12]、澳洲等國之商標法[13]，暨歐洲共同體商標規則（Community Trade Mark Regulation 1994, CTMR）[14]，均承認顏色商標或顏色組合商標之法律保護。茲以臺灣地區及大陸地區為例，因臺灣地區及大陸地區均為因應加入WTO，故依據TRIPs協定之規範及要求，將顏色商標列入商標之保護範疇。

（二）不保護顏色商標

日本商標法第2條第1項規定，所謂商標者，係指文字、圖形、記號、立體形狀或其聯合式與顏色之結合。準此，顏色必須與文字、圖形、記號相結合，始得成為商標之設計內容，是日本不承認顏色本身可單獨成為商標。可知日本商標立法例與多數國家之商標法，對於承認顏色商標或顏色組合商標之法律保護，有所不同。

三、不具備商標要件

單一顏色因相關業者長期之反覆持續使用，已成為同業間通用之顏色標章，且為社會大眾所熟悉者，依據商標法第29條第1項第2款規定，該顏色為通用標章，基於公平競爭及維持交易秩序，自不准通用之顏色作為顏色商標註冊。甚者，該顏色於註冊時，雖非屬通用標章，惟註冊後該顏色已成為指定商品或服務之通用標章，商標專責機關應依職權或據申請廢止其註冊（商標法第63條第1項第4款）。

---

[12] 王美花，中國大陸新修正專利法與商標法介紹，律師雜誌，2002年2月，頁79。大陸地區2001年商標法第8條，增列顏色組合及立體商標（三維標識）得作為商標申請登記。

[13] 澳洲1995年修正之商標法加入顏色、立體、聲音及氣味商標。

[14] Ruth E. Annand and Helen E. Norman, *Blackstone's Guide to Trade Marks Act 1994*, Blackstone Press Limited, pp. 26-28 (1998). 即Article 4 of the CTMR僅規定商標可以是any signs，其未對signs作定義性之解釋，是共同體內部市場協調局（Office for Harmonization in the Internal Market, OHIM）認為單一顏色或顏色組合亦可以向該局申請商標註冊。

（一）業者之通用標章

黃色爲我國計程車所通用之顏色標識，該顏色傳達一個公認之意義，自不得准許特定之計程車業者，以黃色作爲顏色商標，獨占該顏色，造成不公平之競爭。縱使黃色於註冊時，非屬通用標章，然經註冊登記後，黃色已成爲計程車之通用標章，經濟部智慧財產局應依職權或據申請廢止其註冊。

（二）習慣之通用顏色

該顏色係商品或服務之自然顏色，或者爲製造過程所自然產生之顏色，該顏色均屬習慣上之通用顏色，基於公平競爭之立場，自不准特定人獨占商品之自然顏色，作爲商標使用。例如，海苔之自然顏色，不得作爲海苔商品之顏色商標，除不具備商品識別性外，由特定人專用該自然顏色，將造成同業間之不公平競爭。

貳、聲音商標

一、定　義

（一）申請註冊聲音商標

所謂聲音商標，係指足以使相關之消費者區別商品或服務來源之聲音。申請註冊聲音商標者，商標圖樣爲表現該聲音之五線譜或簡譜；無法以五線譜或簡譜表現該聲音者，商標圖樣爲該聲音之文字說明。前項商標圖樣爲五線譜或簡譜者，申請人應提供商標描述。申請註冊聲音商標應檢附符合商標專責機關公告格式之電子載體（商標法施行細則第18條）。例如，具識別性之簡短廣告歌曲或旋律、整首樂曲之部分小節、人說話之聲音、鐘聲、鈴聲或動物之叫聲等[15]。

---

[15] 整首歌曲或冗長之樂譜。例如，管絃樂或鋼琴曲之完整樂譜，因相關消費者不易將其視爲區別來源之聲音，故不具識別性。

（二）區別商品或服務之交易來源

　　聲音商標係以聽覺方法而非以視覺方式辨別，作為區別商品或服務之交易來源，其商標識別性之判斷標準與其他商標態樣相同，欲成為商標之聲音，應具有足以使消費者認識其為表彰商品或服務來源，並藉以與他人之商品或服務相區別之標識。例如，美商麥當勞公司、新萬仁化學製藥股份有限公司[16]、金車食品之Mr. Brown咖啡[17]、國泰世華銀行等[18]，均已向經濟部智慧財產局申請註冊而核准在案。

二、立法例

　　就承認聲音商標者相較於顏色及立體商標而言，立法例較少。例如，我國、法國及美國之商標法[19]。以美國之商標實務而言，生產哈雷機車（Harley-Davidson motorcycle）公司，曾針對該廠牌之機車所發出之聲音，向美國專利商標局（USPTO）申請聲音商標註冊，因該特定之聲響，可使相關消費者辨識機車商品來源，故具有識別性及象徵性（indicating），是USPTO認為符合商標之保護要件，准予註冊登記[20]。NBC（美國國家廣播頻道），前於1972年使用其新聞播放之片頭，向USPTO申請聲音商標註冊核准在案。

三、不具備商標要件

（一）不公平競爭

　　聲音商標為商標之一種，除應具備識別性或第二意義之積極要件外，

---

[16] 新萬仁化學製藥股份有限公司取得綠油精之聲音商標。

[17] 商標註冊日期2005年5月1日、註冊號01152021。

[18] 商標註冊日期2005年11月1日、註冊號01179429。其商標之聲音為「enrich your life」。

[19] 法國商標法Chapter leer El`ements constitutifs de la marque Art. L. 711-1.

[20] Sheldon W. Halpern, Craig Allen Nard & Kenneth L. Port, *Fundamentals of United States Intellectual Property Law: Copyright, Patent, and Trademark* 288 (1999).

其取得商標亦應與其他商標相同，不得具備消極要件。詳言之，申請註冊之聲音商標係表示商標所使用商品或服務之品質、功能或其他說明者，依據商標法第29條第1項第1款規定，不得註冊。否則特定人取得該聲音之獨占權，除導致其他相關業者，無法以通常之方法生產該商品或從事該服務外，亦會造成相關消費者混淆誤認商品或服務之品質或性質[21]。例如，以按壓照相機快門之「卡喳」聲音，其為操作相機所自然產生之聲音（商標法第29條第1項第1款），作為聲音商標而指定使用於特定照相機之相關商品或服務（商品及服務分類表第9類），倘准予以「卡喳」聲音取得聲音商標，則將使相關業者遭受不公平之競爭。

（二）同業之通用聲音

聲音經相關業者長期之反覆持續使用，已成為同業間通用之聲音，且為社會大眾所熟悉者，此屬通用之聲音標章，依據我國商標法第29條第1項第2款規定，該聲音為通用標章，基於公平競爭及維持交易秩序，自不准通用之聲音標章註冊。例如，少女的祈禱之音樂為一般垃圾車收集垃圾之聲音表徵，該聲音之傳達具有公認之意義（商標法第29條第1項第2款）。自不得准許特定之清潔業者，以該音樂作為聲音商標，獨占該聲音[22]。

參、立體商標

一、定 義

立體商標者或稱三維商標，係以具有長、寬、高之三度空間所形成之立體形狀，作為相關之消費者區別不同之商品或服務來源之商標。例如，臺北金融大樓股份有限公司取得「臺北101大樓立體圖」註冊[23]、日商三得利之角瓶取得立體商標登記在案[24]。立體商標不同於一般之商標，後者

---

[21] W. R. Cornish, *Materials on Intellectual Property* 469 (1990).

[22] 「立體、顏色及聲音商標審查基準」第4.4點。

[23] 新萬仁化學製藥股份有限公司以「綠油精瓶罐」取得立體商標註冊。

[24] 王美花，智慧財產專業法官培訓課程—商標主要法規與理論參考附件，經濟部

屬平面之二度空間，而前者係以三度空間之立體形狀，表彰商品或服務
之標識者。例如，以商品本身或其包裝、容器之形狀作為商標使用。再
者，申請註冊立體商標者，商標圖樣為表現立體形狀之視圖；該視圖以6個
為限。前項商標圖樣得以虛線表現立體形狀使用於指定商品或服務之方
式、位置或內容態樣。申請人應提供商標描述，說明立體形狀；商標包含
立體形狀以外之組成部分者，亦應說明（商標法施行細則第15條）。

二、商標之標識

　　申請人除得以單純之顏色、立體或聲音作為商標之內容外，亦得以該
等商標與其他文字、圖樣之聯合式申請註冊（商標法第18條第1項）。再
者，以商品之形狀結合文字、圖形及顏色形成一整體之外觀，以相關消費
者之單一視覺效果印象為判斷，倘認為於消費市場中，以立體形狀申請商
標較為妥適者，則該聯合式之商標應屬立體商標，而非平面商標或顏色商
標[25]。立體商標符合圖形著作之要件時，其亦受著作權法之保護。

三、立體商標之類型[26]

（一）商品本身之形狀

　　商品形狀非相關消費市場所採用之通常形狀，該形狀相當特殊而予人

　　智慧財產局，2006年3月20、21日，頁41至43。我國智慧財產局雖審定三得利
　　（SUNTORY）之角瓶附加文字之方式，具有識別性而核准立體商標註冊。惟日
　　本特許廳則認為相關消費者無法自該角瓶之外觀，判斷酒類之商品來源，不准
　　許三得利之角瓶註冊，日本東京高等法院（gyo-ke）581判決，亦認為單純之瓶
　　子本身不具適別性。

[25] 洪淑敏，新修正商標法—有關商標註冊申請及延展之變革，智慧財產權月刊，
　　61期，2004年1月，頁14；王德博、江存仁、李宗仁、林麗平、洪淑敏、黃柏
　　森、張瓊惠、鍾桂華譯，日本立體商標案例（上），智慧財產權月刊，68期，
　　2004年8月，頁66。
[26] 林洲富，智慧財產權法專題研究(1)，翰蘆圖書出版有限公司，2006年5月，頁41
　　至42。

印象深刻，並依其認知，在觀念上得將該形狀與商品相區分，而將其視爲辨別商品來源之標識，而非僅是一種裝飾性之形狀設計，則該商品形狀具有識別性要件，其於立體商標之類型，屬最難產生識別性者，因該商品之設計通常爲提供實用或美觀之功能，以達成吸引相關消費者購買之目的，並非作爲區別來源之用。申言之，立體形狀爲商品本身之形狀或商品包裝容器之形狀，因其與商品密不可分或有緊密關聯，依相關消費者之認知，通常將之視爲提供商品功能之形狀或具裝飾性之設計，較不會認爲該形狀傳遞商品來源之訊息，相較於傳統平面商標，立體商標要證明具有識別性較爲不易[27]。例如，瑞士Tobleone三角形巧克力，該商品與商標合爲一體，該形狀相當特殊而予人印象深刻，相關消費者得將其視爲辨別商品來源之標識。

（二）商品包裝或容器形狀

商標僅由相關消費市場，所採用之通常商品包裝容器形狀所構成，其不具有識別性，因其單屬爲商品包裝容器之表示，雖無法作爲辨別商品來源之標識（商標法第29條第1項第1款）。惟具有識別性之包裝容器形狀，應核准註冊。舉例說明之：1.可口可樂之瓶子，爲具有識別性之包裝容器形狀，應核准註冊；2.蘋果西打汽水瓶僅爲市面習見飲料，或飲類瓶身形狀之簡易修飾變化，未產生顯著差異於習知瓶體形狀之印象，不具有先天識別性，由商標申請人提出之使用證據，亦無從認定已取得後天識別性，不應核准註冊[28]。

（三）立體形狀標識

所謂立體形狀標識者，係指與商品或商品包裝容器以外無關之立體形狀設計，該識別性之判斷標準，其與平面商標相同，必須使相關消費者足以辨別商品或服務來源，始具有識別性，其通常作爲指示所提供之服務。例如，麥當勞叔叔、米其林娃娃、肯德基爺爺等立體標識。

---

[27] 智慧財產及商業法院102年度行商訴字第96號行政判決。
[28] 智慧財產及商業法院102年度行商訴字第96號行政判決。

（四）服務場所之裝潢設計

所謂服務場所之裝潢設計，係指營業之包裝（trade dress），其識別性之判斷標準與商品包裝容器之形狀相同。商標法第29條第1項第1款所謂服務之形狀，係指營業之包裝。準此，單純以普通習見之裝潢設計，持之申請註冊，應以不具識別性，不准其註冊。

（五）聯合式商標

因商品或其包裝容器之形狀，通常均結合文字、圖形或顏色構成一整體外觀。故識別性之判斷，應以文字、圖形或顏色與立體形狀之聯合式所呈現之整體外觀判斷之。商品或其包裝容器之形狀本身雖欠缺識別性，然附加文字、圖形或顏色，其所呈現之立體形狀之整體外觀，倘具有識別性，其註冊之申請應予以核准。聯合式立體商標，為立體商標最易產生識別性。例如，日本特許廳雖認為養樂多之立體形狀容器不具識別性，僅單純以養樂多瓶子申請商標註冊，應予核駁，倘瓶身有附加「養樂多」文字，即可認為整體商標具有識別性，應核准其註冊[29]。

四、立法例

承認立體商標者，在國際上舉其要者，為有關於商標註冊馬德里協定議定書之協定規則（Regulations）、商標法條約（TLT）、歐盟會員國商標法整合指令（89/104/EEC）、北美墨自由貿易協議（United States-Mexico-Canada Agreement, USMCA）、TRIPs及日本、德國、英國、大陸地區及澳洲等國之商標法[30]。例如，販賣可口可樂之公司即以Coca-Cola bottle之曲線瓶形狀向美國專利商標局（The United States Patent and

---

[29] 王美花，智慧財產專業法官培訓課程—商標主要法規與實務，經濟部智慧財產局，2006年3月20、21日，頁6。

[30] 馬德里議定書規則第8條第2項及第9條第4項、商標法條約第2條第1項、歐盟會員國商標法整合指令指令第2條、北美自由貿易協定第1708條第1項、TRIPs第15條第1項、日本商標法第2條第1項、德國商標法第3條第1項、英國商標法第1條第1項、中國大陸商標法第8條及澳洲商標法第15條。

Trademark Office, USPTO）申請，以該有特定曲線之瓶子作爲立體商標註冊。

五、不具備商標要件

（一）功能性理論

1.消極商標註冊要件

商品或包裝之立體形狀係發揮其功能性所必要者，不符合商標註冊之要件（商標法第30條第1項第1款）[31]。倘審查人員於審查時未發現准予註冊，任何人得自商標註冊公告之日起3個月內，向商標專責機關提出異議（商標法第48條第1項）。公告3個月後，利害關係人或審查人員得申請或提請商標專責機關評定其註冊（商標法第57條第1項）[32]。申請評定人應遵守提出評定之期間（商標法第58條第1項）[33]。

2.定義

所謂功能性者，係指商品之設計能使產品有效發揮其功能，或者確保商品功能而爲之設計，並非以區別商品來源作爲主要之設計目的。申言之，商品形狀本身或其包裝或其他立體形狀通常均具有維護其商品之功能，倘該特定使用之功能，於同類競爭商品中具有競爭優勢，而同業爲獲得該商品功能時，並無可替代之形狀（alternative designs），或者雖有替代形狀，惟需投入重大成本始能達到相同之功能，就維持公平競爭之觀

---

[31] 日本商標法第4條第1項第18款、英國商標法第3條第2項及德國商標法第3條第2項規定。

[32] 商標爭議制度之目的有三：1.輔助商標審查不足，提供救濟管道；2.維護正常商標秩序，防杜仿襲不正競爭行爲；3.促進商標之正常運用。爭議制度有三：異議、評定及廢止。前二者係對商標註冊不服之救濟方式。而廢止制度則係對商標註冊後註冊人違法行爲之懲罰性處分。

[33] 商標法第58條規定：商標之註冊違反第29條第1項第1款、第3款、第30條第1項第9款至第15款或第65條第3項規定之情形，自註冊公告之日起滿5年者，不得申請或提請評定。商標之註冊違反第30條第1項第9款、第11款之情形，係屬惡意者，不受自註冊公告之日起滿5年期間之限制。

點，倘准許申請立體商標註冊，以達長期獨占壟斷，將嚴重影響同業競爭者之權益，將產生不公平之現象，是縱使該立體形狀足以表彰商品或服務之來源，亦不得爲商標註冊[34]。

3.審酌因素

商品或其包裝之立體形狀具特定功能性，而爲業者所需要之商品或包裝之立體形狀，倘由特定人所獨占，將嚴重影響同業權益，產生不公平後果，不得准予註冊。反之，申請之立體商標非僅由具有功能性特徵之形狀所組成，尚包含其他具有特色之形狀，況申請人明顯無取得該具有功能性部分之獨占權意圖，而參諸其指定使用商品之實用功能角度，該功能並非主要者，且就立體商標整體觀之，具有識別性，縱使立體商標之一部具功能性之特徵，仍可核准其註冊。例如，金莎巧克力包裝盒爲立體商標，其設計係一個裝有24粒金黃色球狀糖果之長方形，且盒頂透明，並有金黃色、紅色、白色及金黃色條紋環繞之包裝容器。條紋上有白色滾有金黃色及紅色邊，包含外文「FERRERO ROCHER」字樣之橢圓形標籤，外文「ROCHER」下方裏有金黃色包裝紙之球狀糖果爲主，糖果左半部是未包裝之咖啡色球狀糖果，右半部則是咖啡色榛果粒與綠葉。經衡酌一般市場交易情形，經營巧克力糖業者有以「片狀、塊狀、圓球狀、心型狀」等不同之大小形狀，生產巧克力商品，並搭配各式顏色、圖案設計包裝「單顆」販售。而多顆商品外包裝，業者有以「紙、塑膠膜、壓克力」等材質，以「袋、盒、罐」等不同形狀包裝販售。足認在一般行銷市場上有「多種可替代性」巧克力商品單顆或多顆包裝樣式，且立體商標非單純僅由透明外盒之形狀組成，尚包含文字、商品本身形狀、外包裝、標籤之特殊設計等因素，故該商標非爲發揮功能性所必要，並無影響相關事業之公平競爭之情事。準此，該商標之包裝形狀，並非發揮其功能性所必要者[35]。

---

[34] Restatement (Third) Unfair Competition, Ch.3 §17 (1995).「立體、顏色及聲音商標審查基準」第2.5.1點。

[35] 最高行政法院99年度判字第468號行政判決。

（二）實用功能性與美學功能性

1.實用功能性

美國法係以「實用功能性」或「美學功能性」標準，判斷商標是否具有功能性之消極要件[36]。倘立體商標具備功能性，而該功能性為不可替代之設計時，則不准其商標註冊[37]。所謂實用性功能，係指工程上或實用上之目的而言，其包括表達該目的之技術、降低製造成本、簡化製造流程、包裝或使用之經濟性、產品之耐久性、使用之效率等功能性之範圍（商標法第30條第1項第1款）。申言之，商品或包裝之立體形狀本身具有特定使用之功能，使商品較有效發揮其使用目的或製造之經濟效益，取得市場競爭之優勢。故功能性之設計者，應屬專利權之保護範疇，基於公共政策與公平競爭之考量，縱使有長期使用而取得第二意義，亦無法為商標註冊（商標法第29條第2項）。準此，發明或新型專利通常具有功能性設計，其標的無法取得立體商標註冊，以防止技術獨占（monopoly）之情事發生。所謂功能性設計，係指形狀本身具有功能，而非指商品本身之功能。至於立體形狀係相關商品或服務之通用形狀者，並無特殊性可言，自無法辨識商品或服務之來源。

2.美學性功能

(1)美觀之設計

所謂美學性功能者，係以美觀之角度考慮消費市場之競爭力，藉由美觀之設計，引起相關消費者之購買慾望（商標法第30條第1項第1款）[38]。美國聯邦第九巡迴上訴法院1952年Pagliero v. Wallace China Co.事件，認為瓷器之花紋設計圖案固有特殊造型，惟該造型之目的係滿足美感需

---

[36] Sheldon W. Halpern, Craig Allen Nard and Kenneth L. Port, Fundamentals of United States Intellectual Property Law: Copyright, Patent, and Trademark 297 (1999).

[37] 戎水木，日本商標法修正後有關立體商標之保護，智慧財產權月刊，13期，2000年1月，頁19；Restatement (Third) Unfair Competition, Ch.3 §17 (1995).

[38] 李郁芬，商品外觀保護之比較研究，私立中國文化大學法律學研究所碩士論文，1995年，頁120。

求，其屬美學性功能之範圍，如同實用性功能之需求，均不得作爲商標使用[39]。惟有反對採用「美學功能性」，作爲排除商標保護之標準。例如，美國聯邦第3巡迴上訴法院1981年Keene Corp. v. Paraflex Industries, Inc.事件，認爲採取美學功能性理論，將扼殺具有創造力之美感特徵商品，賦予商標保護之權利，況具有美學性功能之商品，對市場競爭者而言，並不會造成不公平之影響，故不採美學性功能[40]。

(2)裝飾性設計

特殊形狀固得加深相關消費者之印象，惟該特殊外型，係因其美觀之形狀而引起相關消費者之購買慾望，並無區別商品或服務之來源者，仍不具備商標之識別性要件[41]。例如，相關消費者對於玩具或燈飾商品之形狀設計，一般均視爲美觀或美學之功能，雖商品形狀並非相關消費市場所採用之通用形狀，然就相關消費者之認知而言，較易將其視爲裝飾性之設計形狀，而非辨別商品來源之表徵。

3.不具識別性

立體形狀之商標如同平面商標，均應具備識別性，始符合商標之積極要件。倘商標之立體形狀與商品或服務本身，有不可分割性之關聯，依據相關消費者之認知，將其視爲提供商品、服務之實用功能性或美學功能性之形狀，無法區別商品或服務來源時，則不具有識別性（商標法第29條第1項第1至3款、第30條第1項第1款）。

4.識別性以商標圖樣客觀呈現者爲據

判斷商標是否有識別性，應就商標圖樣客觀所呈現者爲依據，不涉及

---

[39] Pagliero v. Wallace China Co., 198 F.2d 339; 1952 U.S. App. LEXIS 4355; 95 U.S.P.Q. (BNA) 45. From the standpoint of the purchaser china satisfies a demand for theaesthetic as well as for the utilitarian, and the design on china is, at least in part, theresponse to such demand.

[40] Keene Corp. v. Paraflex Industries, Inc., 653 F.2d 822; 1981 U.S. App. LEXIS 11587; 211 U.S.P.Q. (BNA) 201.

[41] 「立體、顏色及聲音商標審查基準」第2.4.1點。

商標設計者之主觀心理因素。商標之設計理念與主觀意圖，並非相關消費者可由商標圖樣之外觀所能知悉。申言之，商標是否具識別性，應整體觀察之，並審酌業者之使用習慣與相關消費者之消費經驗，且著重在相關消費者之客觀認知觀點，其與個人主觀之想法及認知無關。例如，原告所申請註冊商標圖樣爲數個幾何圖案組合排列而成，實際使用於皮夾、皮包、傘等商品，爲習見之外觀花紋圖樣。參諸原告實際使用申請註冊商標圖樣，係以「Kind」作爲其商標，故給予相關消費者作爲區別來源之標誌，爲「Kind」圖樣，並非其申請註冊商標圖樣。準此，自相關消費者之客觀認知，原告所申請註冊商標圖樣非商品之商標，爲商品之外觀花紋圖樣[42]。

六、立體商標與設計專利

(一) 保護要件不同

商品或包裝之立體形狀爲達成其功能所必要者，不得取得商標註冊，蓋具有技術性及功能性之發明或創造，應以專利制度作爲其保護之所在，而於專利期滿後，使社會大眾均得對該技術自由利用，以促進技術之發展。準此，具有特定功能之立體形狀，倘符合專利之要件時，即有專利法之保護，對欲申請立體商標者而言，雖無法取得商標之保護，然得取得專利權，保護其創造或發明[43]。例如，設計專利之主要目的在於視覺效果，係藉由商品之造型，提升商品之質感，以吸引相關消費者之購買興趣，故應具備創作性及新穎性。參諸商標著重於表彰商品或服務來源，應具備識別性，兩者之保護要件不同[44]。

---

[42] 智慧財產及商業法院103年度行商訴字第32號行政判決。

[43] 薛雅倩，立體商標保護之研究，私立東吳大學法律學研究所碩士論文，2001年，頁81。立體形狀如同時符合商標法與著作權之保護要件時，可同時取得商標權與著作權。

[44] 洪淑敏，新修正商標法—有關商標註冊申請及延展之變革，智慧財產權月刊，61期，2004年1月，頁14。「立體、顏色及聲音商標審查基準」第2.7.1點。

（二）兩者之關聯性

1.取得商標權與專利權

專利法與商標法就保護權益、對象、要件及規範目的，兩者有所差異，倘特定立體形狀或造型，先有專利申請案，嗣後有商標申請案，該立體形狀同時符合專利法與商標法規定，得分別取得專利權與商標權。後申請之商標權人與先申請之專利權人為不同權利主體，商標權人使用之立體商標有侵害先申請之專利權，自不得以其行為係合法之行使商標權，作為未侵害專利權之抗辯[45]。準此，立體形狀設計有可能同時獲得商標法與專利法之保護。

2.取得商標第二意義

取得設計專利權之立體形狀設計，其於專利期間雖得排他使用該立體形狀，倘該立體形狀不具識別性，並不因該排他使用，而當然使原本不具識別性之立體形狀設計取得識別性。因立體形狀設計是否具備識別性，並非取得設計專利權之要件，原則上不具識別性之立體形狀設計，固得因其設計上之創意而取得設計專利權，然無法取得識別性及商標權。例外情形，係設計專利權人得舉證證明該不具先天識別性之產品形狀設計，業經申請人使用，且在交易上已成為表彰申請人商品之標識，並得藉以與他人之商品相區別，基於取得商標第二意義，所具有之後天識別性（商標法第29條第2項）[46]。倘商標審查人員就申請立體商標之標的，有質疑其可能具有功能性，得以商標申請人或代表人為代表人為條件，可至專利資料庫之專利權人、發明人等欄位，進行交叉檢索[47]。

（三）兩者競合

立體形狀為三度空間之概念，具有無限之延展性，可作點線面之多元

---

[45] 先申請立體商標，再申請設計專利，將導致專利申請前已為公眾所知悉者，喪失專利之新穎性要件（專利法第22條第1項第3款、第142條）。

[46] 「立體、顏色及聲音商標審查基準」第2.7.1點。

[47] 陳冠勳，非傳統商標涉及功能性或專利技術之審查實務與案例探討，專利師，21期，2015年4月，頁75。

立體組合；而平面商標僅係二度空間之面線設計，就設計空間而言，不如立體形狀。例如，以立方體或長方體而論，其均由6個平面組合而成，不同於平面設計僅能侷限於單一平面，足見立體空間之設計範圍，應較平面者為多樣化。故得排除社會大眾所使用或認知之通用形狀後，設計有識別性之立體商標。而立體形狀越具獨特性，其識別性亦成正比。因商品之立體形狀大多係基於某些目的，而被創造出來。準此，在某種程度而言，立體商標具有功能性是難以避免，依據功能性之程度或標準，倘非屬不可替代之設計時，並無不公平競爭之虞，且具有功能性商標之主要設計目的，在於區分商品或服務之來源，其功能性之設計，僅附屬於商標之使用時，具有識別性之立體商標，雖已取得設計專利權，仍應准許註冊，以保護商標使用人之權利，故設計專利與立體商標得競合存在[48]。

肆、氣味商標

一、定 義

所謂氣味商標者（smell mark），係指以經由人類嗅覺判斷氣味，作為相關消費者區別不同之商品或服務來源之商標。倘氣味得以區別特定商品或服務來源時，該氣味即可作為商標使用。因氣味均需經由人類之嗅覺加以判斷，屬感官商標，並無實體形狀，以資判定。準此，對於氣味商標之檢索，對審查商標之審查官而言，無疑是一項重大考驗。

二、立法例

美國聯邦巡迴上訴法院1990年之Clarke事件，認為申請人以香味行銷其紡紗商品，而香味於本質已成為紡紗之特徵，作為申請人表彰該商品來源之用途，倘該氣味具有第二意義時，應准許該氣味作為商標註冊使

---

[48] 王美花，智慧財產專業法官培訓課程—商標主要法規與實務，經濟部智慧財產局，2006年3月20、21日，頁13。

用[49]。準此，氣味得區別特定商品或服務來源時，該氣味即可作爲商標使用。在特殊之商標類型而言，氣味商標應屬最獨特者。是相關消費者依據嗅覺之感官，基於適當之情況，足以辨識特定之商品或服務之來源者，該氣味則具有識別性。例如，將各種水果氣味用於機油商品，因該氣味非該商品之自然氣味，係附加於商品外之獨特東西，經由嗅覺之辨識方式，得明顯（legible）區別其他相同或類似商品[50]。

三、不具備商標要件

屬商品或服務本身之氣味，或者屬業界習慣之通用氣味，均不適合作爲識別之氣味。例如，將橡膠氣味用於汽車輪胎，或者草本氣味用於洗髮精[51]。因其氣味在本質或交易，不適合用以區別商品或服務之來源。商標法立法目的之一，在於保障相關消費者，當相關消費者得藉由某種氣味得聯想某項商品或服務時，自可區別該商品或服務之來源，避免與其他商品或服務產生混淆情況，實可減少消費者搜尋及交易成本[52]。

伍、動態商標

一、定　義

所謂動態商標（motion mark），係指商標本身並非固定不動，而是

---

[49] In re Clarke, 17 U.S.P.Q.2d 1238 (T.T.A.B. 1990). Faye M. Hammersley, *The Smell of Success: Trade Dress Protection For Scent Marks*, 2 Marq. Intell. Prop. L. Rev. 105, 126 (1998). Jeffrey S. Edelstein and Cathy L. Lueders, *Recent Developments in Trade Dress Infringement Law*, 2000, 40 IDEA 105 (2000). 澳洲商標法第17條亦規定氣味商標。

[50] Wayne W. Herrington & George W. *Thompson, Intellectual Property Rights and United States International Trade Law* 222 (2002).

[51] 王德博、江存仁、李宗仁、洪淑敏、黃柏森、鍾桂華譯，澳洲商標法審查及程序手冊第21章，智慧財產權月刊，65期，2004年5月，頁115至117。

[52] 黃堅真，氣味商標之研究—以美國法探討我國氣味商標識別性問題，智慧財產權月刊，89期，2006年5月，頁71。

像電影或錄影會有接續之動作[53]，藉由動態影像、電視、電影或電腦，區別出商品或服務來源[54]。動態商標解釋上包含動作商標（movement mark），係指某一物體移動，形成視覺可感知物體與動作的結合，像電視或影片一樣有連續之短暫動作。例如，電影剪輯、影片、電視節目之動畫標識或物體之連續動作[55]。職是，動態商標提供獨特之視覺效果，係移動或有動作之商標[56]。

二、動態商標之申請

　　動態商標為一段連續性影像所構成，其商標圖樣為表現動態影像變化過程之靜止圖像，申請人並應以6個以下之靜止圖像作為商標圖樣。申請人應提供商標描述，依序說明動態影像連續變化之過程，並檢附符合商標專責機關公告格式之電子載體（商標法施行細則第16條）。

三、動態商標之類型

（一）一般性動態商標

　　一般性動態商標，將動畫視為移動影像（moving image）商標，此類標識通常被電視與電腦公司作為表彰商品或服務商標。移動影像標識主要以增加動畫為其特色，持之申請註冊。標識組成包含文字、符號、聲音或特定顏色等元素。動態商標經由電子廣告板、電視、電影預告片或線上

---

[53] 曾淑婷，氣味商標問題之研究，國立臺灣大學法律研究所碩士論文，2006年6月，頁42。

[54] Jerome Gilson & Anne Gilson LaLonde, *Cinnamon Buns, Marching Docks and Cherry-Scented Racecar Exhaust: Protecting nontraditional Trademarks*, 95 Trademark Rep. 773, 806 (July-August 2005).

[55] 黃堅真，氣味商標之研究—以實務申請探討為中心，國立清華大學科技法律研究所碩士論文，2007年2月，頁25、149。

[56] Lesley Matty, *Rock, Paper, Scissors, Trademark? A Comparative, Analysis of Motion Mark as a feature of Trademark in the United States and Europe*, 14 Cardozo J. Int'l & Comp. L. 557, 562-565 (2006).

廣告表彰[57]。例如,在美國有專門表彰治療氣喘與過敏之網站,其商標由一朵特別之蒲公英為特徵,蒲公英右邊有自由呼吸(Free Breather)之文字,其意指患者使用該醫療用品後,即可像蒲公英之種子,隨時得以呼吸到新鮮空氣,不再受病痛之苦[58]。

(二)外觀形狀動態商標

外觀形狀動態商標,係指商品本身之外型,或藉由商品產生特殊動作,以表徵商品或服務之特色[59]。舉例說明之:1.Lamborghini(藍寶堅尼)之車門係由向上移動方式開啟,車商以車門開啟動作,在美國申請註冊;2.Peabody Hotel Chain's之服務商標,係鴨子之行進方式(Duck March)組成,鴨子每日出現在電梯旁,再跳進Peabody Hotel Chain's大廳水池裡;3.日商Yamaha生產之水上摩托車,騎乘時快艇後面會噴出樹枝狀之水花[60]。

(三)手勢商標

所謂手勢商標,係指由手勢以表彰商品或服務來源。因手勢係人類最基本之溝通方式,係人類肢體語言中之重要行為表情之一。得經由手勢表達出電腦設備、通信、教育商品或服務之特徵,是日常生活中重要之一環。例如,諾基亞股份有限公司(Nokia Corporation)於2005年12月向歐盟申請註冊商標,Nokia之商標係兩隻手組成,經由四張影像描寫一連

---

[57] Jerome Gilson & Anne Gilson LaLonde, *Cinnamon Buns, Marching Docks and Cherry-Scented Racecar Exhaust: Protecting nontraditional Trademarks*, 95 Trademark Rep. 773, 807 (July-August 2005); Lesley Matty, *Rock, Paper, Scissors, Trademark? A Comparative, Analysis of Motion Mark as a feature of Trademark in the United States and Europe*, 14 Cardozo J. Int'l & Comp. L. 557, 566(2006).
[58] http://www.freebreather.com/freebreather/,2008年5月23日參閱。
[59] Lesley Matty, *Rock, Paper, Scissors, Trademark? A Comparative, Analysis of Motion Mark as a feature of Trademark in the United States and Europe*, 14 Cardozo J. Int'l & Comp. L. 557, 566-567(2006).
[60] http://www.yamaha-motor.com.tw/index.htm,2008年5月23日參閱。

串之手勢變化情形,其商標動作栩栩如生,足以表徵其商品來源[61]。

四、立法例

　　動態商標之設計技術涉及新興技術,國際承認動態商標之類型有WIPO之新加坡商標法、歐盟共同體商標規則、美國及我國商標法,故動態商標之註冊案不多見。例如,美國微軟股份有限公司(Microsoft Corporation)於2007年5月向歐盟申請商標註冊,作為軟體操作系統商品之商標。經由五張圖樣描述商標,以一支會動之旗子與圓圈為背景,構成商標之主要特色。旗子會隨著動畫閃閃發亮,五張連續影像圖呈現出動畫之不同地方,各影像維持時間長達數秒,商標顏色由藍、黃、綠及紅等四種顏色組成。

陸、全像圖商標

一、定　義

　　所謂全像圖商標(hologram marks),係指以全像圖作為標識之情形,且全像圖本身已具備指示商品或服務來源之功能。全像圖利用在一張底片上同時儲存多張影像之技術,即全像術之方式呈現出立體影像,其為一個或數個畫面,而依觀察角度不同,有虹彩變化之情形。全像圖除常用於紙鈔、信用卡或其他具價值產品之安全防偽外,亦被利用於商品包裝或裝飾[62]。

---

[61] Lesley Matty, *Rock, Paper, Scissors, Trademark? A Comparative, Analysis of Motion Mark as a feature of Trademark in the United States and Europe*, 14 Cardozo J. Int'l & Comp. L. 557, 568-569(2006).

[62] 經濟部前於2012年5月31日以經授智字第10120030950號令修正發布,2012年7月1日生效之非傳統商標審查基準,頁24。

二、類　型

全像圖有二種情形：（一）爲圖像不隨視角變化，僅有單一圖像，而圖像會因視角改變而有光影變化的情形；（二）隨視角差異，產生不同圖像變化，有多數圖像的情形[63]。因全像圖爲融合雷射照相技術與大腦方位功能之組織設計概念，此立體照片像與一般之透視圖不同，當左右轉動一幅全像圖時，可看見圖像不同角度之左右面，有如一個眞正之物體懸浮其中。例如，信用卡之雷射防僞圖，VISA卡爲一隻鳥之形狀，而Master卡則爲一幅世界地圖。全像圖使現代設計在電腦之協助，除要求快速回應外，亦重視多元功能之發揮，其組織成員應具備此專業能力。我國推動之行政機關單一窗口，實爲此理論之具體表現。

三、全像圖商標之申請

全像圖商標之商標圖樣爲表現全像圖之視圖，倘全像圖不隨視角差異產生圖像變化者，其商標圖樣爲單一視圖；圖像隨視角變化而改變者，商標圖樣應爲4個以下表現隨視角變化之個別視圖。申請人應提供商標描述，依序說明動態影像連續變化之過程，並檢附符合商標專責機關公告格式之電子載體（商標法施行細則第17條）。

柒、位置商標

依據智慧財產局非傳統商標審查基準第10點：位置商標爲非傳統商標，傳統平面文圖商標或新型態之顏色、立體商標均可能施用於商品或服務之特定位置，該位置爲商標識別之重要特徵時，其文圖、顏色或立體形狀應施用於該特定位置，否則可能會喪失其指示商品或服務來源功能。換言之，位於其指定使用之商品特定位置[64]，倘加上由立體形狀、圖形、顏

---

[63] 非傳統商標審查基準，頁24。
[64] ZI字媒體，在其位，可謀其標？——論位置商標在我國的可註冊性，https://zi.media/@yidianzixun/post/NXsDot，2021年7月7日參閱。

色或以上要素組合，其可構成位置商標之標誌，故位置商標應可分爲立體形狀位置商標、圖形位置商標、顏色位置商標及組合位置商標[65]。

捌、識別商品或服務來源之標識

修正前商標條文以列舉方式規定由文字、圖形、記號、顏色、聲音、立體形狀或其聯合式所組成之商標爲註冊保護之範圍。參酌商標法新加坡條約（STLT），國際間已開放各種非傳統商標得作爲註冊保護之態樣，爲順應國際潮流，並保障業者營業上之努力成果，爰開放任何足以識別商品或服務來源之標識，均能成爲本法保護之客體，並例示商標得由文字、圖形、記號、顏色、立體形狀、動態、全像圖、聲音等之標識，或其聯合式標識所組成（商標法第18條第1項）。準此，我國商標法保護之客體，不限於所例示之情形[66]。

玖、例題解析

一、商標商品化

商標制度在於禁止第三人以使人混淆誤認或誤信之方式使用商標，導致相關消費者混淆商品或服務來源。故有上述情事發生，行爲人未經商標權人同意，原則上成立侵害商標權（商標法第35條第2項）。準此，B公司未經A公司同意將A公司之立體商標平面化使用於商品，該行爲侵害A公司之商標權。同理，未經A公司同意將該立體商標加以商品化，依據商標著名程度、相關消費者有無混淆誤認之可能爲判斷基準，倘造成相關消費者混淆商品之來源，此商標商品化之行爲，應成立商標侵權。

---

[65] 許漢儀，位置商標之研究—以識別性及功能性為中心，國立中正大學法律系研究所碩士論文，2021年6月，頁23。

[66] 商標法第18條之立法理由。

二、功能性理論

（一）立體形狀為達成該類商品或服務之使用或目的所必須

　　立體形狀係達到商品或服務之使用或目的所必要，倘該形狀並無其他替代形狀，可供市場競爭者選擇，為避免特定人獨占使用，造成不公平之競爭（unfair competition），應不准其為商標註冊。因球體之造型係排球設計之唯一選擇，所以球體外觀不得作為排球之註冊商標[67]。故乙經營排球之販賣事業，其以球體外觀作為其商品商標，持之向智慧財產局申請商標註冊，智慧財產局不應准予商標註冊。反之，以特定不規則形狀之立體外型，作為其飲料之包裝或容器，並以該特定不規則形狀之外型，申請商標註冊，因飲料之包裝容器具有多樣化選擇，可供市場競爭者使用，故准予商標註冊，不至於造成壟斷之現象。

（二）立體形狀為達成某種技術效果所必須

1.原　則

　　立體形狀係商品或服務所能達成之技術程度或目標，所應具備者，倘該形狀並無其他替代形狀，可達成相同之技術效果，則不應作為商標使用。齒輪（gear）或軸承（bearing）形狀，係達成機械元件間傳動效果所必要者，而尚無其他形狀可達相同效果者。故齒輪或軸承之形狀為機械元件間傳動之效果所必要者，自不得以齒輪或軸承之形狀申請註冊，而指定使用於特定機械傳動零件商品[68]。準此，丙為製造齒輪或軸承之業者，其以齒輪或軸承之立體形狀，向經濟部智慧財產局申請商標註冊，自應核駁其商標申請。

2.例　外

　　某種立體形狀對於其申請使用之商品或服務而言，固具有某些功能性之特徵，然自商品或服務之實用功能性或美學功能性觀點而言，該功能僅

---

[67] 商標法施行細則第19條附商品及服務分類表第28類。
[68] 商標法施行細則第19條附商品及服務分類表第7類。

爲附屬功能，並非主要之功能，況達到該功能者，亦有多種方式選擇，足見該立體形狀，並非達成某種技術效果所必備之條件者。例如，鎖匙之目的在於開啓關閉處所或物件，是任何形狀之鎖匙，僅要設計得宜，均可達到開啓裝置之技術效果，申請人所設計之特殊鎖匙形狀，具有一般鎖匙開啓裝置之效用，而該形狀並非以開啓裝置作爲主要目的，鎖匙形狀亦有變化性，具有識別性。准予其商標註冊，不至於造成獨占之情事[69]。

---

[69] 商標法施行細則第19條附商品及服務分類表第6類。

第三章

商標權申請

關鍵詞：

公示作用、優先權日、法定期間、商標代理人、先申請先註冊

第一節　商標權之取得

　　所謂商標權,係指商標權人將具有商品或服務標識功能之註冊商標,獨占排他使用於指定商品或服務之權利。商標權之取得有原始取得與繼受取得之區別,而原始取得亦分使用主義與註冊主義。前者,實際使用商標於商品或服務,具有相當時日,而由使用人取得商標權。後者,自註冊日之日起,由註冊人取得商標權。採註冊主義之國家,欲取得商標權者,應先向主管機關申請商標,申請程序涉及申請人資格、申請日之確定及商標審查程序。商標法第22條、第33條採先申請先註冊主義,欲在我國取得商標權之保護,必須向經濟部智慧財產局申請註冊(trademark application)。

例題1

> 　　甲文具店開業多年,甲於申請營業登記時,即以有特殊視覺效果之鋼筆與書本所組合的藝術圖形,作為其商品之商標,該商標本身具有與眾不同之特別性,能引起相關消費者之注意。甲嗣後發現A文具公司以其近似之圖形為商標,並使用於文具商品,甲主張A公司侵害其商標。試問:(一)A公司是否成立商標侵權行為?(二)A公司持該商標向經濟部智慧財產局(IPO)聲請註冊在案,甲文具店得否再使用該商標?(三)A公司提起民事訴訟,起訴主張甲文具店侵害其註冊商標,甲文具店應如何救濟?

壹、使用主義

　　所謂使用主義者,係指商標創設後,首先實際使用於商品或服務之行銷市場,該商標權應由先使用者取得。先使用主義之目的在於確保先使用者之權益,使用主義可保護真正先使用人,防止有心人搶先註冊,趁機向使用人索取不當之利益,此為使用主義之優點;反之,則為註冊主義之缺

點。向主管機關註冊雖非使用主義取得商標之要件，惟註冊公告後，具有公示目的與表見證據之功能，美國係採此制度。因使用主義以實際使用作為取得商標權之要件，不似註冊主義有強大之公示作用，第三人有時未必知悉商標權之存在，故對於交易安全之保護，較不周詳，是使用主義者非國際之主流。

貳、註冊主義

一、我國商標法

　　所謂註冊主義者，係由商標使用者或預定使用者，向商標專責機關申請註冊商標，取得商標權而受商標法之保護。註冊主義亦可分任意註冊主義與強制註冊主義。因商標權之取得，屬使用人之自由選擇，故不強制其應依商標法申請註冊，是多數國家之商標法均採任意註冊主義。我國採此先申請先註冊主義與任意註冊主義，即凡因表彰自己之商品或服務，欲取得商標權者，應依本法申請註冊（商標法第2條）。二人以上於同日以相同或近似之商標，而於同一或類似之商品或服務各別申請註冊，有致相關消費者混淆誤認之虞，而不能辨別時間先後者，由各申請人協議定之；不能達成協議時，以抽籤方式定之（商標法第22條）。註冊主義除有鼓勵商標之創設使用人及早申請商標註冊，以納入管理外，亦可避免舉證證明是否使用之困難，是世界各國對於商標權之取得，絕大多數採註冊主義[1]。

二、保護範圍

　　商標法原則允許相同或近似之商標申請註冊於不相同、不類似之商品，均得並存註冊（商標法第30條第1項第10款）。例外情形，係著名商標之保護，不限於其所指定之商品或服務範圍內，除就不相同或非類似之

---

[1] 曾陳明汝，商標法原理，新學林出版股份有限公司，2004年1月，修訂再版，頁33。

商品或服務外，亦不准許有搶註著名商標之情事發生（商標法第30條第1項第11款）。

參、例題解析

一、註冊主義

商標權取得分為使用主義與註冊主義，我國採註冊主義，商標自註冊公告日起，由權利人取得商標權（商標法第33條）。甲文具店雖以有特殊視覺效果之鋼筆與書本所組合的藝術圖形，作為其商品之商標，惟其未向智慧財產局申請註冊，是甲不得享有商標權，故A文具公司以其相類似之圖形為商標，並使用在商品，不成立侵害商標之侵權行為。

二、善意先使用

A公司持該商標向智慧財產局聲請註冊在案，因甲使用該商標係在A公司商標註冊申請日前，善意使用近似之商標於同一或類似之商品，倘為嗣後之商標權效力所及，則過於嚴苛，是甲仍得以該商標使用於原使用之商品或服務範圍內，以保護甲之權利，維持法律之安定性。準此，為防止相關消費者有混淆誤認之虞，A公司得要求甲附加適當之區別標示（商標法第36條第1項第4款）。

三、侵害著作權

（一）商標評定

商標侵害他人之著作權、專利權或其他權利，經判決確定者。利害關係人得於註冊公告日後滿5年內，向經濟部智慧財產局申請評定其註冊。評定案件經評定成立者，應撤銷其註冊（商標法第30條第1項第15款、第57條第1項、第58條第1項、第60條本文）。甲自行設計之藝術圖形具有著作權時，A公司之商標侵害甲之著作權，經甲提起侵害著作權之民事判決確定時，得以利害關係人之身分，而於註冊公告日後滿5年內，向經濟

部智慧財產局評定乙之商標，撤銷A公司之商標註冊。

（二）商標有效性之爭點

當事人主張或抗辯智慧財產權有應撤銷、廢止之原因者，法院應就其主張或抗辯有無理由自為判斷，不適用民事訴訟法、行政訴訟法、商標法、專利法、植物品種及種苗法或其他法律有關停止訴訟程序之規定（智慧財產案件審理法第41條第1項）。前項情形，法院認有撤銷、廢止之原因時，智慧財產權人於該民事訴訟中不得對於他造主張權利（第2項）。甲得於民事訴訟中，抗辯A公司之商標有撤銷之原因，法院應審查有無A公司之商標有無侵害甲之著作權，法院認有侵害著作權之情事時，A商標有撤銷之原因，A公司於本件民事訴訟中不得對於甲主張商標權。

第二節　申請程序

二人以上於同日以相同或近似之商標，於同一或類似之商品或服務各別申請註冊，有致相關消費者混淆誤認之虞，而不能辨別時間先後者，由各申請人協議定之（商標法第22條前段）。比較專利申請，同一發明有二以上之專利申請案時，申請日或優先權日為同日者，應通知申請人協議定之，協議不成時，均不予發明專利（專利法第31條第2項）。

商標之申請	法條依據
申請人	1. 本國人（商標法第2條） 2. 外國人（商標法第4條） 3. 大陸地區人民（大陸地區人民在臺申請專利及商標註冊作業要點） 4. 商標代理人（商標法第6條）
申請日	1. 文件齊備日或補正日（商標法第9條第1項、第19條第3項、第22條） 2. 優先權日（商標法第20條）
取得方式	註冊保護主義（商標法第2條、第22條）

例題2

甲於2020年3月1日將A商標圖樣之註冊申請書送達經濟部智慧財產局，而乙之A商標圖樣之註冊申請書於2020年3月6日交郵寄，送達智慧財產局之收文日期則為2020年3月8日。商標審查員審查甲之註冊申請案時，發現申請書上僅記載商品類別而無商品名稱，故通知甲補正，甲之補正書於2020年3月5日送達智慧財產局，經審查結果發現甲與乙之指定商品為類似。試問智慧財產局應准予何人註冊？理由何在？

例題3

丙於2023年1月1日以B圖形與文字於WTO之會員國內申請商標註冊，而丁於同年2月1日以相同或近似於B圖形與文字之商標，指定使用於同一或類似商品，而向我國提出註冊申請，丙嗣於同年5月1日以B圖形與文字向我國提出商標註冊之申請，並主張優先權。試問智慧財產局應准許何人取得商標註冊？理由何在？

例題4

戊以C圖形與文字向智慧財產局申請商標註冊，其申請書未指定使用之商品或服務及其類別，智慧財產局命戊於10日內補正，郵差將補正通知書交由戊之房客己收受，因房客己未將補正通知書交予戊，導致未於10日內補正。試問戊應如何救濟？依據為何？

壹、商標申請人

一、本國人

　　商標法具有屬地主義保護之特色，故欲表彰自己營業之商品或服務，而欲在我國專用商標者，均得依據商標法申請註冊。準此，具有中華民國國籍之本國人得作為商標申請主體，不論其住居所是否在國內，均得依法申請商標註冊。本國人之範圍包含自然人與法人。

二、商標代理人

（一）資格要件

　　所謂商標代理人（trademark agent），係指代理他人辦理商標業務者。故本人申請商標註冊及其相關事務，得委任商標代理人辦理之。但在中華民國境內無住所或營業所者，應委任商標代理人辦理之（商標法第6條第1項）。前項代理人以在國內有住所，並具備下列資格之一者為限：1.依法得執行商標代理業務之專門職業人員；2.商標代理人（第2項）。前項第2款規定之商標代理人，應經商標專責機關舉辦之商標專業能力認證考試及格或曾從事一定期間之商標審查工作，並申請登錄及每年完成在職訓練，始得執行商標代理業務（第3項）。前項商標專業能力認證考試之舉辦、商標審查工作之一定期間、登錄商標代理人之資格與應檢附文件、在職訓練之方式、時數、執行商標代理業務之管理措施、停止執行業務之申請、廢止登錄及其他應遵行事項之辦法，由主管機關定之（第4項）。申請人委任商標代理人者，應檢附委任書正本，載明代理之權限（商標法施行細則第5條第1項）。前開委任，得就現在或未來一件或多件商標之申請註冊、異動、異議、評定、廢止及其他相關程序為之（第2項）。代理人權限之變更，非以書面通知商標專責機關，對商標專責機關不生效力（第3項）。代理人送達處所變更，應以書面通知商標專責機關（第4項）。未依本法登錄而充任商標代理人或以商標代理人名義招攬業務者，由商標專責機關處新臺幣3萬元以上15萬元以下罰鍰，並限期令其

停止行為；屆期不停止者，按次處罰至停止為止（商標法第98條之1第1項）。前項規定，於商標代理人停止執行業務期間，或經公告撤銷或廢止登錄者，亦適用之（第2項）。商標代理人違反第6條第4項所定辦法中有關在職訓練之方式、時數或執行商標代理業務管理措施之規定者，商標專責機關應視其違規情節予以警告、申誡、停止執行業務、撤銷或廢止登錄處分，並公告於商標代理人名簿（第3項）。

（二）大陸地區人民申請商標註冊

　　經濟部為處理大陸地區人民在臺灣地區申請專利、註冊商標及相關作業，基於對等互惠原則，特訂定大陸地區人民申請專利及商標註冊作業要點（作業要點第1點）。大陸地區人民依專利法、商標法及其相關法令規定申請註冊並取得專利權、商標權者，得受我國保護（作業要點第2點）。大陸地區申請人在臺灣地區無住所或營業所者，申請專利、註冊商標及辦理有關事項，應委任在臺灣地區有住所之代理人辦理。（作業要點第3點）。準此，大陸地區申請人在臺灣地區無住所或營業所者，必須委託在臺灣地區有住所之商標代理人，辦理商標申請案。

三、外國人

（一）互惠原則

　　我國對外國人在我國申請商標註冊採主權平等與互惠原則。外國人所屬之國家，其與中華民國如無互相保護商標之條約或協定，或依其本國法令對中華民國人申請商標註冊不予受理者，其商標註冊之申請，得不予受理（商標法第4條）。

（二）優先權日

1.決定先申請日

　　將優先權日（priority right）適用於先申請主義，其有決定先申請日，其可彌補無法同時於不同國家申請商標之缺點。例如，優先權制度，得使申請人就同一商標於A、B兩國先後申請，而於B國申請商標註

冊時，得主張以其在A國提出申請之日，爲其於B國之申請日[2]。商標權之優先權日起源於1884年之巴黎工業財產保護同盟公約（Paris Convention-Paris Union for the Protection of Industrial Property），TRIPs亦採用優先權日之原則。我國前於2002年1月1日正式加入世界貿易組織（WTO），依據TRIPs之規範，WTO之各會員均可在我國主張優先權日，而我國亦得於各會員國或區域內主張優先權日（TRIPs第2條），此爲國民待遇原則之適用（TRIPs第3條）。

2.要　件

商標註冊申請人在我國內主張優先權日，其要件有：(1)必須該申請人在與中華民國有相互承認優先權之國家或世界貿易組織會員，依法申請註冊之商標（商標法第20條第1項前段）；(2)申請人於第1次申請日次日起6個月內，向中華民國申請註冊者，得主張優先權（第1項後段）。所謂第1次提出申請者，非指於該國第1次，而係指於國際間第1次申請註冊而言[3]；(3)主張優先權者，應於申請註冊同時提出聲明，並於申請書中載明在外國之申請日及受理該申請之國家或世界貿易組織會員（第3項第2款）。申請人應於申請日次日起3個月內，檢送經該國政府或世界貿易組織會員證明受理之申請文件（第4項）。違反前開規定者，喪失優先權（第5項）。主張優先權者，其申請註冊日以優先權日爲準（第6項）；(4)第1次申請註冊之商標與主張優先權之商標必須相同，指定使用之商品或服務必須與第1次申請案指定使用之商品或服務，爲同一部分或全部相同[4]。

---

[2] 陳文吟，商標法論，三民書局股份有限公司，2001年4月，初版2刷，頁45。
[3] 陳文吟，前揭書，頁46。
[4] 商標法逐條釋義，經濟部智慧財產局，2005年12月，頁11。

貳、申請書

一、駁回申請

　　申請人為有關商標之申請及其他程序，如有下列情形之一，應予駁回：（一）遲誤法定期間；（二）不合法定程式不能補正；（三）不合法定程式經通知限期補正屆期未補正者（商標法第8條第1項）。申請人因天災或不可歸責於己之事由遲誤法定期間者，其於原因消滅後30日內，得以書面敘明理由，向商標專責機關申請回復原狀。但遲誤法定期間已逾1年者，不得為之（第2項）。申請回復原狀，應同時補行期間內應為之行為（第3項）。而遲誤第32條第3項規定之繳費期間者，不適用回復原狀規定（第4項）。

二、申請文件

（一）商標與指定使用之商品或服務

　　申請商標註冊，應由申請人備具申請書，載明商標、指定使用之商品或服務及其類別，向商標專責機關申請之（商標法第19條第1項）。申請商標註冊，以提出前項申請書之日為申請日（第2項）。第1項之申請人，為自然人、法人、合夥組織、依法設立之非法人團體或依商業登記法登記之商業，而欲從事其所指定商品或服務之業務者（第3項）。商標圖樣應以清楚、明確、完整、客觀、持久及易於理解之方式呈現（第4項）。申請人得以一商標註冊申請案，指定使用於二個以上類別之商品或服務（第5項）。是申請商標註冊人，得在同一申請案，就同一商標指定使用於二個以上非同一類別之商品或服務。商品或服務之分類，其於本法施行細則定之（第6項）。類似商品或服務之認定，不受前項商品或服務分類之限制（第7項）。申請商標註冊，申請人有即時取得權利之必要時，得敘明事實及理由，繳納加速審查費後，由商標專責機關進行加速審查。但商標專責機關已對該註冊申請案通知補正或核駁理由者，不適用之（第8項）。準此，商品或服務分類係為便於行政管理及檢索之用，類似

商品或服務之認定，不受行政管理所為之商品或服務分類之限制。再者，商標權之取得採有償主義，以落實「使用者、受益者付費」公平原則，故商標註冊及其他關於商標之各項申請，應繳納規費。商標規費之數額，由經濟部智慧財產局以命令定之。

（二）聲明不專用

商標圖樣中包含不具識別性部分，且有致商標權範圍產生疑義之虞，申請人應聲明該部分不在專用之列；未為不專用之聲明者，不得註冊（商標法第29條第3項）。使聲明部分非屬商標權之排他範圍，以避免說明性或不具識別性之文字或圖形，而於註冊後產生爭議。

三、申請變更

為使商標主管機關管理商標註冊申請事項之變更，倘有申請變更商標註冊申請事項或商標註冊事項者，應備具申請書，並檢附變更證明文件，向商標專責機關申請核准（商標法第24條；商標法施行細則第25條）。至於商標註冊申請案經審查後，商標審查人員認為部分指定商品或服務不得註冊者，而申請人亦未主動申請分割（商標法第26條）。智慧財產局將發給核駁理由先行通知書，請申請人於指定期間內陳述意見。倘申請人於收受核駁理由先行通知書後，未主動申請分割或減縮指定商品或服務者，智慧財產局應為核駁之審定。商標註冊事項之變更，應向商標專責機關登記（商標法第24條）。所謂商標註冊事項之變更，係指商標公告註冊後，非涉及權利主體變動之註冊事項有異動。例如，商標權人名稱、地址或代理人。商標及其指定使用之商品或服務，註冊後雖不得變更。然指定使用商品或服務之減縮，不在此限（商標法第38條第1項）。

參、申請日之確定

商標註冊之申請日（filing date）攸關申請人之權益甚鉅，尤其適用註冊主義與新申請主義之制度，申請日得決定何人取得商標權，並以先申

請者爲優先。因我國採先申請主義，故如何確定申請日，係商標制度之重要規範。因商標是否具備註冊要件，原則以申請日爲判斷之時點。我國商標法規定，申請日有二：申請文件齊備之日或優先權日。

一、文件齊備之日

（一）應備文件

申請商標註冊，應以申請書載明申請人、商標圖樣及指定使用之商品或服務，提出申請書之日爲申請日（商標法第19條第1項、第2項）。商標之申請及其他程序，應以書件或物件到達商標專責機關之日爲準；如係郵寄者，以郵寄地郵戳所載日期爲準。郵戳所載日期不清晰者，除由當事人舉證外，以到達商標專責機關之日爲準（商標法第9條）。申請人得就所指定使用之商品或服務，向商標專責機關請求分割爲二個以上之註冊申請案，以原註冊申請日爲申請日（商標法第26條）。商標之各項申請違反程序或程式而得補正者，商標主管機關應通知限期補正。申請人於前項限期內補正者，其申請日應以補正備齊文件之日爲申請日，不以原申請日爲其申請日。因商標及其指定使用之商品或服務之確定，攸關申請日之認定，原則上商標及其指定使用之商品或服務，申請後即不得變更。例外情形，係指定使用商品或服務之減縮，其可在申請後變更之（商標法第23條）。

（二）先申請先註冊

商標法採先申請先註冊主義，各別申請註冊時，應准最先申請者註冊。倘二人以上於同日以相同或近似之商標，而於同一或類似之商品或服務各別申請註冊，有致相關消費者混淆誤認之虞，而不能辨別時間先後者，由各申請人協議定之；不能達成協議時，以抽籤方式定之（商標法第22條）。

二、優先權日

　　主張優先日者，必須具備下列要件：（一）申請人為我國人或與符合互惠原則之外國人；（二）先申請案之受理國與我國訂有相互保護商標條約、協定或相互承認優先權之國家；（三）先申請案已依該國法律申請註冊；（四）先後申請案具有同一性，即商標圖樣同一，並指定使用於相同商品或服務；（五）先申請案之申請日，係於外國首次提出申請，依該國法律取得申請日者；（六）首次申請日之次日起6個月內，提出後案之申請（商標法第4條、第20條）[5]。

肆、申請權利之移轉

　　因商標註冊之申請所生之權利，得移轉於他人（商標法第27條）。申請移轉因商標註冊申請所生之權利者，應備具申請書，並檢附移轉契約或其他移轉證明文件（商標法施行細則第28條）。商標註冊申請之權利讓與，其屬申請註冊事項之變更（商標法第24條）。

伍、商標之公告

一、商標公報

　　商標專責機關應備置商標註冊簿及商標代理人名簿，登載商標註冊、商標權變動及法令所定之一切事項，商標代理人名簿登載商標代理人之登錄及其異動等相關事項，並對外公開之（商標法第12條第1項）。前項商標註冊簿，得以電子方式為之（第2項）。有關商標之申請及其他程序，亦得以電子方式為之。商標專責機關之文書送達亦同；前項電子方式之適用範圍、效力、作業程序及其他應遵行事項之辦法，由主管機關定之（商標法第13條）。

---

[5] 陳文吟，商標法論，三民書局股份有限公司，2001年4月，初版2刷，頁45至46。

二、商標註冊簿

　　商標專責機關應備置商標註冊簿,登載商標註冊、商標權變動及法令所定之一切事項,並對外公開之(商標法第12條第1項)。前項商標註冊簿,得以電子方式為之(第2項)。有關商標之申請及其他程序,亦得以電子方式為之;其實施日期、申請程序及其他應遵行事項之辦法,由主管機關定之(商標法第13條)。

陸、實例解析

一、文件齊備之日

(一)認定申請日

　　申請商標註冊,以申請書載明申請人、商標圖樣及指定使用之商品或服務,提出申請書之日為申請日(商標法第19條第1項、第2項)。商標之申請及其他程序,應以書件或物件到達商標專責機關之日為準;如係郵寄者,以郵寄地郵戳所載日期為準。郵戳所載日期不清晰者,除由當事人舉證外,以到達商標專責機關之日為準(商標法第9條)。準此,申請日係指備具商標圖樣及載明商品或服務類別之申請書,送達智慧財產局之日而言,採送達主義。例外情形採發信主義,即以郵寄地郵戳所載日期為申請日,惟郵戳所載日期不清晰者,應由當事人舉證,無法證明者,則以到達商標專責機關之日為申請日。至於命補正之申請註冊案,係以補正備齊文件之日為申請日。

(二)先申請先註冊

　　甲於2020年3月1日將A商標圖樣之註冊申請書送達智慧財產局,而乙之A商標圖樣之註冊申請書於2018年3月6日交郵寄,送達智慧財產局之收文日期則為2020年3月8日。商標審查員審查甲之註冊申請案時,發現申請書上僅記載商品類別而無商品名稱,通知甲補正,甲之補正書於2020年3月5日送達智慧財產局。乙之申請日為郵寄地郵戳日期為2020年3月6日,甲之申請日為補正備齊文件日即2020年3月5日。職是,商標審查員

經審查結果發現甲與乙之指定商品為類似，智慧財產局應准予先申請之甲註冊A商標圖樣。

二、優先權日

　　丙於2023年1月1日以B圖形與文字於WTO之會員國內申請商標註冊，而丁於同年2月1日以相同或近似於B圖形與文字之商標，指定使用於同一或類似商品，而於我國提出註冊申請，丙嗣於同年5月1日以B圖形與文字向我國提出商標註冊之申請，並主張優先權，丁雖於同年2月1日以相同或近似於B圖形與文字之商標於我國提出註冊申請，其早於丙在同年5月1日以B圖形與文字於我國申請商標註冊。因我國於2002年1月1日加入WTO後，凡是WTO之會員均得主張優先權。故丙得於在WTO之會員國申請日次日，即2023年1月2日起6個月內向我國提出商標註冊申請，並得主張優先權日。準此，丙得主張以2023年1月1日之優先權日視為本國之申請日，該優先日早於丁之申請日。準此，應以丙取得我國之商標權。

三、回復原狀之申請

（一）法定期間

　　所謂法定期間，係指由法律明文規定之不變期間。例如，商標之註冊有異議事由存在，任何人得自商標註冊公告之日起3個月內，向商標專責機關提出異議，逾期提出異議者，將遭駁回（商標法第48條第1項）。智慧財產局依據具體案件，依職權指定申請人補正某項行為，此為指定期間，並非法定期間。指定期間具有一定程度之可變更性，不同於法定期間不可變更[6]。

（二）回復原狀

　　戊以C圖形與文字向智慧財產局申請商標註冊，其申請書未指定使用

───────────
[6] 商標法逐條釋義，經濟部智慧財產局，2005年12月，頁25。

之商品或服務及其類別，智慧財產局命戊於10日內補正，郵差固將補正通知書交由戊之房客己收受，惟房客己未將補正通知書交予戊。因指定補正期間並非法定期間，戊無法知悉己未交補正通知書之30日內，以書面敘明未於10日內補正之理由，並同時補正指定使用之商品或服務及其類別（商標法第8條第2項、第3項）。

（三）再行送達補正通知書

應送達處所不獲會晤應受送達人時，雖得將文書付與有辨別事理能力之同居人、受僱人或應送達處所之接收郵件人員（行政程序法第73條第1項）。因房客非同居人、受僱人或接收郵件人員，不生送達效力，智慧財產局應依職權再行送達補正通知書（行政程序法第67條）。準此，本件雖不符回復原狀要件，戊於收受智慧財產局行送達補正通知書後，而於10日內補正。

第四章

商標註冊要件

目　次

關鍵詞：

淡化、混淆誤認、總體觀察、相關消費者、顏色耗盡理論

第一節　商標圖樣

商標保護之本體，係以商標專責機關准予註冊登記之商標圖樣，作為其保護範圍。至於商標名稱，為該圖樣之自然稱呼，倘未載入圖樣中，則不受商標之保護[1]。

例題1

A製鞋股份有限公司為表彰鞋類商品，茲以平面設計之楓樹圖形及maple英文為商標，向經濟部智慧財產局申請用於運動鞋類之商品。試問其屬何種商標？理由何在？

壹、商標圖樣類型

一、單一式與聯合式

商標圖樣之內容，得以文字、圖形、記號、顏色、聲音、立體形狀、動態、全像圖或其聯合式所組成（商標法第18條第1項）。是商標圖樣依據型態分類，可分文字商標、圖形商標、記號商標、顏色商標、聲音商標、動態商標、全像圖商標及聯合式商標。所謂聯合式商標，係指以前揭8種商標之任2種以上之組合，作為商標圖樣。再者，商標之圖樣，除得為平面設計外，亦得為立體形狀來表彰。因平面之表達有凹凸、高低不平之紋路或圖形者，該等標誌之商標，仍屬平面商標。

---

[1] 曾陳明汝，商標法原理，新學林出版股份有限公司，2004年1月，修訂再版，頁83。

二、傳統商標之構成要素

（一）文字商標

文字商標包括中文、數字、英文字母及外國文字，是本國人向智慧財產局申請商標圖樣，自得以外國文字為商標，而無須加註中文。例如，大同、SONY、555、A&T、acer。或者姓名、商號亦得為文字商標。

（二）圖形商標

圖形得由人物、動物、植物、器物或自然景觀等具體之圖形組合。例如，動物或植物作為商標圖樣。再者，圖形得為人類之創作，而非自然界所現存之事物者，可為圖形商標。例如，刻意設計之圖案、圖像作為商標圖樣。

（三）記號商標

所謂記號商標，係指以簡單之符號或記號為標記。例如，麥當勞之M形圖案、耐吉之V形圖案或注音符號、簡單線條、幾何圖案，均得為商標圖樣。記號商標雖為簡單標記，然較易使相關消費者加以辨識。

貳、例題解析——文字與圖形之聯合式商標

A公司以平面設計之楓樹圖形及maple英文為商標，向智慧財產局申請用於運動鞋類之商品，其性質為圖形及文字之聯合式商標，並指定使用在運動鞋類之商品，倘符合註冊之積極要件，且無消極要件時，即可取得商標權。

第二節　積極要件

我國商標法採註冊主義，故欲在我國取得商標權者，應依我國商標法申請註冊，經智慧財產局核准者，得享有商標權，即可排除他人就相同或近似之商標圖樣，指定使用於同一或類似商品或服務。申請註冊取得商標權者，該申請之商標必須具備商標註冊要件，而商標註冊要件有積極要件與消極要件。

商標註冊要件	法條依據
積極要件	1. 識別性（商標法第18條第1項） 2. 第二意義（商標法第29條第1項第1款、第3款、第2項）
消極要件	商標法第29條第1項、第30條第1項

第一項　識別性

　　商標足以使商品或服務之相關消費者，認識其為表彰商品或服務之標識，並得藉以與他人之商品或服務相區別，故必須有識別性或第二意義。而識別性或稱顯著性，其源自外國立法例之distinctiveness，此為商標註冊之積極要件。而商標之識別性並非永久不易，其有可能因時間之經過與使用程度而有所消長。

例題2

　　B公司以「Hi網際電視網」商標圖樣申請商標註冊，指定使用於「電信網路之傳輸服務」，並聲明「網際電視網」不在專用之列。試問經濟部智慧財產局是否得准予註冊？理由為何？

例題3

　　C公司以「ePaper」商標圖樣申請商標註冊，指定使用於「各種書刊、雜誌、文獻之出版、發行；資料、文書之查詢；代理各種書籍雜誌報紙之訂閱服務」。試問智慧財產局是否得准予註冊？理由為何？

壹、識別性之定義

一、相關消費者之立場判斷

　　商標應足以使商品或服務之相關消費者認識其爲表彰商品或服務之來源，並得藉以與他人之商品或服務相區別（商標法第18條第2項）。故商標之首要要件，須具備識別性。所謂識別性，係指爲商標指示商品或服務來源，並與他人商品或服務相區別之特性。識別性之判斷應以商標與指定商品或服務間之關係爲依據，不能脫離指定商品或服務單獨爲之。一般日常用品或服務，應以一般消費大眾爲判斷標準。倘屬專業性之商品或服務，應以專業人士之觀點加以判斷。例如，醫療器材應以醫護人員之觀點判斷，而特殊建材則以建築或土木人員之立場審查。所稱相關消費者之範圍，係指我國之消費者而言。

二、固有識別性與後天識別性

　　商標識別性有先天與後天之分：（一）所謂先天識別性或固有識別性，係指商標本身所固有，無須經由使用取得之識別能力；（二）所謂後天識別性或第二意義，係指標識原不具有識別性，而經由在市場上之使用，其結果使相關消費者得以認識其爲商品或服務來源之標識，即具有商標識別性，是使用之標識除原始意涵外，亦產生識別來源之新意義（商標識別性審查基準第2點）。

三、文字之識別性判斷

（一）新創詞彙

　　以文字作爲指示及區別商品或服務來源之標識，是否具有識別性，應視該文字是否爲既有之詞彙或事物，倘該文字係新創之詞彙，除作爲標章之用途外，其本身不具特定既有之含義，即具有先天識別性。

（二）既有詞彙

　　文字爲既有之詞彙者，且該文字爲習見之成語或通常用語，因該等文字原係社會公眾得自由使用之公共文化財，相關消費者通常不會將其視爲指示及區別商品或服務來源之標識，而應視該文字是否以隱含、譬喻方式，暗示說明其所指定之商品或服務的相關特性。簡言之，構成商標圖樣之文字，並非直接描述所指定商品或服務之品質、功用、成分、性質或特徵，係經相關消費者於運用想像與推理後，得將文字之特定既有含義與所指定之商品或服務之特性，兩者產生聯想，進而致隱喻之效果，相關消費者得將其視爲指示及區別來源的標識時，構成商標之文字即具有先天識別性。職是，習見或通常之祝賀語、吉祥語、祝福語、祈福語或流行新概念，不具識別性。例如，百年好合、早生貴子、事事如意、大吉大利、招財進寶、好人卡、台客、夯、火紅、樂活、KUSO、Orz 等用語。依相關消費者之認知，衡諸常情，均不致會認爲其爲指示與區別商品或服務來源之識別標識，不具有識別性，不符合商標之積極註冊要件，經濟部智慧財產局應予以核駁商標之註冊申請（商標法第29條第1項第1款至第3款）[2]。

貳、聲明不專用

　　商標圖樣整體具顯著性，而其圖樣中包含說明性或不具顯著性之文字或圖形者，爲避免因該部分致不准註冊，或註冊後就該部分單獨主張權利而產生爭議，得經申請人聲明該部分不與商標圖樣分離單獨請求專用，此爲聲明不專用（商標法第29條第3項；聲明不專用審查基準第2點）。例如，甲以「神奇傻瓜攝影棚」圖樣申請註冊商標，因「傻瓜」詞彙，倘使用於與攝影或照相有關之商品，予相關消費者認知有容易操作之意，正如傻瓜相機爲針對一般人而設計之全自動相機，僅要有幾個簡單步驟即可完成拍照。故傻瓜攝影棚意指一般人可簡單、容易操作之攝影棚相關商品，

---

[2] 智慧財產及商業法院101年度行商訴字第92號、101年度行商訴字第95號、109年度行商訴字第66號行政判決。

其為直接之商品說明文字，以之作為商標，指定使用於照相器材箱、攝影機、攝影用放大設備、照相用感光板盒、照相器材架、特製攝影設備和器具箱、照相機及其器材、攝錄放影機及其器材、攝影棚等商品，為指定商品功用之說明，應不具識別性。職是，甲就「傻瓜攝影棚」聲明不專用，俾於取得商標註冊[3]。

參、例題解析

一、聲明不專用

B公司以「Hi網際電視網」商標圖樣申請商標註冊，指定使用於「電信網路之傳輸服務」，「Hi網際電視網」整體固具有識別性，然其中「網際電視網」屬說明文字，如令申請人刪除該部分內容，將喪失該商標圖樣之完整性，故B公司於申請註冊時聲明該部分不在專用之列，再以該完整商標圖樣註冊，除可確保B公司取得完整之商標圖樣註冊外，亦可避免B公司於取得商標後，就「網際電視網」單獨主張商標權而產生爭議[4]。準此，智慧財產局得准予註冊。

二、識別性

C公司以「ePaper」商標圖樣申請商標註冊，指定使用於「各種書刊、雜誌、文獻之出版、發行；資料、文書之查詢；代理各種書籍雜誌報紙之訂閱服務」。因「ePaper」依據外文組合之通念，係指一般網際網路閱覽者所習知之「電子報」之意，並非特殊意義之用語，亦非C公司所首創之獨創字，故不具備識別性，是智慧財產局應核駁該註冊申請案。

---

[3] 智慧財產及商業法院101年度行商訴字第78號行政判決。
[4] 陳律師，智慧財產權法，高點文化事業有限公司，2005年3月，10版，頁3-39。

第二項　第二意義

　　第二意義之商標圖樣，係指該圖樣之原有意義，固不具備識別性，然因商標申請人之長期繼續使用，使該圖樣於原有意義外，產生表彰商品或服務之識別性意義。準此，商標之識別性非其所固有，係事後所取得。

例題4

> 　　C公司自1980年生產一種粉紅色之玻璃纖維住宅絕緣材料（fibrous glass residential insulation），並持續廣告促銷該商品，依據市場調查結果顯示，有50%之相關消費者知悉粉紅色之住宅絕緣材料，係C公司所生產，C公司申請商標註冊，以粉紅色指定使用於玻璃纖維住宅絕緣材料。試問智慧財產局應否准予商標註冊？理由為何？

壹、第二意義之定義

　　商標之標識雖未符合商標法第18條第2項規定之識別性，倘經申請人長時間反覆使用，且在交易上已成為申請人商品或服務之識別標識者，使該商標圖樣於原本意義之外，另產生表彰商品或服務來源之意義，自得視為有識別性，此稱為第二意義（secondary meaning）或次要意義（商標法第29條第2項）。例如，101原雖為單純之阿拉伯數字，不具有先天之識別性，然經台北金融大樓股份有限公司持續使用於交易市場及新聞媒體之長期大量報導，已使相關消費者得以「101」視為商標指定商品或服務來源之標識，除「101」具有原始意涵外，亦產生識別來源之新意義，是「101」商標經廣泛行銷使用於其指定之服務或商品，其於商標核准審定日時，已使相關消費者得以認識其為參加人表彰服務來源之標識，而取得後天識別性[5]。

---

[5] 智慧財產及商業法院109年度商訴字第96號行政判決。

貳、識別性之強弱程度[6]

　　美國聯邦第2巡迴上訴法院1976年Abercrombie & Fitch Co. v. Hunting World, Inc.事件及1986年Mcgraw-Edison Co. v. Walt Disney Productions & Bally Manufacturing Corp.事件，依照識別性之強弱，將商標分為通用名稱商標、描述性商標、暗示性商標、隨意性商標及創造性商標等類型[7]。識別性越強之商標，商品或服務之相關消費者的印象越深，他人稍有攀附，即可能引起購買人產生混淆誤認[8]。

---

[6] 林洲富，智慧財產權法專題研究(1)，翰蘆圖書出版有限公司，2006年5月，頁36-40。Abercrombie & Fitch Co. v. Hunting World, Inc., 537 F.2d 4; 1976 U.S. App. LEXIS 13312; 189 U.S.P.Q. (BNA) 759; 189 U.S.P.Q. (BNA) 769. Mcgraw-Edison Co. v. Walt Disney Productions & Bally Manufacturing Co. 787 F.2d 1163; 1986 U.S. App. LEXIS 23839; 229 U.S.P.Q. (BNA) 355. Trademarks may be placed into four categories according to strength and the corresponding amount of protection which will be accorded them. Trademarks can be (1) descriptive or generic, i.e., the mark describes the product or service itself; (2) suggestive, i.e., the mark describes or suggests a characteristic of the product or service; (3) arbitrary, i.e., the mark is a word in common use, but applied to a product or service unrelated to its meaning, so that the word neither describes nor suggests the product or service; and (4) coined, i.e., the mark is a word devised or invented for the purpose of identifying the product.

[7] Abercrombie & Fitch Co. v. Hunting World, Inc., 537 F.2d 4; 1976 U.S. App. LEXIS 13312; 189 U.S.P.Q. (BNA) 759; 189 U.S.P.Q. (BNA) 769. Mcgraw-Edison Co. v. Walt Disney Productions & Bally Manufacturing Co. 787 F.2d 1163; 1986 U.S. App. LEXIS 23839; 229 U.S.P.Q. (BNA) 355. Trademarks may be placed into four categories according to strength and the corresponding amount of protection which will be accorded them. Trademarks can be (1) descriptive or generic, i.e., the mark describes the product or service itself; (2) suggestive, i.e., the mark describes or suggests a characteristic of the product or service; (3) arbitrary, i.e., the mark is a word in common use, but applied to a product or service unrelated to its meaning, so that the word neither describes nor suggests the product or service; and (4) coined, i.e., the mark is a word devised or invented for the purpose of identifying the product.

[8] 經濟部智慧財產局，混淆誤認之虞審查基準，2012年7月1日，頁6。

一、通用名稱商標

（一）定　義

　　所謂通用名稱商標（generic term），係指大多數相關大眾用以稱呼該類商品或服務之名詞，相關消費者無法藉由該名詞而聯想商品或服務之來源。該通用名稱爲社會所共有，絕不得由特定人獨占。例如，將「baseball」使用於特定棒球商品之商標，相關消費者並無法辨識該商品之來源，倘該名稱爲特定人獨占，將會侵害第三人對於該類商品或服務爲通常敘述之自由，故通用名稱不得作爲註冊商標而受到法律之保護（商標法第29條第1項第2款）。

（二）業界通用形狀

　　業界習慣上通用之形狀，基於公平競爭之考量，自不准其註冊（商標法第29條第1項第2款）。例如，使用於酒類商品之普通制式酒瓶、使用於調味醬商品之通常圓筒狀廣口瓶、使用於太陽傘商品之一般傘狀、使用於咖啡杯商品之習見帶柄圓柱杯狀、使用於復活節巧克力之蛋狀及小兔形狀等均不得爲商標註冊[9]。

二、描述性商標（110年司津）

（一）定　義

　　所謂描述性商標（descriptive marks）或說明性商標，係指用於直接描述商品或服務之性質、功能、品質、用途或其他特點者[10]。商標圖樣本身有其固有涵義，其涵義與使用該圖樣商品有關，社會大眾均得使用，用以描述其所生產之商品或提供之服務。例如，將「healthy」用於營養食品，因其欠缺表彰商品或服務來源之識別性，不得作爲註冊商標（商標

---

[9] 王德博、江存仁、李宗仁、洪淑敏、黃柏森、鍾桂華譯，澳洲商標法審查及程序手冊第21章，智慧財產權月刊，65期，2004年5月，頁98。

[10] 智慧財產及商業法院102年度商訴字第100號行政判決。

法第29條第1項第1款、第36條第1項第1款）。除非反覆長期使用，對相關消費者已產生商品或服務之聯想，而產生第二意義而具有識別性（non-inherently distinctive marks）。例如，USPTO於1997年之In re Sun Oil Co.事件中，認為Sun Oil Company無法證明其使用之商標具有識別性，同時因其使用之商標名稱，被視為描述性之形容用語（descriptive significance），其亦未形成第二意義，故無法申請商標註冊[11]。再者，為商標註冊為外國單字或字詞，究是否僅為描述性文字而不具識別性，或係具先天識別性之商標，應以國內相關消費者於購買商品或服務時是否習知該文字意義為準[12]。

（二）第二意義

美國聯邦最高法院1979年R. G. Barry Corp. v. Mushroom Makers, Inc.事件中，認為描述性之標識，經業者持續之使用，使相關消費者對其所敘述之製造者或其商品，有相當程度之認知後，亦得取得第二意義[13]。例如，南非商狄必斯公司，即以「鑽石恆久遠，一顆永留傳，DeBeers」為宣傳標語，因商標使用人持續廣告之結果，使相關消費者均得聯想此為向鑽石商品之商標，並非指鑽石之性質、功能或其用途，因而取得第二意義，並向我國申請註冊商標在案（商標法第29條第2項）[14]。

三、暗示性商標

（一）定　義

所謂暗示性商標（suggestive marks），係指以間接之方式描述商品

---

[11] In re Sun Oil Co., 57 C.C.P.A. 1147; 426 F.2d 401; 1970 CCPA LEXIS 358; 165 U.S.P.Q. (BNA) 718.

[12] 最高行政法院102年度判字第526號行政判決。

[13] R. G. Barry Corp. v. Mushroom Makers, Inc., 439 U.S. 1116; 99 S. Ct. 1022; 59 L. Ed. 2d 75; 1979 U.S. LEXIS 497; 200 U.S.P.Q. (BNA) 832.

[14] 臺北高等行政法院93年度訴字第1262號行政判決；註冊號00958155、註冊日期2004年12月1日。

或服務之性質、功能、品質、用途或其他特點，使相關消費者經由想像之空間產生商品或服務與商標圖樣之聯想。暗示性商標與隨意性、創造性商標相較，其識別性較弱，雖屬於弱勢商標，然具有商標註冊之積極要件。例如，飲料業者生產之蠻牛飲料具有暗示商品功能，足使飲用者有迅速恢復體力之功能。

（二）審酌因素

判斷商品或服務之標識，究係直接說明或暗示性描述，可參酌如後因素予以判斷：1.參酌字典、報章雜誌對該文字之定義，俾以瞭解該文字於公眾心目中之一般意義，且隨時間之經過或社會之演變，某特定文字於公眾心目中之一般意義，亦將隨之變化，自應以商標申請註冊時，該文字於相關消費者心中普遍性認知之意義為準；2.相關消費者欲瞭解該文字與商品或服務之性質所需之想像力，所需想像力越高，即傾向為暗示性文字；3.就相同或類似商品或服務競爭者而言，競爭者需要使用該文字以表彰其商品或服務特性之需求越高，則傾向為描述性文字[15]。例如，商標之中文「舒柔」於字典中查無字義，其與所指定使用之紙巾、面紙等商品間，並無直接關聯，字面雖有舒服柔軟之意，惟相關消費者仍應運用相當程度之想像、思考、感受或推理，始能領會商標與商品間之關聯性。準此，「舒柔」商標為暗示性商標[16]。

（三）聯合式商標

聯合式或組合性商標之一部分，在類似商品或服務中，已為多數不同人使用為商標之一部分而註冊在案者，得認為該部分為弱勢部分。舉例說明之：1.在科技相關商品上，「tech」或「tek」經常被作為商標文字之一部；2.在電腦網路服務上，「net」、「cyber」等亦同，均屬較為弱勢。

---

[15] 智慧財產及商業法院98年度行商訴字第130號行政判決。
[16] 智慧財產及商業法院103年度行商訴字第59號行政判決。

四、隨意性商標

所謂隨意性商標（arbitrary marks），係指所使用文字、圖形為一般社會大眾所熟悉者，用於特定商品或服務作為商標使用時，而與商品或服務並無關聯，因其未有描述或暗示商品或服務本身，其具有與其他商品或服務相區隔之識別性，故具有識別性[17]。舉例說明如後：（一）將「APPLE」使用於電腦上，而apple為一日常用語，且與電腦之用途、品質無關，然APPLE品牌之電腦可表彰其商品之來源[18]；（二）據以異議商標旺家兩字為既有詞彙，係興旺家業之涵義，並非原創性之文字。而系爭商標之中文鼎字，為古代烹煮食物之金屬器具。其鼎旺家之英文直譯DING WANT JIA與類似鼎字之圖形，並非前所未有者。故兩商標使用於註冊之指定商品，顯與用途或品質無關，均為隨意性商標[19]。

五、創造性商標

（一）定　義

所謂創造性或新奇性商標（coined or fanciful marks）[20]，係指商標為刻意設計之標章，其屬自創品牌，因商標之文字、圖案或用語，均為過去所無，故其識別性最強，係最強勢商標（the strongest marks）[21]。舉例說明如後：1. IBM、SONY、Kodak、acer、BENTLEY等商標。該等商標名稱不僅與商品功能、用途及品質均無關聯，亦非社會大眾所知悉之普通名詞[22]；2. 據以異議商標之商標圖形，為擬人化之日本神物圖形，作為商

---

[17] Mobil Oil Corp. v. Pegasus Petroleum Corp., 818 F.2d 254 (2nd Cir. 1961).

[18] 「IVORY」係用以香皂之商標，其香皂之用途、品質無關，其亦屬隨意性商標之一種。

[19] 智慧財產及商業法院105年度行商訴字第75號行政判決。

[20] 創造性商標亦稱自創商標或任意性商標。

[21] Sheldon W. Halpern, Craig Allen Nard & Kenneth L. Port, *Fundamentals of United States Intellectual Property Law: Copyright, Patent, and Trademark* 305 (1999).

[22] 智慧財產及商業法院107年度行商訴字第37號行政判決。

標指定於衣飾靴鞋等商品或衣服靴鞋零售批發服務，除與指定商品無關聯外，亦非社會大眾所知悉之圖樣，係商標權人刻意設計之商標圖樣，應屬獨創性商標[23]。

（二）識別性最強之商標

　　他商標指定使用於相同或高度類似之商品或服務，易造成他商標攀附據創造性商標。例如，據以評定商標圖樣為「DUELER」，其商標名稱不僅與商品功能、用途及品質，均無關聯，亦非社會大眾所知悉之普通名詞，即商標「DUELER」字義與其指定使用於輪胎及車輛零件等商品，均與品質、功用或其他特性之說明無關，具有商標最強之識別性。職是，足認「DUELER」商標為創造性商標。因識別性與混淆誤認成正比，故識別性越強之商標，相關消費者就商品或服務之印象越深，他人稍有攀附，即可能引起相關消費者產生混淆誤認。故他商標指定使用於相同或高度類似之商品，易造成商標攀附據以「DUELER」商標，致他商標分享「DUELER」商標於相同或類似商品市場之商譽與占有率，實有害相關消費者利益與違反市場公平競爭[24]。

參、取得商標保護之要件

　　通用名稱商標，因其不具識別性，不受法律之保護（商標法第29條第1項第2款）。描述性商標產生第二意義時，得申請商標註冊（第1項第1款、第3款、第2項）。故商標欲取得商標保護之要件，使用暗示性、隨意性及創造性之商標，較易取得商標註冊，因該等商標均屬具有固有識別性之商標（inherently distinctive marks）[25]。再者，描述性商標之本質，不具固有之識別性，其於商標侵權事件，常發生說明性之註冊商標與第三

---

[23] 智慧財產及商業法院105年度行商訴字第61號行政判決。
[24] 智慧財產及商業法院103年度行商訴字第9號行政判決。
[25] 徐火明，從美德與我國法律論商標之註冊，瑞興圖書股份有限公司，1992年，頁87至89。

人合理使用之爭議。依據我國商標法第36條第1項第1款規定，凡以符合商業交易習慣之誠實信用方法，表示自己之姓名、名稱或其商品或服務之名稱、形狀、品質、功用、產地或其他有關商品或服務本身之說明，非作為商標使用者，自不受他人商標權效力所及。準此，第三人抗辯其為普通使用，該說明性商標權人之商標權應受限制，不成立商標侵權，倘屬合理使用範圍，第三人自無侵權責任可言[26]。反之，非屬合理使用之態樣[27]，除應負民事侵權責任外（商標法第69條第3項），所犯之刑事責任，係刑法255條第1項之就商品品質為虛偽標記罪[28]及商標法第95條之使用他人商標罪[29]。

肆、判斷第二意義

一、判斷因素

　　判斷是否具備第二意義，應就下列事項綜合審查（商標法第29條第2項）：（一）使用該商標於指定商品或服務之時間長短、使用方式及同業使用情形；（二）使用該商標於指定商品或服務之營業額或廣告數量；（三）使用該商標於指定商品或服務之市場分布、銷售網路、販賣陳列之處所等；（四）廣告業者、傳播業者出具之證明；（五）具公信力機構出具之證明；（六）各國註冊之證明；（七）其他得據為認定有識別性之證據[30]。

---

[26] 臺灣高等法院94年度上易字第281號刑事判決。
[27] 臺灣高等法院94年度上訴字第1169號刑事判決
[28] 刑法255條第1項規定：意圖欺騙他人，而就商品之原產國或品質，為虛偽之標記或其他表示者，處1年以下有期徒刑、拘役或1千元以下罰金。
[29] 商標法第95條第1款規定：未得商標權人或團體商標權人同意，其於同一商品或服務，使用相同之註冊商標或團體商標者，處3年以下有期徒刑、拘役或科或併科新臺幣20萬元以下罰金。
[30] 智慧財產及商業法院103年度行商訴字第23號行政判決。

二、國內相關消費者為判斷基準

判斷是否具備第二意義之證據雖不以國內資料爲限，然爲國外資料時，仍須以國內相關消費者是否認識其爲表彰商品或服務之標識爲判斷基準。例如，審查申請人提出之使用與銷售資料，無從證明申請註冊商標業經申請人於我國長期廣泛使用於所指定之商品，且在交易上已成爲申請人商品於我國之識別標識，即不足以證明申請註冊商標具有後天識別性，自不適用商標法第29條第2項規定[31]。

伍、例題解析

一、描述性商標之第二意義

C公司自1980年生產一種粉紅色之玻璃纖維住宅絕緣材料（fibrous glass residential insulation），並持續廣告促銷該商品，依據市場調查結果顯示，有50%之相關消費者知悉粉紅色之住宅絕緣材料，係C公司所生產。該商品顏色原本不具識別性，因C公司長期反覆使用於其生產之該商品，爲推銷該顏色商品，使消費者知悉該商品，並持續爲該商品廣告。參諸C公司所生產之特定顏色之商品於最初推銷之際，並未因商品顏色而引起相關消費者之注意，故不具有美學性之功能，其使相關消費者得以識別商品之來源，係因C公司持續以大量之廣告推銷宣傳所致。故已具有識別之功能，使相關消費者藉此顏色得以區分商品來源，該粉紅顏色已取得第二意義[32]。況C公司所製造之粉紅顏色之玻璃纖維住宅絕緣材料，因消費

---

[31] 智慧財產及商業法院103年度行商訴字第32號行政判決。

[32] An evidentiary showing of secondary meaning, adequate to show that a mark has acquired distinctiveness indicating the origin of the goods, includes evidence of the trademark owner's method of using the mark, supplemented by evidence of the effectiveness of such use to cause the purchasing public to identify the mark with the source of the product. The statute is silent as to the weight of evidence required for a showing under section 2(f) except for the suggestion that substantially exclusive use for a period of five years immediately preceding filing of an application may be considered prima facie evidence. Hehr, 279 F.2d at 528, 126 U.S.P.Q. at 382-383.

市場上生產該類商品之競爭者不多，顏色耗盡理論對於C公司以該顏色作為特定商品之商標註冊而言，其影響有限。準此，經濟部智慧財產局應准許C公司以該商品上之粉紅顏色，作為商品標識註冊。

二、顏色耗盡理論

所謂顏色耗盡理論（Color Depletion Theory），係指自然界之基本顏色範圍是有限制，僅有7種之原始顏色，並為一般人所熟悉。倘准許以顏色本身（color per se）作為商標之單獨設計內容，顏色之數量將有用盡之日，將形成先申請使用者，壟斷該顏色，進而限制第三人嗣後再使用該顏色，足以造成明顯及重大之不公平競爭（unfair competition），顯然與保護商標法之目的相違，是不容許以顏色取得商標權後，獨占該顏色之使用而禁止他人使用。況同一色系之不同色差，是否屬不同之顏色，亦衍生出判斷不易之問題，有近似性判斷之困難[33]。準此，涉及顏色商標之侵權行為訴訟時，對於有關顏色及顏色明亮度之近似判斷，具有高度之困難，不易辨識。

第三節　消極要件

商標圖樣除應具備積極要件外，亦須無不准註冊之事由存在，此為商標之消極要件。而不准註冊之事由大致基於公共利益、公平競爭、人格權保護及消費者保護等因素[34]。

---

[33] Ann Doll, Mark, *Their Protectability and Registrability: Registrability of Stand-Alone Colors as Trademark*, 12 J. Contemp. Legal Issues 66,68 (2001). James L. Vana, *Color Trademark*, 7 Tex.. Intell. Prop. L. J.387, 387-388 (1999).
[34] 陳文吟，商標法論，三民書局股份有限公司，2001年4月，初版2刷，頁59。

例題5

> 　　下列所示標識，試問是否得申請商標註冊？（一）D食品公司以「悶燒」中文商標圖樣申請商標註冊，並指定使用於燒賣、叉燒包、小籠包等商品。（二）清運垃圾之E公司以「少女的祈禱」之音樂申請商標註冊，使用於其清運垃圾之服務。（三）製造玩具之F公司以美國星旗之圖型申請商標註冊，使用於其生產之玩具商品。（四）G公司申請註冊之「港澳碼頭」商標圖樣，指定使用於各種男女服裝等商品。（五）H公司以「聲寶」申請商標註冊，指定使用在電子鍋，並經准予註冊在案，I公司以「聲堡」申請商標註冊，指定使用在微波爐。（六）J公司以「GUCCI」申請商標註冊，指定使用在服飾商品，並經准予註冊在案，K公司以「CUCCI」申請商標註冊，亦指定使用在服飾商品。（七）L公司為德國BMW汽車之代理商，其以德國原廠商標向我國申請註冊。

壹、商標註冊消極要件

　　商標法第29條第1項、第30條第1項規定之18款不得註冊事由，此為商標註冊之消極要件，商標法第30條第1項第9款、第11款至第14款、第17款規定之地理標示、著名及先使用之認定，以申請時為準，至於其餘各款，以審查時之情形作為准否其註冊之基準（商標法第30條第2項）。該等事由可分3種類型：（一）關乎商標本體之事由，係商標法第29條第1項第1款至第3款及第30條第1項第1款事由，關乎商標之識別性；（二）商標法第30條第1項第2款至第9款事涉公益事由，應保留予公眾使用；（三）涉及與第三人之權利衝突，係商標法第30條第1項第10款至第15款之事由[35]。

---

[35] 陳昭華，商標法，經濟部智慧財產局，2008年3月，初版3刷，頁25。

一、商品或服務之說明

（一）要　件

　　所謂商品或服務說明者，係指直接描述所指定商品或服務之品質、用途、原料、產地或相關特性之說明所構成者（商標法第29條第1項第1款）[36]。因描述性標識僅說明所指定商品或服務之品質、用途、原料及產地等特性，並以文字、圖形或記號等標識，作為直接明顯之描述，相關消費者易將之視為商品或服務之說明，而非識別來源之標識。況其他競爭同業於交易過程，亦有使用此等標識來說明商品或服務之需要，倘賦予特定者有排他專屬權，將影響市場公平競爭，自不能核准商標註冊。而商標圖樣之文字、圖形、記號、顏色組合或其聯合式，依社會一般通念，倘為商品之說明或與商品之說明有密切關聯者，即有該條款不得申請註冊之適用[37]。

（二）不具識別性

　　商標之目的在於描述、介紹商品或服務，而非表彰商品或服務之來源，自與商標必須具備識別性之要件不符[38]。舉例說明如後：1.以「甜筒」已成冰淇淋商品本身習慣上通用名稱，故不得以甜筒文字申請商標註冊；2.將「體內環保」文字指定於西藥之製劑，因其為功能之說明，不得為商標註冊；3.以「纖柔毛」申請商標，所謂纖柔者，係指纖細柔順或纖微柔順。而該商標申請指定使用於牙刷、電動牙刷、毛刷及衣刷等刷毛類物品，故纖柔一詞，給予相關消費者之印象，應為刷毛產品之品質說明，並非僅為單純之商標文字[39]；4.「TW」英文字母給予國內相關消費者之認知及印象，可直接聯想為臺灣地區之意。參諸商標指定使用之商品或相關服務有源自臺灣地區，並指定使用於第30類、第32類之商品及第43類

---

[36] 智慧財產及商業法院106年度行商訴字第37號行政判決。
[37] 最高行政法院90年度判字第724號、第1846號行政判決。
[38] 智慧財產及商業法院106年度行商訴字第37號行政判決。
[39] 智慧財產及商業法院99年度行商訴字第180號行政判決。

之服務時，相關消費者會理解成「TW」係描述商品或服務特性之說明性文字，其與臺灣地區具關聯性。因系爭商標圖樣「TW」為指定商品或服務之原料或產地等說明，商標圖樣有其固有涵義，其涵義與使用該圖樣之商品或服務有關，社會大眾均得使用，用以描述其所生產之商品或提供之服務。倘賦予特定者有排他專屬權，將致競爭同業於交易過程，無法使用「TW」標識說明商品或服務之原料或產地特性，造成市場之不公平競爭。準此，「TW」商標不具識別性，違反商標法第29條第1項第1款規定[40]。

二、通用標章或名稱

所謂通用標章或通用名稱者，係指同業間已普遍使用而指定於商品或服務之通用標章或名稱，該等通用標章或名稱，僅能聯想某類商品或服務，無法聯想該商品或服務之提供或來源者（商標法第29條第1項第2款）。例如，藍、白、紅三色轉動之標誌為理髮業習慣上之通用標章、火腿為食品商品之通用名稱，或黃色之車身為計程車通用之標誌，均不得作為商標註冊。

三、不符商標之標識

商標法第18條規定商標構成要素與識別性要件，是商標圖樣應符合之（商標法第29條第1項第3款）[41]。舉例說明之：（一）以「Happy Birthday」為商標申請註冊，並指定使用於禮品商品，因其為常見之生日祝賀用語，不具識別性，自不應准予註冊；（二）以「回味」申請註冊商標，該詞語予相關消費者之認知，係指食用後而令人回想甘美味道，其為食品商品之描述性用語，以之作為商標，指定使用於「冷凍蔬菜速食調理包、蔬菜速食調理包、濃縮蔬菜湯、蔬菜湯、泡菜」等商品，不足使

---

[40] 智慧財產及商業法院104年度行商訴字第38號行政判決。
[41] 智慧財產及商業法院106年度行商訴字第37號行政判決。

相關消費者認識其為表彰商品之標識，並得藉以與他人之商品相區別[42]；
（三）「Delivering Hope for Life」整體，有為生命帶來希望、傳遞希望
予生命之意涵。構成申請商標之文字，以之作為商標，因所指定之商品性
質、用途、功能或服務提供之內容、目的，最終在於減緩疾病疼痛，增進
健康進而延續人類生命，並為人類帶來生命之希望，整體商標對相關消費
者而言，僅會將其視為一種廣告宣傳性之標語或口號，或用以標榜經營者
理念與理想，係指用於直接描述商品之性質、功能、品質、用途或其他特
點者，不具先天識別性[43]；（四）單純之阿拉伯數字，欠缺表彰商品來源
之識別性，不具先天識別性，不得作為註冊商標[44]。

四、功能性之特徵

　　僅為發揮商品或服務之功能必要者，該功能性之特徵不得申請商標註
冊（商標法第30條第1項第1款）。舉例說明之：（一）立體商標之形狀
具有功能性，並為業者所需要，其無法取得商標權時，基於公平競爭之考
量，應由公眾自由使用，不得由特定人專屬而取得商標註冊；（二）電話
聽筒或電風扇葉片為製造電話或電風扇商品所應具備之實用功能，不得申
請電話或電風扇商品之商標註冊。商標圖樣中包含第1項第1款之功能性
部分，未以虛線方式呈現者，不得註冊；其不能以虛線方式呈現，且未聲
明不屬於商標之一部分者，亦同（第4項）。

五、相同或近似之國家標識

　　相同或近似於中華民國國旗、國徽、國璽、軍旗、軍徽、印信、勳章
或外國國旗者，或世界貿易組織會員依巴黎公約第6條之3第3款所為通知
之外國國徽、國璽或國家徽章者，不得申請商標註冊（商標法第30條第1項

---

[42] 智慧財產及商業法院97年度行商訴字第5號行政判決。
[43] 智慧財產及商業法院108年度行商訴第137號行政判決。
[44] 智慧財產及商業法院109年度行商訴第66號行政判決。

第2款）。因上揭物件之目的，在於維護國家之尊嚴或維繫國際情誼，縱使係代表國家之政府或其他相關組織，均不得以國徽作為商標使用[45]。本款規定於政府機關或相關機構為申請人或經其同意申請註冊者，不適用之（第3項）。

六、國父或國家元首之肖像或姓名

國父或國家元首，不問是否為現任或尚生存，均不得申請商標註冊，以表示對渠等之尊崇（商標法第30條第1項第3款）。故不得以孫逸仙、蔣中正、蔣經國、嚴家淦、李登輝、陳水扁、馬英九或蔡英文等人名或肖像作為註冊商標。

七、相同或近似於我國政府或展覽會之標章或褒獎牌狀

相同或近似於中華民國政府機關或其主辦展覽會之標章，或其所發給之褒獎牌狀者，原則上不得申請商標註冊（商標法第30條第1項第4款）。因該等標識作為商標使用時，易使大眾誤認與政府機關或集會有所關聯，致發生不公平競爭之情事。例外情形，政府機關或相關機構為申請人，不適用本款之消極註冊要件（商標法第30條第3項）。例如，高速公路局之標誌。展覽性質集會範圍，包含國內與國外之集會。本款規定於政府機關或相關機構為申請人或經其同意申請註冊者，不適用之（第3項）。

八、相同或近似於著名組織之名稱或標識

（一）要　件

相同或近似於國際跨政府組織或國內外著名且具公益性機構之徽章、旗幟、其他徽記、縮寫或名稱，有致公眾誤認誤信之虞者，均不得申請商

---

[45] 最高行政法院93年度判字第1349號行政判決。

標註冊（商標法第30條第1項第5款）。因尊重國際組織標章，以確保國內外著名組織權益，避免造成相關消費者有誤認之虞，進而使該等組織所建立之聲譽遭受損害，原則不得申請商標註冊。例如，國際紅十字會、世界貿易組織、奧林匹克委員會[46]、慈濟功德會或世界童軍運動組織[47]。例外情形，本款規定於政府機關或相關機構為申請人或經其同意申請註冊者，不適用之（第3項）。

（二）公益性之認定

所謂公益性者，係屬不確定法律概念，因社會、文化及時代之變遷，導致對公益性概念有所變動。是否具公益性之認定，可考量其所從事之活動內容是否以謀求公共利益為目的、是否有益於社會大眾福祉、利益是否具公共性、受益對象是否特定等事證，依據一般社會通念加以綜合判斷。國內具有公益性質之機關、團體或組織，可區分為財團法人、公益社團法人、公益非法人團體，均需符合法律所規定之成立要件，始得合法成立，且在組織章程中均應載明設立之公益目的，應可作為直接認定具公益性之證據[48]。

九、相同或近似品質管制或驗證標記或印記

（一）要 件

相同或近似於國內外用以表明品質管制或驗證之國家標誌或印記，且指定使用於同一或類似之商品或服務者，均不得申請商標註冊（商標法第30條第1項第6款）。準此，避免使相關消費者誤認申請人之商標或服務標章所表彰之商品或服務，具備驗證標記所認證之特定品質，致有礙相關消費者選擇商品或服務時之正確判斷[49]。

---

[46] 最高行政法院72年度判字第1696號行政判決。
[47] 智慧財產及商業法院99年度行商訴字第155號行政判決。
[48] 商標法逐條釋義，經濟部智慧財產局，2013年12月，頁86。
[49] 標準法第11條規定：標準專責機關對前條選定之國家標準項目，得依廠商之申

（二）品質管制或驗證之標誌

所謂國內外用以表明品質管制或驗證之國家標誌或印記者，係指依國內外用以表明品質管制或驗證，符合國家法規標準所核發之驗證標記或印記而言，其與一般證明標章有別。例如，國內依標準法規範之CNS正字標記。而國外標誌或印記，係指其性質相當於我國正字標記的驗證標準所核發之標記。例如，符合歐盟指令之CE產品安全認證[50]。

十、妨害公序良俗

有妨害公共秩序或善良風俗，必須商標及其圖樣本體有破壞維護國家社會之優良秩序或違反一般道德標準者[51]。公共秩序為國家與社會生活之共同要求，而善良風俗則為國民之一般倫理與道德觀念，均屬不確定法律概念[52]。公序良俗之認定，依據註冊時之具體內容判斷之，故有妨害公共秩序或善良風俗者，自不得註冊（商標法第30條第1項第7款）。舉例說明：（一）對於某國家、種族、宗教或職業有所侮辱、誹謗、醜化或不尊重；（二）以「護女專線」文字組合申請商標註冊，指定使用於茶葉、茶葉飲料、茶葉包及咖啡等商品。蓋文義之解釋，應以社會大眾所認知之文字意義為準。因「護女專線」文字之直接理解，係保護婦女專線電話之意，其所涉及有關婦女人身安全保護之公共秩序，其為商標申請註冊不應准許[53]。

請實施驗證；經驗證合於驗證條件及程序者，得核准其使用正字標記。前項驗證條件、程序、正字標記圖式及其使用管理規則，由主管機關會商目的事業主管機關定之。正字標記之使用，除合於第1項規定外，不得為之。使用正字標記違反第2項所定使用管理規則者，得撤銷其使用核准；經撤銷其使用核准者，不得繼續使用正字標記。

[50] 商標法逐條釋義，經濟部智慧財產局，2013年12月，頁86。
[51] 最高行政法院91年度判字第206號行政判決。
[52] 梅安華，由「賽德克·巴萊」註冊案探討商標法上公序良俗條款，國立中正大學財經法律學研究所碩士論文，2011年5月，頁14。
[53] 智慧財產及商業法院97年度行商訴字第85號行政判決。

十一、誤認商品或服務之性質、品質或產地之虞（111年司津）

（一）要　件

　　商標使公眾誤認誤信其商品或服務之性質、品質或產地之虞者，即不得註冊。其不以該地產製某商品或提供某種服務馳名為限，或者該地名是否為世界上唯一，亦無必要關聯性（商標法第30條第1項第8款）。本款規範之目的，在於制止商標構成要素之圖樣或文字，而與其指定之商品或服務間有不實關係，避防相關消費者因商標表徵之外觀、讀音或觀念，造成與指定使用之商品或服務不相符合，致使相關消費者誤認誤信而予購入，遭受損害。申言之，審究商標有無本款情事，應就商標圖樣本身與所指定使用商品間之關聯性而論。而性質、品質或產地誤認誤信之虞有無之判斷，應從商標本身圖樣文字整體之外觀、觀念或讀音等觀察，就商標給予相關消費者之印象，參諸與商標指定之商品或服務之聯結，考量指定商品或服務在市場交易之實際情事，以指定商品或服務消費者之認識、感知為基準，自商標自體構成直接客觀認定，是否相關消費者所認識商品之產地、販售地，或服務之提供地，在實際使用上有異於其所認識之性質、品質或產地等，致相關消費者有誤認誤信之虞，始有本款之適用[54]。例如，以讚崎商標圖樣指定麵類商品，而商品產地非來自日本香川縣，不應准予註冊[55]。準此，商標具有維護市場公平競爭秩序，並避免相關消費者對標示該圖樣之性質、品質或產地發生混淆之功能[56]。

（二）維護市場公平競爭秩序與保護相關消費者

　　商標有導致相關消費者誤認商品或服務之性質、品質或產地之危險時，不僅無法達成商標之目的，反而導致相關消費者選擇商品或服務之困擾者，自不應准許其註冊。舉例說明之：1.我國製造之香水或服飾業者，

---

[54] 最高行政法院99年度判字第1324號行政判決；智慧財產及商業法院108年度行商訴字第36號行政判決。
[55] 最高行政法院101年度判字第213號、第348號、第349號、第469號行政判決。
[56] 汪澤，論商標權侵害與正當使用之分野，智慧財產權月刊，146期，2011年2月，頁19。

申請將「巴黎」圖樣文字指定使用香水或服飾之商標，易使公眾誤認該香水或服飾之產地來自法國首都巴黎；2.以「紐約」圖樣申請商標，紐約市除為美國最大城市及第一大港外，亦為世界上最主要之商業與金融中心，以中文「紐約」作為商標圖樣之部分，結合說明性文字「家具設計中心」，指定使用於不動產租售、不動產買賣租賃之仲介等服務，基於相關消費者之立場[57]，客觀上有使相關消費者誤認所提供之服務與該地具有關聯性，而對其所表彰服務之性質、品質或產地發生誤認誤信之虞[58]；3.「API」為美國石油協會之縮寫，且將該外文使用作為油品分類標章；而「SAE」為美國汽車工程學會之縮寫，係美國汽車工程學會之油品黏度分類標章。結合「API」、「SAE」二標章作為商標，指定使用於油品、汽車、機車及其零組件之使用，會使相關消費者誤認該等商品，係由具有公信力之美國石油協會或美國汽車工程學會所授權製造或認證之規格，進而對其商品之品質發生誤認誤信之虞[59]；4.「.tw」為臺灣國碼頂級網域名稱，「TW」亦為標準國家代碼。參諸網路發達，「.tw」代表臺灣之網域名稱，已為國人所普遍知悉之常識。是「TW」已予國內相關消費者之認知及印象，可直接聯想至具有「臺灣」涵意。自商標構成圖樣「TW」以觀，直接客觀自商標文字整體之外觀、觀念或讀音等因素判斷，商標給予相關消費者之印象，易使相關消費者誤認誤信商品之產地、販售地，或服務之提供地為臺灣地區[60]。

十二、相同或近似於酒類地理標示而指定使用於酒類商品 (111年司律)

(一) 要 件

　　相同或近似於中華民國或外國之葡萄酒或蒸餾酒（wines and spirits）地理標示，且指定使用於與葡萄酒或蒸餾酒同一或類似商品，而該

---

[57] 最高行政法院99年度判字第1324號行政判決。
[58] 智慧財產及商業法院99年度行商訴字第116號行政判決。
[59] 智慧財產及商業法院101年度行商訴字第14號行政判決。
[60] 智慧財產及商業法院104年度行商訴字第38號行政判決。

外國與中華民國簽訂協定或共同參加國際條約，或相互承認葡萄酒或蒸餾酒地理標示之保護者，即不得准予註冊（商標法第30條第1項第9款）。本款加強保護酒類地理標示，係配合TRIPs第23條第2項規定而制定，僅須相同或近似之要件，不論是否有致使公眾誤認或誤信。所謂地理標示（Geographical Indication），係表彰商品來源之標示，該來源得分辨某一商品之特定品質、聲譽或其他特性。而原產地名稱（Appellation of Origin），顯示產地之原產地，具有表彰產物之品質與特性。再者，地理標示除可作為商標法第30條第1項第8款、第9款拒絕註冊之消極事由外，亦得以產地證明標章與產地團體商標之註冊，取得積極之保護方式[61]。第1項第9款規定之地理標示認定，以申請時為準（第2項）。本款規定於政府機關或相關機構為申請人或經其同意申請註冊者，不適用之（第3項）。

（二）指定使用於葡萄酒或蒸餾酒

非指定使用於葡萄酒或蒸餾酒同一或類似商品，或非與我國簽訂協定或共同參加國際條約，或相互承認保護之外國地理標示，則無本款之適用。至於非本款所稱外國之地理標示或為葡萄酒或蒸餾酒商品以外之地理標示。例如，農產品、農產加工品或手工藝品等，固無本款之適用，然他人以之申請註冊，倘經認定有使公眾誤認誤信其商品或服務之性質、品質或產地之虞，則構成其他條款不得註冊之事由（商標法第30條第1項第8款）[62]。

十三、相同或近似於註冊商標或申請在先之商標致混淆誤認之虞

（一）要 件

相同或近似於他人同一或類似商品或服務之註冊商標或申請在先之商

---

[61] 黃銘傑，地理標示保護之商標法與公平交易法的交錯，月旦法學雜誌，245期，2015年10月，頁95。
[62] 商標法逐條釋義，經濟部智慧財產局，2013年12月，頁88。

標，有致相關消費者混淆誤認之虞者，原則上自不得註冊。例外情形，經該註冊商標或申請在先之商標所有人同意申請，且非顯屬不當者，即得准予註冊（商標法第30條第1項第10款）。所謂近似商標者，係指以具有普通知識經驗之購買人，其於購買時施以普通所用之注意，有無混淆誤認之虞。本款規定之目的，在於保護已取得註冊商標之商標權人及申請中商標之申請人權益[63]。準此，經該註冊商標或申請在先之商標所有人同意申請者，而兩者之商標及指定使用之商品或服務均不同，則可准予註冊。

（二）判斷混淆誤認之虞

所謂有致相關消費者混淆誤認之虞者，係指兩商標因相同或構成近似，致使同一或類似商品或服務之相關消費者，誤認兩商標為同一商標；或雖不致誤認兩商標為同一商標，而極有可能誤認兩商標之商品或服務為同一來源之系列商品或服務；或誤認兩商標之使用人間有關係企業、授權關係、加盟關係或其他類似關係而言。簡言之，商標有使相關消費者對其表彰之商品或服務之來源或產製主體，發生混淆誤認之虞而言[64]。舉例說明之：1.乙公司申請註冊之「可利痛」商標，其名稱中「利痛」兩字，其與經核准甲公司註冊之「散利痛」商標名稱主要部分「利痛」兩字既屬相同，而其英文商標Coridon與Saridon後5個字母完全相同，字型亦相似，兩商標極相近似，其「龍頭圖」形商標與「虎頭圖」形商標之布局形狀亦屬相似，尤其裝盒圖樣文字排列構造均相仿效，將兩者所用之商標在異時異地為隔離觀察，足以致相關消費者有混淆誤認之虞，是乙公司申請註冊之「可利痛」商標，自不得准予註冊[65]。2.A申請商標圖樣由單純大寫外

---

[63] 智慧財產及商業法院105年度行商訴字第59號、108年度行商訴字第142號行政判決。

[64] 最高行政法院98年度判字第455號判決；智慧財產及商業法院103年度行商訴字第155號、105年度行商訴字第100號、106年度行商訴字第1號、106年度行商訴字第77號、108年度行商訴字第125號、109年度行商訴字第18號行政判決。

[65] 最高法院49年台上字第2627號民事判決；智慧財產及商業法院99年度行商訴字第157號行政判決。

文「TAKU」所構成；而B商標圖樣「TOKU及圖」由大寫外文及3個圓圈相互交疊之環形圖構成，予消費者寓目印象係以外文「TOKU」及「環形圖」為主要識別部分。相較兩者圖樣，前者之外文「TAKU」與後者引人注意之「TOKU」，起首字母及字尾均有「T」、「KU」，僅中間字母有「A」、「O」些微差異，兩者於外觀、讀音及觀念均極相似，以具有普通知識經驗之相關消費者，其於購買時施以普通之注意，可能會誤認兩服務來自同一來源，或雖不相同而有關聯之來源，應屬構成高度近似之商標[66]。

（三）反向混淆誤認

所謂反向混淆誤認，係指後商標因較諸前商標廣為相關消費者所知悉，相關消費者反而誤以為前商標係仿冒後商標，或誤認為前商標與後商標係來自同一來源，或誤認兩商標之使用人間存在關係企業、授權、加盟或其他類似關係。因為前、後商標易使相關消費者，誤以為兩者來自同一來源，或誤認兩商標之使用人間存在關係企業、授權、加盟或其他類似關係，可知後商標之註冊，確實有致相關消費者產生混淆誤認之虞，依商標法之先申請註冊原則，自應保護註冊在先之前商標，而非後商標，因本制度之目的，在於維護市場之公平競爭，避免財力雄厚之企業藉由龐大之行銷能力，巧取豪奪先註冊之商標[67]。

十四、使著名商標或標章致混淆誤認、減損識別性或信譽之虞

（一）要　件

相同或近似於他人著名商標或標章，有致相關公眾混淆誤認之虞，或有減損著名商標或標章之識別性或信譽之虞者，原則上均不得註冊。例外情形，經該商標或標章之所有人同意申請註冊者，即得准予註冊（商標

---

[66] 智慧財產及商業法院104年度行商訴字第3號行政判決。
[67] 最高行政法院105年度判字第465號行政判決。

法第30條第1項第11款）[68]。臺北101之平面或立體商標，爲我國著名商標之明例[69]。成立本第11款不得註冊之要件有：1.兩商標相同或近似；2.著名商標或標章之存在；3.致相關公眾混淆誤認之虞者；4.有減損識別性或信譽之虞。例外情形，係經該商標或標章之所有人同意申請註冊者[70]。本款規定意旨在於保障著名商標或標章所有人之權益，而著名商標不以已註冊爲限。除非著名商標或標章之所有人同意申請註冊，第三人始得申請註冊[71]。國外之著名商標，必須在我國已達相關業者或消費者所普遍認知之著名程度，始有保護該外國著名商標之必要性[72]。例如，原告以「LONGIN」商標，指定使用於內衣、睡衣、汗衫、泳裝、襯衫、西服、大衣、外套、運動服、圍巾、頭巾、領帶、領結、靴鞋、襪子、腰帶、吊褲帶等商品，向智慧財產局申請註冊核准在案。據以異議商標以外文「LONGINES」及飛翼沙漏標誌作爲商標，並刻製於其產製之浪琴錶，行銷販售在我國與世界諸國，早於「LONGIN」商標申請註冊日前，據以異議商標所表彰之信譽，已爲我國相關事業或消費者所熟知，而達著名商標之程度。且商標整體予相關消費者之外觀印象、觀念及讀音，相似度甚高。準此，足認有致相關消費者混淆誤認之虞[73]。第1項第11款規定之著名認定，以申請時爲準（第2項）。

（二）混淆誤認之虞與商標淡化

混淆誤認之虞與商標淡化規定，係不同構成要件及規範目的，混淆誤認之虞其規範之目的，在避免相關消費者對於衝突商標與在先之著名商標，在商品來源、贊助或關聯上混淆，而基於錯誤之認識，作出交易之決定。職是，混淆誤認之虞規定，主要在避免商品來源之混淆誤認，以保護

---

[68] 智慧財產及商業法院105年度行商訴字第22號行政判決。
[69] 智慧財產及商業法院106年度行商訴字第22號行政判決。
[70] 智慧財產及商業法院106年度行商更（一）訴字第5號行政判決。
[71] 最高行政法院79年度判字第1053號行政判決。
[72] 智慧財產及商業法院99年度行商訴字第160號行政判決。
[73] 智慧財產及商業法院100年度行商訴字第163號行政判決。

消費者。而商標淡化規範之目的，主要在於避免著名商標之識別性或信譽，遭他人不當減損，造成消費者印象模糊，進而損害著名商標，縱使相關消費者對於衝突商標與在先之著名商標間，未形成混淆誤認之虞，商標淡化仍予規範禁止，故商標淡化在於避免商標識別性或信譽之減損淡化，而非在於消費者權益之保護[74]。簡言之，商標淡化係為強化著名商標保護，其應與混淆誤認之虞相區別，是商標淡化之概念，不包含於混淆誤認之虞概念內[75]。

（三）商標法第30條第1項第11款前段與後段規定之目的不同

商標權人於經註冊指定之商品或服務，取得商標權，而商標權之排他效力，僅及於其所指定之同一或類似之商品或服務（商標法第35條第1項、第2項）。商標圖樣雖為相同或近似，其註冊指定之商品或服務不同，其商標權範圍即有不同。著名商標之認定，雖不以註冊為必要，然應考量著名商標，是否已於市場廣泛使用於特定之商品或服務，而為我國事業或消費者所普遍認知。當商標使用於某一類別之商品或服務已臻著名時，同一商標權人使用相同商標圖樣於不同類別之商品或服務，固較有可能因其先前予消費者之印象較深刻，而使其較易達到著名之程度，惟此有利主張為著名商標權所及之事實，應由主張著名商標之權利人參提出相關證據證明之。因商標法第30條第1項第11款前段與後段規定之要件不同，是兩者保護對象與範圍及消費者不同[76]。

1.保護之對象與範圍不同

商標法第30條第1項第11款前段規定之目的，在於避免相關公眾對於商品或服務之來源產生混淆誤認之虞，保護之對象為相關消費者。所謂相關消費者，係指商標所使用之商品或服務之消費者而言（商標法施行細則

---

[74] 智慧財產及商業法院105年度行商訴字第135號行政判決。
[75] 最高行政法院99年度判字第1310號行政判決；智慧財產及商業法院106年度行商訴第90號行政判決。
[76] 智慧財產及商業法院106年度行商更（一）字第5號行政判決。

第31條）[77]。而商標法第30條第1項第11款後段之規範目的，在於避免著名商標之識別性或信譽於一般消費者主觀認知中遭受減損之虞，保護之對象為著名商標，不以商標所使用之同一或類似商品或服務類別為限，兩者保護之對象及範圍不同。

　　2.相關消費者與一般消費者不同

　　商標之保護具有使其壟斷，並排除他人使用某一文字、圖形、記號或其聯合式之效果。倘商標僅在某一類商品或服務之相關消費者間具有著名性，對於不同類別商品或服務之其他消費者不具著名性者，自不宜使其在不同類別之商品或服務取得壟斷或排他使用之權利，否則將造成市場不公平競爭之結果，明顯與商標法第1條規定有違。申言之，商標法第30條第1項第11款後段所述之著名商標，其著名程度應解釋為超越相關消費者，而致一般消費者普遍知悉之程度，始有後段規定之適用，其與本規定前段規定僅限於相關消費者不同。故本規定前、後段就著名商標之著名程度，應為不同之解釋，本款前段應解釋為僅在相關消費者著名之商標，本款後段則應解釋為不僅止於相關消費者，並須達一般消費者均知悉之商標，始符立法目的，同時平衡保護消費者及商標權人，維護市場公平競爭。職是，商標法施行細則第31條針對著名之定義規定，應為目的性之限縮解釋，不適用於本規定後段之著名商標[78]。

十五、申請人與商標權人間具有特定關係

（一）要　件

　　相同或近似於他人先使用於同一或類似商品或服務之商標，而申請人因與該他人間具有契約、地緣、業務往來或其他關係，知悉他人商標存在者，意圖仿襲而申請註冊者，原則上不得准予註冊。例外情形，經商標權

---

[77] 智慧財產及商業法院109年度行商字第39號行政判決。
[78] 最高行政法院105年11月份第1次庭長法官聯席會議。智慧財產及商業法院110年度行商訴字第12號行政判決。

人同意申請註冊者，即得准予註冊（商標法第30條第1項第12款）[79]。其要件有四：1.相同或近似於他人先使用之商標，先使用之商標，包含商標權屆期未申請延展註冊，商標權已消滅者[80]；2.使用於同一或類似商品或服務；3.申請人因與他人間具有契約、地緣、業務往來或其他關係，知悉他人商標存在；4.未經他人同意申請註冊[81]。本款立法目的在於防止投機者，利用特定關係而知悉他人未於國內註冊商標，進而搶先申請註冊，以阻撓他人使用該商標，以維護交易秩序與商業道德，故賦予原商標權人得以制止商標申請人取得商標註冊[82]。例如，國內代理商未經外國原廠之同意，襲用國外原廠之商標而在國內申請商標註冊，不得准予註冊。反之，外國原廠同意國內代理商，以代理商之名義向智慧產局申請商標核准在案，不會因嗣後終止代理而影響其商標註冊效力（商標法第50條、第62條）[83]。所謂其他關係者，係指申請人與他人間因有契約、地緣或業務往來等類似關係，因而知悉他人之商標，並搶先註冊而言[84]。

（二）使用主義

1.未註冊而於國內外先使用之商標

我國商標法係採取註冊主義，而非使用主義，故先使用而未註冊之商

---

[79] 智慧財產及商業法院108年度行商訴字第130號、110年度行商訴字第21號行政判決；智慧財產及商業法院108年度民商上字第13號民事判決。

[80] 林洲富，著名商標之保護對象與目的－評最高行政法院106年度判字第608號行政判決，月旦裁判時報，2018年5月，頁38至45。智慧財產及商業法院108年度行商訴字第108號行政判決。

[81] 智慧財產及商業法院104年度行商訴字第46號、109年度行商更（一）字第1號行政判決。

[82] 最高行政法院99年度判字第938號、99年度判字第1012號判決、105年度判字第545號行政。

[83] 最高行政法院98年度判字第900號行政判決。

[84] 黃銘傑，商標法第23條第1項第12款與第14款之瑜亮情結－評最高行政法院98年度判字第321號判決，月旦法學雜誌，192期，2011年5月，頁155。最高行政法院98年度判字第1039號行政判決；智慧財產及商業法院106年度行商訴字第149號行政判決。

標，原則上不予保護。因商標之使用乃商標存在之意義及其價值所在，為避免過度僵化產生流弊。例外情形，係部分條文規範使用主義之精神，對於未註冊而於國內外先使用之商標，仍酌予以保護。職是，本款為商標註冊主義及屬地主義之例外，其目的在避免剽竊他人創用之商標或標章而搶先註冊，以維護市場公平競爭秩序及促進工商企業正常發展。因商標制度有註冊主義與使用主義，故本款他人先使用之商標不限於註冊商標，倘採使用主義國家之商標遭我國商標權人搶註，亦有適用。簡言之，所謂先使用商標，不論是否為著名商標，不分國內外，亦不問註冊與否，僅要因契約、地緣、業務往來或其他關係知悉他人先使用商標存在而搶註者，均適用之[85]。第1項第12款規定之先使用設定，以申請時為準（第2項）。

2.先使用事實不因據以評定商標消滅而受影響

商標法第30條第1項第12款之先使用商標，係指在經異議或評定之商標申請日前，已使用之商標而言，原不以獲准註冊在案，且有效存續為必要。縱先使用之商標曾取得註冊，嗣因商標權期間屆滿未延展，其僅生商標權消滅之效果，倘商標權人於商標權期間屆滿後，仍持續使用商標，使用商標之事實，依使用主義之規範，應依法予以保護[86]。

（三）先使用人之舉證責任

先使用人應舉證證明申請人具有契約、地緣、業務往來或其他關係，知悉先使用商標之存在等事實。舉例說明如後：1.先使用人與申請人間之來往信函、交易憑證、採購資料；2.先使用人與申請人間親屬、契約關係之證明文件；3.先使用人與申請人營業地係坐落同一街道或鄰街之地址位置證明文件；4.先使用人與申請人因具投資關係，曾為股東、代表人、經理、職員等之股東或員工任職證明文件；5.其他可認定申請人知悉先使用

---

[85] 智慧財產及商業法院103年度民商上字第14號民事判決、105年度商訴字第30號行政判決。
[86] 智慧財產及商業法院108年度商訴字第108號行政判決。

商標存在之證據資料[87]。

（四）知悉事實之認定

商標法第30條第1項第12款之規範意旨，係基於民法之誠實信用原則、防止消費者混淆誤認及不公平競爭行為，故賦予先使用商標者救濟之權利，以避免申請人剽竊仿襲他人創用之商標而搶先註冊。先使用人應提出客觀證據證明後商標申請註冊時之事實狀態，而非申請註冊後之事實狀態，法院依論理法則與經驗法則判斷申請人是否知悉他人先使用之商標，進而襲以註冊[88]。所謂知悉包含直接接觸與間接接觸之知悉，除直接知悉外，亦包含依據社會通常情況，應有合理之機會或合理之可能性見聞者，均屬知悉之範圍[89]。

十六、他人肖像或著名稱呼

（一）要　件

為保護自然人之肖像權、姓名權等人格權不受侵害，故以他人之肖像或著名之姓名、藝名、筆名、稱號為商標者，原則上不得准予註冊，其不以致相關消費者或公眾混淆誤認之虞為要件。例外情形，經權利人同意申請註冊者，即得准予註冊（商標法第30條第1項第13款本文）。因未經本人同意，將肖像或姓名使用在商標上，易造成相關消費者認為商品或服務本身與姓名、肖像所表彰之個人有關聯。例如，以「周杰倫」或「林志玲」藝名註冊，易造成相關消費者認為商品或服務本身與「周杰倫」或「林志玲」本人有關。第1項第13款規定之著名認定，以申請時為準（第2項）。

（二）保護自然人之人格權

本款旨在於保護自然人之人格權，所稱他人之肖像不以著名為限，經

---

[87] 商標法逐條釋義，經濟部智慧財產局，2013年12月，頁98。
[88] 最高行政法院108年度判字第224號、第447號行政判決。
[89] 智慧財產及商業法院108年度商訴字第108號行政判決。

過裝扮或不同畫風呈現之肖像，可辨認出該他人時，亦屬之。而姓名、藝名、筆名、字號者，限於達著名之程度，始得適用。倘申請人取得該他人同意申請註冊者，得於申請時檢附同意書，或於補正同意書後，主張本款但書之適用。歷史人物之肖像或已逝著名人士之姓名、藝名、筆名、字號等，因其人格權業已消滅，固爲本款保護之範圍。然著名歷史人物之姓名與商品或服務之內容可能有關者，易使相關消費者對其內容產生聯想，視其爲商品或服務內容之說明者，應不具識別性（商標法第29條第1項第1款）。

十七、著名名稱致相關公衆混淆誤認

（一）要　件

爲合理保護著名法人、商號或其他團體之名稱，倘致公衆混淆誤認之虞者，原則上不准其註冊。例外情形，經權利人同意申請註冊者，即得准予註冊（商標法第30條第1項第14款）[90]。舉例說明如後：1.華碩股份有限公司爲著名之公司，第三人特取「華碩」兩字作爲商標，倘有致公衆混淆誤認之虞，即不應准予註冊；2.所謂其他團體者，係指自然人與法人以外其他有權利能力之團體而言。例如，經內政部登記之人民團體[91]。前項第14款規定之著名認定，以申請時爲準（第2項）。

（二）特取部分

本款所稱商標有他人之法人名稱，係指商標圖樣有與他人法人名稱之特取部分完全相同者而言[92]。所謂特取部分者，係指法人成立時，特別取以爲其名稱，以與他法人相區別，而彰顯其獨特主體地位之稱謂而言[93]。

---

[90] 大法官會議釋字第486號解釋；智慧財產及商業法院98年度行商訴字第117號行政判決。

[91] 智慧財產及商業法院106年度民公上字第3號民事判決。

[92] 最高行政法院54年判字第217號、70年度判字第414號、97年度判字第281號行政判決。

[93] 最高行政法院90年度判字第596號、96年度判字第206號行政判決。

法人、商號或其他團體之全稱,表明業務種類或組織型態之文字,是否屬特取名稱,應以其名稱通體觀察,並審酌法人、商號或其他團體對外,用以表彰獨特主體地位之文字[94]。例如,臺灣大哥大股份有限公司、臺灣高速鐵路股份有限公司、臺灣塑膠工業股份有限公司、臺灣水泥股份有限公司,雖均以「臺灣」結合業務種類及組織型態作為公司名稱,然「臺灣」並非該等公司之特取部分,僅有台灣大哥大、台灣高速鐵路、台灣塑膠、台灣水泥,始足以對外表彰其主體之獨特性,可作為特取部分[95]。

十八、商標侵害他人權利經判決確定

商標侵害他人之著作權、商標權或其他權利經判決確定者,原則上不得准予註冊(商標法第30條第1項第15款)。例外情形,係事後取得他人同意者,即可准予註冊。例如,著作權人主張商標侵害其著作權,符合商標法第30條第1項第15款之規範意旨,必須該商標侵害著作權經判決確定者,始不得註冊[96]。本款規範之主要目的,在於著作權人、專利權人或其他在先權利人之保護,由於是否侵害他人著作權、專利權或其他權利,常存有事實或法律之爭議,應由法院審理與裁判,始能確認商標有無侵害他人權利。職是,應先經法院判決確定有侵害他人權利,繼而認定有無本款規定之適用[97]。

貳、著名商標之保護(110年檢察事務官)

一、著名商標之定義

所謂著名商標或馳名商標(well-known trademark),係指有客觀證

---

[94] 商標法逐條釋義,經濟部智慧財產局,2013年12月,頁100。

[95] 智慧財產及商業法院100年度行商訴字第164號、第169號行政判決。

[96] 智慧財產及商業法院99年度行商訴字第149號、第150號行政判決。

[97] 本款規定源自於TRIPs協定第16條第1款規定,因商標權不得侵害任何既存在先之權利,故商標權與其他權利發生衝突時,以保護權利在先者為原則。

據足以認定已廣爲相關事業或消費者所普遍認知者（商標法施行細則第31條）[98]。著名商標或標章具有較高之知名度，通常容易遭他人利用或仿冒，爲防止著名商標或標章區別功能，被淡化或避免有混淆誤認之虞，故對於著名商標或標章特別保護。

二、淡化之定義

所謂淡化（dilute），係指一個近似之商標，不當影響一個具有識別性的商標商譽，特別是著名商標。雖該商標未造成相關公眾混淆誤認之虞，惟該商標之存在，有使著名商標之識別性受到減損、貶值、稀釋或沖淡之危險，或是使著名商標之商業商譽受到損害之危險，均屬淡化之效力。商標淡化之態樣有模糊淡化（bluring）與污染淡化（garnishment）。舉例說明之：（一）將LV商標長期使用在菜瓜布，其有危害LV商標在精品市場之商譽，此用於劣質之商品，使相關消費者將原本優質之商品而與欠缺品質之商品產生聯想，此屬汙染淡化；（二）acer商標原係指定使用於電腦週邊商品，而將該商標用於汽車商品，致使相關消費者對於acer與電腦週邊商品之聯想印象，因他人使用於汽車而減弱，此屬模糊淡化。

三、減損著名註冊商標之識別性或信譽之虞

商標法第70條第2款規定，以著名商標之文字作爲營業主體或來源之標識，其態樣原並非商標法第5條所稱之商標使用，而係基於對著名之註冊商標之保護，以擬制之方式，視爲侵害商標權。而是否構成侵害，係以著名商標之識別性或信譽有無減損爲斷，不以將商標使用於同一或類似之商品、服務，或發生混淆誤認之結果爲要件[99]。再者，商標法第70條第2

---

[98] 最高行政法院92年度判字第94號、96年度判字第1248號、98年度判字第155號行政判決。

[99] 最高法院101年度台上字第902號民事判決。

款所謂「致減損著名商標之識別性或信譽之虞」，其中就減損之程度並未設定比例。換言之，減損為事實問題，倘有減損情形，即符合本款規定，不以必須減損達何種程度時，始認為符合該條規定之減損要件[100]。

四、著名商標之判斷

著名商標或標章之認定，應就個案情況考量足資認定為著名之因素如後：（一）相關事業或消費者知悉或認識商標或標章之程度；（二）商標或標章使用期間、範圍及地域；（三）商標或標章推廣之期間、範圍及地域。所謂商標或標章之推廣，包括商品或服務使用商標或標章之廣告或宣傳，暨在商展或展覽會之展示；（四）商標或標章註冊、申請註冊之期間、範圍及地域，而須達足以反映其使用或被認識之程度；（五）商標或標章成功執行其權利之紀錄，特別指曾經行政或司法機關認定為著名之情形；（六）商標或標章之價值；（七）其他足以認定著名商標或標章之因素[101]。

五、國內相關事業或消費者之立場

著名商標之認定，不以在我國註冊、申請註冊或使用為前提要件，僅要在我國境內為相關消費者共知者即可，此為註冊主義之例外情事[102]。換言之，判斷是否達著名程度，係以國內相關事業或消費者判斷之[103]。舉例說明如後：（一）我國實務認為「台糖」為著名商標，認定台糖房屋仲介股份有限公司使用「台糖房屋」名稱，作為看板、平面、電視媒體及

---

[100] 馮震宇，商標減損之認定與商標侵權，臺灣法學雜誌，223期，2013年5月，頁151。

[101] 智慧財產及商業法院103年度行商訴字第79號、第122號、105年度行商訴字第79號、第86號行政判決。

[102] 大法官會議釋字第104號解釋；最高行政法院99年度判字第951號行政判決。

[103] 最高行政法院91年度判字第1674號行政判決；臺北高等行政法院91年度訴字第805號行政判決。

招牌行銷之用途，致使商品或服務之相關消費者，有混淆誤認係台灣糖業股份有限公司之商標權[104]；（二）據以異議之商標權人雖提出之報章雜誌報導，說明其商品於國外之銷售或外國之得獎紀錄，然非我國銷售或得獎之事實。縱據以異議商標在海外有相當知名度，然不當然等同已為國內之著名商標[105]。

參、商標近似之判斷（90年檢察事務官）

一、商標近似之類型

相同或近似於他人同一或類似商品或服務之註冊商標或申請在先之商標，有致相關消費者混淆誤認（likelihood of confusion）之虞者（商標法第30條第1項第10款）。申言之：（一）所謂商標圖樣相同，係指兩者圖樣完全相同，難以區分而言；（二）商標圖樣近似（similar trademark），係指異時異地隔離與通體觀察，兩商標圖樣在外觀、觀念或讀音方面有相似處，具備普通知識經驗之相關消費者，施以通常之辨識與注意，有致混淆誤認之虞[106]。本款為不准商標註冊之消極要件之一，常成為商標申請、異議及評定爭訟之焦點。

（一）外觀近似

所謂外觀近似，係指商標圖樣之構圖、排列、字型、設色等近似，有產生混淆誤認之虞[107]。舉例說明之：1.註冊商標「VALE」與申請註冊商標「YALE」，僅字首「V」與「Y」不同，其餘部分則完全相同，且

---

[104] 最高法院98年度台上字第185號民事判決；智慧財產及商業法院97年度民商字第1號民事判決；公平交易委員會2007年8月7日公參字第0960006741號函；經濟部智慧財產局2007年8月14日智商字第09600073070號函。

[105] 智慧財產及商業法院109年度行商訴字第39號行政判決。

[106] 最高行政法院106年度判字第1179號行政判決；智慧財產及商業法院102年度行商訴字第141號、103年度行商訴字第90號、104年度行商訴字第46號行政判決。

[107] 臺北高等行政法院92年度判字第3652號行政判決。

「V」與「Y」亦屬近似，異時異地隔離觀察，實足使一般購買人發生混淆誤認之虞，自屬近似之商標[108]；2.註冊商標「Aromage」與申請註冊商標「AROMATE」，除末尾第二個字母g與T之別外，其餘字母、排列均相同，外觀相似，異時異地隔離觀察，有使人發生混淆誤認之虞，應屬近似之商標[109]；3.經比對甲公司之商標及乙公司所銷售原子筆之商標圖樣，乙公司在原子筆上所標示「O.Ball.office-pen」字樣，其與甲公司之「O.B.office-ball」商標，均為英文字體，且起首字母相同，在文字編排上極為相似，由外觀、讀音及觀念綜合判斷，經異時異地隔離觀察結果，其外觀上實足使相關消費者發生混淆誤認之虞，自屬近似之商標[110]。

（二）觀念近似

　　所謂觀念近似，係指商標圖樣之實質意義有產生混淆誤認之虞者。舉例說明如後：1.申請註冊商標「天長」與註冊商標「天長地久」，其圖樣中之中文部分簡繁有別，外觀迴異，固係事實。然其中「天長」與「地久」觀念相同，係指恆久之意，常接連併用為成語「天長地久」，足使相關消費者發生混淆誤認之虞，其屬近似之商標[111]；2.「A-SHA」與「阿舍」之連貫唱呼讀音近似，「阿舍」可為「A-SHA」之英文拼音，相關消費者易認為「阿舍」與「A-SHA」實質意義相同而產生混淆誤認之虞，足徵兩商標觀念近似[112]。

（三）讀音近似

　　商標之讀音有無混淆誤認之虞，應以連貫唱呼為標準。商標所用之文字包括讀音在內，審究商標所用之文字是否近似，自應以其文字之形體與讀音有無混淆誤認之虞，以為判斷商標所用之文字，包括中文、外文或臺語之讀音在內。職是，兩商標名稱之文字讀音相類，足以發生混淆

---

[108] 最高行政法院69年度判字第297號行政判決。
[109] 最高行政法院88年度判字第3586號行政判決。
[110] 智慧財產及商業法院98年度民商上字第20號民事判決。
[111] 最高行政法院85年度判字第973號行政判決。
[112] 智慧財產及商業法院102年度行商訴字第140號行政判決。

誤認之虞者，即屬商標近似[113]。舉例說明之：1.申請註冊商標「家麗寶」與註冊商標「佳麗寶」，其中文近似，讀音混同，屬近似之商標[114]；2.申請註冊商標「富士」及註冊商標「FUGI」相較，因中文富士之日文讀音為「FUGI」，已為我國相關消費者所知悉，使用富士即聯想「FUGI」商標，其日文讀音及外文完全相同，其屬近似之商標[115]。

二、商標近似之判斷因素

（一）總體觀察

所謂總體觀察者，係指比較兩商標是否近似時，應就商標之整體予以比對觀察，而非將構成商標之每一部分分開，而加以比較分析[116]。舉例說明之：1.「大臺北銀行」與「臺北銀行」、「臺北富邦」商標之中文字，「臺北」占據商標圖樣之絕大部分，使相關消費者寓目所及，均以該圖樣之中文字部分為主，經整體觀察後，上開商標應屬構成近似之商標[117]；2.「RXR及圖」商標，由黃色漸層長方形底圖上置反白之外文「RXR」所組成；而「RX」商標，由單純之外文「RX」所構成。兩者相較，其商標文字均係由單純拼音性之外文所構成，且具有相同之起首字母「RX」，僅字尾字母「R」有無之些微差異，外觀及讀音均極為相似，以具有普通知識經驗之相關消費者，基於異時異地隔離整體觀察，實不易區辨，兩商標應屬構成近似之商標[118]。

（二）主要部分觀察

1.商標圖樣構成部分特別顯著突出

所謂主要部分觀察者，係指商標圖樣之某一構成部分特別顯著突出，

---

[113] 最高行政法院30年判字第42號、38年判字第2號行政判決。
[114] 最高行政法院87年度判字第2271號行政判決。
[115] 智慧財產及商業法院102年度行商訴字第136號、第140號行政判決。
[116] 司法院24年院字第1384號解釋。
[117] 智慧財產及商業法院98年度民商訴字第41號民事判決。
[118] 智慧財產及商業法院103年度行商訴字第156號行政判決。

該部分得取代商標整體，而與另一商標之顯著部分加以比對，以判斷兩商標是否近似[119]。換言之，商標可分主要部分與附屬部分時，應以比較主要部分為主，總體觀察為輔，其主要部分近似，有使相關消費者混淆誤認之虞，縱使其附屬部分不近似，亦屬近似之商標[120]。舉例說明如後：(1)甲商標由單純不具有特定意涵之外文「KARICARE」所構成，而乙由單純中文「卡洛塔妮」、外文「Karihome」分置上下兩排所組成相較，比較兩者均以外文「Kari」為起首。參諸甲商標字尾之外文「CARE」及乙商標字尾之外文「home」，均係屬習知習見之字詞，識別性較低，足認起首外文「Kari」屬引人注意之部分。因兩商標之特別顯著部分為「Kari」，兩商標雖係以整體圖樣呈現，然兩商標指定商品之相關消費者關注或事後留於印象者，為顯著之部分，此顯著部分屬主要部分，而主要部分觀察與整體觀察並非兩相對立，主要部分最終影響商標給予商品相關消費者之整體印象。職是，可徵兩商標成立近似性[121]；(2)系爭商標為未經設計之英文字母「Koradior」，其中「dior」與據以異議諸商標「dior」完全相同，系爭商標除英文字母外，並無圖案設計，所使用之英文字母亦與據以異議諸商標相同，均未有美工設計，且「Kora」並無特殊意義，「Kora」於字尾結合「dior」組合成系爭商標，相關消費者見系爭商標，自會對商標圖樣中識別功能特別顯著「dior」留下深刻印象，而將系爭商標中「dior」作為與其他商標相區別之標識，系爭商標「dior」自可於商標整體觀察中取得主要部分之地位。準此，系爭商標主要識別部分「dior」與據以異議諸商標之外觀、讀音、觀念接近，異時異地整體觀之，兩商標予人之寓目印象差異不大，近似程度極高[122]。

---

[119] 最高行政法院99年度判字第180號、103年度判字第99號行政判決。

[120] 最高法院75年度台上字第3240號民事判決；最高行政法院96年度判字第1879號行政判決；智慧財產及商業法院97年度行商訴字第126號行政判決、98年度民商訴字第26號民事判決。

[121] 智慧財產及商業法院103年度行商訴字第155號行政判決。

[122] 智慧財產及商業法院103年度行商訴字第111號行政判決。

2.組合文字與圖形之商標圖樣

依據社會交易經驗或相關消費者觀察,組合文字與圖形之商標圖樣,倘分離抽出文字或圖形,造成生硬或不自然者,則不容許藉主要部分觀察原則爲由,裂商標整體性觀察原則,以部分文字或圖形錯誤判斷商標近似。是誤解主要部分觀察原則,其特意硬將商標割裂分別比較,自與商標識別性,係以商標整體爲相關者寓目印象之本質有違[123]。

(三)主要部分觀察與整體觀察原則

有關商標是否近似與其近似程度之判斷,應以商標圖樣整體爲觀察,以呈現在商品或服務之消費者時,就客觀整體圖樣加以觀察。在整體觀察原則上,有涉及商標圖樣主要部分,係因商標雖以整體圖樣呈現,然商品或服務之消費者較爲關注或事後留存印象作爲其辨識來源者,係商標圖樣中之顯著部分,此顯著部分屬主要部分。主要部分觀察與整體觀察並非牴觸對立。在判斷商標近似時,倘前商標之先天識別性較強,或者因使用而爲相關消費者所普遍知悉時,其主要部分易成爲相關消費者於交易時辨識來源之重要依據,此時相關消費者較易因兩商標之主要部分相同,而將兩者所提供之商品或服務來源產生聯想,故商標近似之比對,應著重於主要部分,並考量主要部分最終影響商標,給予商品或服務之相關消費者之整體寓目印象,加以判斷,是主要部分觀察與整體觀察原則,對判斷商標近似屬相輔相成[124]。

(四)異時異地觀察

商標之近似與否,應將兩商標隔離觀察之,不能僅以互相比對之觀察爲標準。應參諸相關消費者之觀點,自異時異地,從時間、空間上予以隔離觀察[125]。申言之,異時異地隔離觀察,兩商標圖樣在外觀、觀念或讀

---

[123] 智慧財產及商業法院106年度行商更(一)字第5號行政判決。

[124] 最高行政法院99年度判字第180號、100年度判字第722號行政判決;智慧財產法院107年度行商訴字第37號、第79號行政判決。

[125] 最高行政法院49年判字第3號、55年判字第60號行政判決;臺北高等行政法院

音方面有相似處，具備普通知識經驗之相關消費者，施以通常之辨識與注意，有致混淆誤認之虞，此為不准商標註冊之消極要件[126]。

（五）聲明不專用

聲明不專用制度，僅係於審查程序就可能發生商標權爭議之情形，預作防範之行政措施，註冊商標是否就特定事項聲明不專用，並非日後判斷該事項，是否具識別性之依據。準此，判斷兩商標是否近似時，商標部分圖樣雖聲明不專用，仍應就該聲明不專用之部分，進行整體比對[127]。

（六）相關消費者之識別力或注意力

商標是否成立近似，應以具有普通知識之相關消費者，其於購買商品或服務時，施以普通識別力或注意力，有無混淆誤認之虞，作為判斷商標標識是否近似之基準，而不以專家或商標審查員之立場與注意力，加以認定。

肆、判斷混淆誤認之虞（94年檢察事務官；109年司津）[128]

一、混淆誤認之定義

所謂混淆誤認之虞，係指商標或標章有使相關消費者對其商品或營業服務之性質、來源或提供者發生混淆誤認之虞而言。其類型有二：（一）商品或服務之相關消費者誤認兩商標為同一來源。換言之，由於商標之關係，誤認來自不同來源之商品或服務來自同一來源，有稱此為錯誤之混淆誤認。例如，「家麗寶」與「佳麗寶」、「Ck」與「Gk」、「HTC」與「Htc」，使用在相同商品或服務上，易引起相關消費者辨識錯誤，誤認為同一來源之商品；（二）商品或服務之相關消費者雖不致誤認兩商標為

91年度訴字第3645號行政判決。

[126] 智慧財產及商業法院103年度行商訴字第102號行政判決。

[127] 最高行政法院105年度判字第703號行政判決。

[128] 混淆誤認之虞審查基準，經濟部智慧財產局，2004年5月1日，頁3至14。成立混淆誤認之虞，必須具備商標近似及商品或服務類似二因素。

同一商標，然極有可能誤認兩商標之商品或服務為同一來源之系列商品或
服務，或誤認兩商標之使用人間存在關係企業、授權關係、加盟關係或其
他類似關係[129]。例如，均使用於藥品之「寧久靈」與「零疤寧」，或透
過網路提供資訊服務「104購物銀行」與「104人力銀行」，極有可能被
認為兩商標表彰者，係同一廠商之系列商品或服務，或廠商間存在特定關
係[130]。

二、參考因素

　　消極要件中之商標近似判斷與商品或服務類似（similar）判斷[131]，
有時並非易事，故如何認定有混淆誤認之虞（likelihood of confusion），
殊為重要。法院判斷兩商標間有無混淆誤認之虞，應考慮相關因素存在或
有混淆誤認衝突之排除因素存在，不得僅憑單一因素決定之。申言之，
判斷有無混淆誤認之虞，應參酌因素如後：（一）商標是否近似與其近
似之程度；（二）商品或服務是否類似與其類似之程度；（三）商標識
別性之強弱；（四）先權利人多角化經營之情形；（五）實際混淆誤認
之情事；（六）相關消費者對商標之熟悉程度；（七）商標申請人是否善
意；（八）行銷場所及其他混淆誤認。應就強弱程度、相互影響關係及
各因素，為綜合判斷，認定是否有致相關消費者產生混淆誤認之虞[132]。

---

[129] 最高行政法院98年度判字第455號行政判決；智慧財產及商業法院104年度行商
訴字第3號行政判決。
[130] 混淆誤認之虞審查基準第3點。
[131] 最高行政法院89年度判字第237號行政判決：所謂類似商品，係依一般社會通
念及市場交易情形，並參酌該商品之產製、原料、用途、功能或銷售場所等諸
類相關因素判斷之。商品分類係為商標行政管理所需而作分類，其與商品間是
否類似，並無必然關係。
[132] 最高行政法院105年度判字第465號行政判決；智慧財產及商業法院104年度行
商訴字第3號、110年度行商訴字第27號行政判決；陳思仔，反向混淆理論之
研究—以美國法為主，國立中正大學財經法律研究所碩士學位論文，2013年6
月，頁30至33。

參諸我國判斷有無混淆誤認之虞因素，其相當於美國聯邦第2巡迴上訴法院1961年Polaroid Corp. v. Polarad Electronics Corp.判決所建立之判斷標準：商標識別性之強弱、商標之近似程度、商品或服務之類似程度、實際混淆之情事、銷售商品或服務範圍、行為人是否基於善意使用商標、行為人商品或服務之品質、相關消費者選購商品或服務時之注意程度等8項因素，此稱為拍立得因素（polaroid factor）[133]。準此，判決應敘明逐一斟酌或毋需逐一斟酌之理由[134]。

（一）商標是否近似及其近似之程度

1.商標之客觀呈現

基於異時異地隔離與通體觀察，兩商標圖樣在外觀、觀念或讀音方面有相似處，倘其標示在相同或類似之商品或服務時，具有普通知識經驗之相關消費者，而於購買時施以普通之注意，可能會有所混淆而誤認兩商品或服務，來自同一來源或誤認不同來源之間有所關聯[135]。舉例說明之：(1)在觀念上雖均為貓，然由於外觀設計之不同，「凱蒂貓」與「加菲貓」均可註冊在案；(2)兩者之商標中均有中文「四季」與外文「Four Seasons」，兩者之商標予消費者印象最為深刻者均為商標圖樣中相同之中文「四季」及外文「Four Seasons」，縱使兩者外文字母之大小寫或中文排列位置有所不同，惟以具有普通知識經驗之消費者於異時異地隔離觀察，易產生同一系列商標之聯想，應屬構成近似之商標[136]。

2.商標設計之主觀心理非判斷因素

因商標設計之概念，並非相關消費者一望即知，相關消費者僅能以商

---

[133] Polaroid Corp. v. Polarad Electronics Corp. 287 F.2d 495 (2nd Cir.1961).

[134] 最高行政法院98年度判字第1505號、99年度判字第189號、99年度判字第1144號行政判決；智慧財產及商業法院98年度行商更（一）字第8號、109年度行商訴字第29號行政判決。

[135] 行政法院87年度判字961號行政判決；臺北高等行政法院90年度訴字第2067號、91年度訴字第2082號、92年度訴字第2446號、93年度訴字第1367號行政判決。

[136] 智慧財產及商業法院97年度行商訴字第83號行政判決。

標於消費市場上客觀呈現出之圖樣為判斷,無從知曉其設計者主觀之設計理念,故判斷兩商標是否近似,並不包括主觀因素之考量[137]。例如,原告雖主張系爭商標以賽車道為其設計理念,呈現中空線條、圓滑彎曲之造型呈現云云。然商標之設計理念與主觀意圖,實非相關消費者可由商標圖樣之外觀所能知悉,故判斷商標是否構成近似,應僅就商標圖樣客觀所呈現者為依據,不涉及商標設計者之主觀心理因素。準此,原告上開主張,即不足採[138]。

(二)商品或服務是否類似及其類似之程度

1.商品類似

所謂商品是否類似,係指二個不同之商品,在功能、材料、產製者或其他因素上具有共同或關聯之處,倘標示相同或近似商標,依一般社會通念及市場交易情形,易使商品之消費者誤認其為來自相同或雖不相同而有關聯之來源,足認兩商品間存在類似關係[139]。

2.服務類似

所謂服務類似者,係指服務在滿足相關消費者之需求及服務提供者或其他因素,具有共同或關聯之處,倘標示相同或近似商標,依一般社會通念與市場交易情形,易使接受服務者誤認其為來自相同,或雖不相同而有關聯之來源者[140]。舉例說明:(1)便當與飲食店類似[141];(2)鞋子與襪子類似[142];(3)奶嘴與奶嘴鍊夾類似[143]。

---

[137] 最高行政法院103年度裁字第421號行政裁定;智慧財產及商業法院102年度行商訴字第77號、106年度行商訴字第71號、107年度行商訴字第49號行政判決。

[138] 智慧財產及商業法院103年度行商訴字第9號行政判決。

[139] 最高行政法院89年度判字第237號行政判決。

[140] 智慧財產及商業法院109年度行商更(一)字第1號行政判決。

[141] 臺北高等行政法院90年度訴字5157號行政判決。

[142] 最高行政法院90年度判字第1705號行政判決。

[143] 胡秉倫,智慧財產專業法官培訓課程—商標爭議程序及實務,經濟部智慧財產局,2006年3月21日,頁40。

（三）商標識別性之強弱

　　創造性或新奇性之商標識別性最強，而以習見事物爲內容之隨意性商標，或以商品、服務相關暗示說明爲內容之暗示性商標，其識別性均較創造性商標爲弱。職是，識別性與混淆誤認成反比，識別性越強之商標，商品或服務之相關消費者印象越深，第三人稍有攀附，即可能引起相關消費者或購買者產生混淆誤認[144]。

（四）先權利人多角化經營之情形

　　先權利人有多角化經營時，而將其商標使用或註冊在多類商品或服務者，在考量與競爭商標間有無混淆誤認之虞時，不應僅就各類商品或服務分別比對，而應將該多角化經營情形納入考量。反之，先權利人長期以來僅經營特定商品或服務，無任何跨越其他行業之跡象者，則其保護範圍得較爲限縮。例如，商標權人係日本卡通明星與禮品製造公司，在日本約有120家公司，其他地區約有80家公司，創造逾800個以上之卡通明星，而參其卡通明星迷遍及全球，並設有網站，足認商標權人有多角化經營之情形[145]。

（五）實際混淆誤認之情事

　　相關消費者對於商品或服務，誤認後案商標之商品或服務，係源自先權利人之情形，該實際混淆誤認之事實，應由先權利人提出相關事證證明之，常見者爲提出市場調查報告證明。例如，原告前向智慧財產局申請取得「MI」指定用於第9類「可視電話、手提電話」等商品之註冊商標，其所產銷之小米手機，成爲「MI」品牌行動電話及週邊商品。原告向以提供合理售價之手機爲主，在我國相關消費者間已達著名程度，明確認知「MI」商標所表彰爲小米公司之「米」，其與市面高價手機品牌「APPLE」商品，兩者明顯市場區隔。職是，「MANZANA字及圖」商

---

[144] 智慧財產及商業法院104年度行商訴字第3號行政判決。
[145] 智慧財產及商業法院100年度行商訴字第116號行政判決。

標之商標權人自稱其商標涵義為西班牙文之蘋果，且商標之使用範圍限於「APPLE」商品，即蘋果3C商品之週邊配件。參諸「MI」與「MANZANA字及圖」，在整體外觀、讀音及觀念等項目均不近似，並無致相關消費者混淆誤認之虞。即可認系爭申請商標「MI」與據以核駁商標「MANZANA字及圖」，並不存在有實際混淆誤認之情事[146]。

（六）相關消費者對商標熟悉之程度

相關消費者對相衝突之兩商標，均為相當熟悉者，就兩商標在市場併存之事實已為相關消費者所認識，並足以區辨為不同來源者，即應尊重該併存之事實。相關消費者對衝突之兩商標，倘僅熟悉其中之一者，應給予較為熟悉之商標較大之保護。職是，相關消費者對商標之熟悉程度，繫於該商標使用之廣泛程度。原則上熟悉程度，應由主張者提出相關使用事證證明之[147]。例如，甲商標之商標權人於1980年間首創使用於化妝品、人體用清潔劑等商品之標誌，具有獨創性，且與指定商品間並無直接關聯性，以之作為商標之全部或一部，在化妝品相關商品上獲准註冊，仍有效存在者，均為商標人所有，其註冊期間逾30年，而乙商標之申請迄今未滿3年，衡諸兩商標併存期間而言，甲商標與乙商標相較，甲商標應為我國相關消費者較熟悉之商標，應賦予較大之保護[148]。

（七）商標之申請人是否善意

商標之主要功能在表彰自己之商品或服務，俾以與他人之商品或服務相區別，申請註冊商標或使用商標，其目的亦應在發揮商標之識別功能。倘明知可能引起相關消費者混淆誤認其來源，甚至企圖引起相關消費者混淆誤認其來源，而為申請註冊商標者，其申請即非屬善意。舉例說明：1.申請人經他商標權人授權使用一中文商標，嗣後逕以該中文之英譯作為商標申請註冊；2.系爭商標與據以異議商標均屬著名商標，因系爭商標之

---

[146] 智慧財產及商業法院103年度行商訴字第149號行政判決。
[147] 智慧財產及商業法院104年度行商訴字第46號行政判決。
[148] 智慧財產及商業法院101年度行商訴字第100號行政判決。

著名程度較高，相關消費者對系爭商標之熟識度高於據以異議商標，依一般社會交易觀念，客觀上相關消費者不致誤認爲其與據以異議商標之商品爲相同或有相關性之來源，而無使相關消費者對其所表彰之商品來源或產製主體發生混淆誤認之虞，故亦無反向混淆情事[149]。

（八）行銷方式與行銷場所

就商品或服務之行銷方式而言，商品或服務之行銷管道或服務提供場所相同，相關消費者同時接觸之機會較大，引起混淆誤認之可能性較高。反之，經由直銷、電子購物、郵購等行銷管道者，其與一般行銷管道行銷者，其發生混淆誤認之虞程度較低。再者，服務之場所，會影響混淆誤認之虞程度。舉例說明之：1.兩者均屬餐飲服務者，分別以大飯店、路邊攤之形式提供服務，兩者未必即會引起混淆誤認；2.A商標指定使用於抗癌藥商品，專用於癌症之治療，外觀包裝爲裝於瓶內之注射液，使用之方式爲靜脈注射，而B商標指定使用之商品爲治療人體肌肉酸痛之貼布，外觀係以軟袋包裝，使用方式爲外用貼布，兩者商品之外觀、使用方式均不相同。而A商標經我國行政院衛生福利部核准輸入，並列爲健保用藥，限於由具有專業知識經驗之腫瘤科醫師處方，始得使用，其由藥廠銷售予醫院，銷售之對象限於醫院。B商標指定使用之商品，其相關消費者應爲普通知識經驗之社會大眾，除得自藥局、藥妝店及便利商店等實體商店取得外，亦可經由直銷、電子購物或郵購等管道購得。準此，相較兩商標指定使用之商品之行銷管道或提供場所重疊性甚低，相關消費者同時接觸之機會少，故相關消費者發生混淆誤認之虞程度較低[150]。

三、市場調查報告之證據能力與證據力

（一）市場調查報告項目

參諸公平交易委員會「處理當事人所提供市場調查報告之評估要項」

---

[149] 智慧財產及商業法院98年度行商更（一）字第1號行政判決。
[150] 智慧財產及商業法院101年度行商訴字第160號行政判決。

可知[151]，具有可採信之市場調查應具備如後要件，其證明力依具體個案情況進行判斷[152]：1.市場調查公司之公信力：市場調查報告應附有市調公司之背景資料，至少應包含從事市場調查業務之期間、營業量數、曾進行之調查報告等，藉以評斷其是否為可信賴之市調主體；2.調查方式：應列明調查期間、調查方法 、調查地區範圍、調查對象、抽樣方法、母體及樣本數等，是否為一般大眾可接受之方法，且應具有合理性與合目的性；3.基本資料：有無檢附受調查者之基本資料，倘有基本調查資料者，原卷是否有保留，俾利嗣後可能之調查；4.問卷內容之設計：是否針對預定達成之目標而設計。申言之，該市調報告所設計之調查內容，應符合其目的性；5.內容與結論之關聯性：調查內容與調查所得之結果或結論，應具備演繹推論之合理性與關聯性；6.結論與待證事實之因果關係：市調結論與所預定之目標間，在客觀上與受理案件之待證事實應有相當因果關係，始可認為該市調結論具有證據力。所謂相當因果關係，係指符合前述要件之調查，均可演繹推論出待證事實；7.誤差或信賴水準之說明：有關市調報告之統計量誤差及信賴區間，應由提出該市調報告之主體說明之；8.洽詢學者專家意見：爭議當事人均提出市調報告而內容不一致，或因案件性質之需要者，得先洽詢相關領域之學者專家意見。

（二）市場調查報告之採用

市場調查報告應審查之事項，包含從事市場調查業務之期間、營業數量、調查報告之經驗、調查期間、調查方法、調查人員之素質、調查技巧、調查地區範圍、調查對象、抽樣方法、母體及樣本數、問卷種類、題目類型、題目區分、基本原則、結構安排、目標設計、因果關係等事項。經認定無法客觀呈現真正市場與消費者之消費與評價態樣，自不足作為判斷之依據。反之，足以客觀呈現真正市場與消費者之消費與評價態樣，即

---

[151] 1997年12月31日第322次委員會議通過，1998年7月1日第347次委員會議修正。
[152] 最高行政法院96年度判字第1118號行政判決。

可採認市場調查報告作爲判斷基準[153]。故市場調查應盡可能模擬市場之實際交易情況，始能反應出相關消費者在市場上面對商標、商品及競爭行爲時之心理情況。職是，可由商標專責機關、法院及專家學者，共同研擬市場調查報告之標準作業程序，市場調查報告之項目或內容，除應符合上揭所示項目或內容外，市場調查機構亦得由法院或商標專責機關與當事人，共同協商適任之機構擔任，使當事人有模式可遵循外，有助提升市場調查報告之證據能力與證據力[154]。準此，智慧財產局、經濟部及法院在商標侵權事件或註冊申請案、爭議案，得將市場調查報告採爲證據方法。尤其是否致相關消費者產生混淆誤認之虞進行判斷，因相關消費有無致混淆誤認之可能性，不宜僅由法院主觀上逕行認定，倘此部分之事實，能有客觀數據提供法院審酌，自能較符合社會經驗，並減少主觀認定之缺失。而智慧財產及商業法院自2008年7月1日成立至2013年8月止，抗辯非商標權所及之民事訴訟事件，計有38件判決之當事人，提出市場調查報告，作爲攻擊或防禦之方法[155]。

四、相關消費者之注意力

（一）普通知識經驗之相關消費者

混淆誤認之類型有二：1.誤認商品或服務係同一來源；2.誤認同一來源之系列商品或服務（混淆誤認之虞審查基準第3點）。是判斷兩商標間有無混淆誤認之虞，首先應確立者，係應以何人之角度進行觀察。因商標最主要之功能，在使商品或服務之相關消費者，藉以區辨商品或服務來源。準此，是否構成混淆誤認之虞，應以具有普通知識經驗之相關消費者，而於購買時施以普通之注意爲準。

---

[153] 智慧財產及商業法院99年度行商訴字第147號行政判決。

[154] 呂妹賢，可口可樂的智財啟發—以「Minute Maid Bottle」立體商標申請案爲中心思考，專利師，13期，2013年4月，頁78。

[155] 司法院法學資料檢索系統法官版網站：http://172.16.16.159/Index.htm，2013年9月1日參閱。

（二）商品或服務之性質

1.專業性或價格

不同商品或服務之性質亦會影響其消費者之注意程度。就普通日常消費品而言，普通消費者（ordinary buyer）之注意程度較低，對兩商標間之差異辨識較弱，易產生近似之印象。準此，專業性商品或單價較高之商品或服務，相關消費者多為專業人士（professional buyer）或收入較多者，其購買時會施以較高注意，對兩商標間之差異較能區辨，判斷混淆誤認之標準，自然高於一般日常消費品之消費者。

2.立體或顏色商標

就立體或顏色商標而言，相關消費者辨識立體或顏色商標之注意力，其主要重心在於該立體形狀或顏色本身，並非附加於商標文字或圖形，故判斷第三人使用之商標與註冊之立體或顏色商標間，有無混淆誤認之虞，比較兩者立體形狀或顏色商標即可。是縱使兩者實際使用之商標文字或圖形不同，然立體形狀或顏色部分相同，則成立商標侵權。例如，將A牌之可樂商標置於可口可樂之瓶子，即屬侵害可口可樂之商標權，不因使用之文字或圖形不同而有所免責。

伍、商品類似

一、定　義

所謂類似商品者（similar goods），係指二個不同之商品，在功能、材料、產製者或其他因素上具有共同或關聯之處，倘標示相同或近似之商標，依一般社會通念及市場交易情形，易使商品之相關消費者誤認其為來自相同或雖不相同而有關聯之來源，可認該等商品間，成立類似關係之存在。商品類似之判斷，應綜合該商品之各相關因素，以一般社會通念及市場交易情形為依據[156]。申言之，在判斷商品類似與否時，應就兩衝突商標之材料、性質、用途、形狀、零件、成品、販賣單位或地點、相關消費

---

[156] 混淆誤認之虞審查基準第5.3.1點。

者及通路之一致或近似等因素，參酌一般社會通念及市場交易情形，就商品之各種相關因素爲審酌。因社會及產業分工之常態及細緻，無法以抽象概念就商品類似與否作適切之判斷，應依各產業別性質及具體個案判斷之。舉例說明如後：（一）在電子相關產業，同一商品上所存在之各項零件，實際上是來自不同業者、不同專業領域，不應僅因有搭配使用之可能性，即認定商品構成類似[157]；（二）鞋子與襪子之功用均係爲行走時保護腳部之用，兩者之產製過程雖有不同，惟其使用目的係屬相同；且依現今管銷理念、消費者整體搭配之採購習性及企業多角化經營態勢，兩者之銷售通路幾無差異，兩者雖非同一商品，仍應認屬類似商品[158]。

二、商品功能與材質相同或相近

類似商品間通常具有相同或相近之功能或材質，原則上在判斷商品類似之問題時，可先從商品功能考量，其次爲材質，繼而就產製者等其他相關因素考量。例外情形，係商品著重在其材質。例如，貴金屬，則得以材質之相近程度爲優先考量[159]。再者，倘商品未具替代性，市場區隔甚爲明顯，而相關消費者於選購商品時，客觀上並無對其表彰之商品來源或產製主體產生聯想者，自無造成混淆誤認之虞[160]。

三、商標法施行細則之商品或服務分類

類似商品或服務之認定，不受前項商品或服務分類之限制（商標法第19條第6項）。是商標法施行細則之商品或服務分類，係爲申請註冊時行政上之便利而規定，其與商品或服務是否類似，不盡一致，不受其限制。不得以二以上商品或服務屬於相同之分類，而當然認定其爲類似商品或服

---

[157] 最高行政法院105年度判字第614號行政判決。
[158] 最高行政法院90年度判字第1750號行政判決；智慧財產及商業法院106年度行商訴字第72號行政判決。
[159] 混淆誤認之虞審查基準第5.3.4點。
[160] 臺北高等行政法院91年度訴字第3284號行政判決。

務，亦不得以二以上商品或服務屬於不同之分類，而當然認定其不是類似商品或服務。同一類商品或服務不一定是類似商品或服務，而不同一類的商品或服務，亦可能是類似商品或服務。因上開法條文義，並非證據排除規定，基於自由心證主義或證據自由評價原則，倘以類似商品或服務分類作爲證據，雖無不可，然就類似商品或服務之認定，商品或服務分類不具拘束力，其僅供參考，係證明程度不高之證據[161]。

陸、服務類似

所謂服務類似者（similar services），係指服務在滿足相關消費者之需求及服務提供者或其他因素，具有共同或關聯處，倘標示相同或近似之商標，依一般社會通念及市場交易情形，易使一般接受服務者誤認其爲來自相同，或雖不相同而有關聯之來源者而言[162]。再者，商品與服務間亦有可能構成類似。例如，咖啡廳服務與咖啡商品構成類似[163]。

柒、例題解析——商標註冊消極要件

一、表示商品之功能

表示商品或服務之形狀、品質、功用或其他說明者，因不具識別性，故不得註冊（商標法第29條第1項第1款）。D食品公司申請註冊之「悶燒」商標圖樣，其中「悶燒」文字，實與燜燒讀音近似，有將食物密封並加以調理烹煮之意，D食品公司以之作爲商標圖樣，並指定使用於燒賣、叉燒包、小籠包等商品，顯係表示該等商品之製作方式，自係直接明顯表示該等商品有密切關聯之文字，其爲商品之說明，不具識別性，應核駁其申請註冊案[164]。同理，「Lighter」爲打火機之意思，以此英文文字申請

---

[161] 最高行政法院105年度判字第614號行政判決。
[162] 混淆誤認之虞審查基準第5.3.1點。
[163] 最高行政法院92年度判字第610號行政判決。
[164] 最高行政法院83年度判字第1363號行政判決。

註冊商標使用於打火機商品，其不具識別性，不應准予註冊。

二、指定服務之通用標章

　　所指定商品或服務之通用標章或名稱者，因不具識別性，不得註冊（商標法第29條第1項第2款）。因「少女的祈禱」音樂，為一般垃圾車收集垃圾之聲音表徵，該聲音之傳達具有公認之意義，自不得准許特定之清潔業者以該音樂作為聲音商標，獨占該聲音。準此，E清運垃圾公司以「少女的祈禱」之音樂申請商標註冊使用於其清運垃圾之服務，不應准予註冊。同理，「牛黃散」三字，係中藥藥品中普通習用之成藥名稱，且為此類成藥製品本身習慣上所通用之名稱，為商場所習知之藥名，該種成藥之通用名稱，自不得准許任何人以「牛黃散」商標使用於藥品商品，申請商標註冊[165]。

三、外國國旗

　　相同或近似於中華民國國旗、國徽、國璽、軍旗、軍徽、印信、勳章或外國國旗者，不得註冊（商標法第30條第1項第2款）。以維持國家尊嚴或政府信譽。準此，F玩具公司以美國星旗之圖型申請商標註冊，其為外國國旗，屬商標之消極要件，不得准予註冊。同理，申請註冊商標圖樣除外框之正方形外，其與我國八卦圖之核心部分圖形相若，亦與韓國國旗核心圖形相似，欠缺作為商標申請註冊所應具備之識別性，故近似外國國旗之商標，不得准予註冊[166]。

四、誤認商品之產地

　　G公司申請註冊之「港澳碼頭」商標圖樣之中文港澳碼頭，泛指香港、澳門等轉口貿易商業活動頻繁之港口碼頭，G公司以之作為商標申請

---

[165] 最高行政法院54年判字第236號行政判決。
[166] 最高行政法院78年度判字第281號行政判決。

註冊，指定使用於各種男女服裝等商品，自有使相關消費者誤認誤信其所表彰商品之產地，係香港、澳門而購買之虞（商標法第30條第1項第8款）[167]。

五、近似商標有致相關消費者混淆誤認

相同或近似於他人同一或類似商品或服務之註冊商標或申請在先之商標，有致相關消費者混淆誤認之虞者，原則不得註冊。例外情形，係經註冊商標或申請在先之商標所有人同意申請者（商標法第30條第1項第10款）。H公司以「聲寶」申請商標註冊，指定使用在電子鍋，並經准予註冊在案，I公司以「聲堡」申請商標註冊，指定使用在微波爐。兩者商標讀音相同，其為商標相似，指定之商品均屬烹飪用具，均屬類似商品，故不得核准I公司以「聲堡」申請商標註冊。同理，J公司以「GUCCI」申請商標註冊，指定使用在服飾商品，並經准予註冊在案，K公司以「CUCCI」申請商標註冊，亦指定使用在服飾商品。兩者之商標均指定於服飾商品，其商標均由英文字母所構成，雖其拼字不同，惟兩商標自外觀與讀音，足以使相關消費者有混淆誤認之虞，是「GUCCI」與「CUCCI」兩商標應構成近似。

六、相同於他人同一商品而有契約關係

相同或近似於他人先使用於同一或類似商品或服務之商標，而申請人因與該他人間具有契約、地緣、業務往來或其他關係，知悉他人商標存在者。但得該他人同意申請註冊者，不在此限（商標法第30條第1項第12款）。K公司為德國BMW汽車之代理商，兩者雖有契約關係，惟K公司未經德國原廠同意，不得持「BMW商標」向我國申請註冊。

---

[167] 最高行政法院83年度判字第1359號行政判決。

第五章

商標審查制度

關鍵詞：

審查官、維權使用、情況裁決、利害關係人、行政自我拘束原則

第一節　審查申請案

　　商標註冊之主要立法例分為審查制與登記制兩種類型。所謂審查制，係指商標申請案必須經由實質審查，審定其是否符合註冊要件。所謂登記制，係指由商標主管機關對於商標申請案進行形式審查，僅須符合文件程序，即可核准註冊[1]。再者，商標申請案之審查（examine），分為程序審查與實體審查，先程序審查，合於程序者，繼而進行實體審查，以決定應否做成核駁審定或核准審定等行政處分。書面處分應記載理由，並由審查人員具名（商標法第15條）。

例題1

　　甲為大陸地區人民，委託臺灣地區之商標代理人辦理申請商標註冊，該申請案由智慧財產局之商標審查員乙負責審查，甲父之妹前嫁於乙，現已離婚。試問乙是否得審查甲之申請案？理由何在？

例題2

　　甲之A註冊商標與乙之B商標近似，已在市場上併存經年，兩者指定商品雖均屬相同或類似，然未致相關消費者混淆誤認之虞，因A註冊商標期間屆至，未申請展延註冊而消滅，丙即持A商標申請註冊，其指定商品均與B商標相同或類似。試問智慧財產局是否得以商標法第30條第1項第10款之事由，不准丙申請註冊？

---

[1] 陳文吟，商標法論，三民書局股份有限公司，2001年4月，初版2刷，頁79。

壹、商標審查基準

　　經濟部智慧財產局為審查申請案所制定之商標審查基準，其為業務處理方式，論其法律性質為行政規則，所為非直接對外發生法規範效力之一般、抽象之規定（行政程序法第159條）。行政規則為規範機關內部秩序與運作之行政內部規範，有效下達之行政規則，具有拘束訂定機關、其下級機關及屬官之效力，進而構成行政自我拘束原則（行政程序法第161條）[2]。準此，商標審查基準具有拘束智慧財產局及所屬商標審查員之效力[3]。

貳、商標審查人員

一、審查官與專業審查人員

　　有鑑於商標審查工作具有專業性、技術性及複雜性，為提升審查品質與維護申請人權益，故商標專責機關對於商標註冊之申請、異議、評定及廢止案件之審查，應指定審查人員審查之；審查人員（examiner）之資格，以法律定之（商標法第14條）。商標之審查官分為商標高級審查官、商標審查官及商標助理審查官（商標審查官資格條例第2條）。再者，智慧財產局亦得聘用專業審查人員擔任商標審查工作（經濟部智慧財產局組織條例第16條、第16條之1）。

二、應作成書面處分

　　為表示審查人員對審查工作之負責，並強化商標審查品質，商標專責機關對商標註冊之申請、異議、評定及廢止案件之審查，應作成書面之處分，並記載理由送達申請人。前開書面之行政處分，應由審查人員具名，

---

[2] 最高行政法院106年度判字第108號行政判決。
[3] 智慧財產及商業法院109年度行商訴字第66號行政判決。

此爲行政程序法第95條第1項之特別規定（商標法第15條）[4]。再者，商標權管理事項，不以指定專業審查人員審查爲必要。例如，商標註冊變更登記、延展商標權期間、授權登記等。

參、審查程序

一、程序審查

審查申請案之順次，先爲程序審查，繼而爲實體審查。先審查申請案是否符合申請程序，倘違反法定程序者，應通知申請人限期補正，逾期未補正者，應駁回申請。換言之，凡申請人爲有關商標之申請及其他程序，遲誤法定期間、不合法定程序不能補正或不合法定程序經通知限期補正屆期未補正者，均應予駁回。

二、實體審查

申請案符合申請程序者，繼而進行申請案之實體審查，審查是否符合註冊要件，其有無不准註冊之事由，採全面審查制度或絕對審查制度。職是，其審定結果分核駁審定與核准審定兩種類型。

（一）核駁審定

商標註冊申請案經審查認有不合法或有不得註冊之情形者，應予核駁審定。智慧財產局於核駁審定前，應將核駁理由以書面通知申請人，此爲核駁理由先行通知書，並指定期限內陳述意見（商標法第31條；行政程序法第102條）。準此，核駁審定爲法定原則與先行通知原則。

（二）核准審定

商標註冊申請案經審查後，認合法與具備註冊要件之情形者，應予核

---

[4] 商標法逐條釋義，經濟部智慧財產局，2013年12月，頁35。行政程序法第95條規定：行政處分除法規另有要式之規定者外，得以書面、言詞或其他方式爲之。

准審定（商標法第32條第1項）。申請人經繳納註冊費與註冊公告後，申請人即取得商標權，此核准審定屬於受益行政處分之性質。經核准審定之商標，申請人應於審定書送達之次日起2個月內，繳納註冊費後，始予註冊公告，並發給商標註冊證；屆期未繳費者，不予註冊公告，原核准審定，失其效力（第2項）。申請人非因故意未於前項期限繳費者，得於繳費期限屆滿後6個月內，繳納2倍註冊費後，由商標專責機關公告之。但影響第三人於此期間內申請註冊或取得商標權者，不得為之（第3項）。準此，繳納註冊費，為註冊之前提要件與商標權之維持要件。經核准審定之商標，並繳納註冊費後，即予註冊公告，並發給商標註冊證。

肆、例題解析

一、利害迴避

　　大陸地區人民依據「大陸地區人民在臺申請專利及商標註冊作業要點」，得委託臺灣地區之商標代理人辦理申請商標註冊，取得我國之商標權。商標審查員為公務員，其於審查申請商標註冊之行政程序中，有下列各款情形之一者，應自行迴避：（一）本人或其配偶、前配偶、四親等內之血親或三親等內之姻親或曾有此關係者為事件之當事人時；（二）本人或其配偶、前配偶，就該事件與當事人有共同權利人或共同義務人之關係者；（三）現為或曾為該事件當事人之代理人、輔佐人者；（四）其於該事件，曾為證人、鑑定人者（行政程序法第32條）。準此，甲為大陸地區人民，委託臺灣地區之商標代理人辦理申請商標註冊，該申請案由智慧財產局之商標審查員乙負責審查，甲父之妹前嫁於乙，現已離婚，是甲與乙曾為三親等內之姻親，是乙得自行迴避，甲亦得聲請乙迴避（行政程序法第33條第1項第1款）。倘乙不自行迴避，而未經甲申請迴避者，應由智慧財產局依職權命乙迴避（第5項）。

二、行政自我拘束原則

行政行爲，非有正當理由，不得爲差別待遇（行政程序法第6條）。相同事物性質應爲相同之處理，非有正當理由，自不得爲差別待遇。故行政機關非有正當理由，作成行政行爲時，對行爲所規制之對象，不得爲差別待遇，此稱行政自我拘束原則。申言之，智慧財產局作成商標之行政處分後，亦與相對人相同，應受該行政處分之拘束，倘無正當理由，自應保障人民在法律上地位之實質平等。甲之A註冊商標與乙之B商標近似，雖在市場上已併存經年，兩者指定商品均屬相同或類似，然未致相關消費者有混淆誤認之虞。因A註冊商標未申請展延註冊而消滅，丙持A商標申請註冊，其指定商品均與B商標相同或類似，因智慧財產局審查申請商標註冊案，應受行政自我拘束原則之規範，而爲合理之相同之處分，始不違平等原則。準此，智慧財產局既核准A註冊商標登記在前，亦未作成撤銷或廢止該商標之行政處分，倘無正當理由，自不得對相同之申請註冊商標案，而爲差別待遇。丙持A商標申請註冊，其雖與B商標近似，兩者指定商品均屬相同或類似，然智慧財產局不得以商標法第30條第1項第10款規定，認有致相關消費者混淆誤認之虞，不准丙之申請註冊[5]。

第二節　異　議

我國採審查制，其審查程序分爲申請案之審查與公眾審查，商標註冊應取得核准審定後，輔以公眾審查制，使審查結果可愈周全，具有輔助商標審查與保護第三人權利之目的[6]。公眾審查可分異議、評定及廢止等程序。藉由公眾審查制發現商標之註冊是否確有法定應不准註冊或應廢止之事由，故商標權人申請商標時，本可預見未來有遭撤銷或廢止之可能，即

---

[5] 智慧財產及商業法院101年度行商訴字第9號、第85號行政判決。

[6] 吳聆佳，商標法上公眾審查制—論異議制之存廢，國立中正大學財經法律研究所碩士學位論文，2013年6月，頁31至32。

無所謂信賴原則之適用（行政程序法第8條後段、第119條）。

例題3

　　A公司為銷售冰淇淋之業者，向經濟部智慧財產局申請商標註冊，其申請商標圖樣，以圓錐圖形為主，經智慧財產局核准註冊在案。試問：
（一）銷售冰淇淋之同業B公司，向智慧財產局提起異議，是否有理由？
（二）A公司之商標圖樣為文字與圓錐圖形之聯合式，B公司提起異議，是否有理由？

例題4

　　C公司以「天天亮」之文字申請註冊商標用於照明器材，經智慧財產局核准註冊在案，D公司嗣以「日日亮」之文字申請註冊商標用於相同商品，亦經智慧財產局核准註冊在案。試問C公司向智慧財產局提起異議，是否有理由？

例題5

　　甲主張乙侵害其商標權，提起民事訴訟請求乙負損害賠償責任，乙除於民事訴訟期間，向智慧財產局提起異議，主張甲之商標有異議事由，應撤銷商標註冊外，亦於本案訴訟抗辯甲之商標有撤銷事由。試問民事法院應如何處理？依據為何？

壹、異議之定義

　　所謂商標異議者（opposition），係指任何人因商標註冊有異議事

由，得以聲明異議之方式，請求商標專責機關對其已核准之商標註冊，重新審查並為撤銷註冊之救濟處分，以確保他人或公眾之利益，藉此補救商標審查之錯誤與疏失。

貳、異議人與異議期間

我國商標法採註冊後異議制度，任何人得於註冊公告之日起3個月內，向商標專責機關提出異議（商標法第48條第1項）。經由此公眾審查之機制，檢討核准註冊之正確性，以提高商標權之可信度。其採獨任制審查，其由非原案審查人員1人負責（商標法第51條）。原審查員必須迴避受理該異議案件，避免審查員對於異議案件已有定見，導致無法客觀與公平審查異議案。

參、異議之事由

商標之異議事由有二（商標法第48條第1項）：（一）商標註冊違反第29條第1項、第30條第1項規定，即商標不得註冊之18種情形；（二）商標註冊違反第65條第3項規定，即註冊商標有第63條第1項第1款之自行變換商標或加附記，致與他人使用於同一或類似之商品或服務之註冊商標構成相同或近似，而有使相關消費者混淆誤認之虞者。經智慧財產局廢止其註冊者，原商標權人於廢止之日起3年內，不得註冊、受讓或被授權使用與原註冊圖樣相同或近似之商標於同一或類似之商品或服務；其於商標專責機關處分前，聲明拋棄商標權者，亦同。

肆、異議之範圍

因一個商標權可能指定多項類別之商品與服務，倘僅有部分商品或服務有違法之情形，異議人得就註冊商標指定使用之部分商品或服務為異議（商標法第48條第2項）。在異議案件中，僅部分商品存在商標撤銷系爭

商標之註冊，其餘則為異議不成立之審定[7]。反之，異議人認為數個註冊商標均有異議事由，則異議應就每一註冊商標各別申請之，一個異議案僅能就一個註冊商標異議（第3項）。

伍、異議之程序

一、異議書與答辯書

提出異議者，應以異議書載明事實及理由，並附副本。異議書有提出附屬文件時，副本中應提出（商標法第49條第1項）。商標專責機關應將異議書送達商標權人限期答辯；商標權人提出答辯書者，商標專責機關應將答辯書送達異議人限期陳述意見（第2項）。依前開規定提出之答辯書或陳述意見書有遲滯程序之虞，或其事證已臻明確者，商標專責機關得不通知相對人答辯或陳述意見，逕行審理（第3項）。使異議人得以知悉商標權人之答辯內容，並給予陳述意見之機會。再者，異議人於商標註冊公告之日起3個月內，得變更或追加其主張之事實及理由（商標法施行細則第42條第2項）。對於註冊商標提出異議時，異議人必須檢附證據，指摘註冊商標有何違反商標法第29條第1項、第30條第1項或第65條第3項規定之情形，並具體說明違反之事由（商標法施行細則第43條）。異議人或商標權人得提出市場調查報告，作為證據。商標專責機關應予異議人或商標權人就市場調查報告陳述意見之機會。商標專責機關應就當事人陳述之意見及市場調查報告結果綜合判斷之，不得僅憑市場調查報告，作為認定異議事實之唯一依據。

二、當事人恆定原則

異議程序進行中，被異議之商標權移轉者，異議程序不受影響（商標法第52條第1項）。前項商標權受讓人得聲明承受被異議人之地位，續行

---

[7] 最高行政法院99年度判字第1380號行政判決。

異議程序（第2項）。商標法第52條第1項之當事人恆定規定，其目的是在異議程序進行中，倘涉及系爭商標權移轉時，原商標權人所為答辯等異議程序，可能發生是否可為商標權受讓人所承受等問題，系爭商標權之移轉，並不影響異議程序，此為參酌民事訴訟法第254條，而於商標法規定異議程序之當事人恆定原則[8]。再者，因商標權移轉後，商標權之存滅最有直接影響關係者，應為商標權之受讓人，故由商標權受讓人承受被異議人之地位，續行異議程序，並以後手為當事人。例如，甲原為A商標之商標權人，乙以A商標違反商標法第30條第1項第10款至第12款規定，對之提起異議。甲於異議期間，將A商標權移轉登記予丙，並經智慧財產局於商標公報公告。因丙表示不願承受被異議人之地位，甲為商標行政異議程序與行政訴訟之當事人[9]。

陸、異議之審查

一、異議成立與不成立

異議案件經審定異議成立者，表示原註冊商標確有違法事由，自應撤銷其註冊（商標法第54條）。商標專責機關基於審定異議成立之決定，再作成撤銷註冊之行政處分，使原核准註冊之行政處分自始失其效力。反之，異議案件經審查異議不成立者，不影響原註冊之效力，商標專責機關基於審定異議不成立之決定，作成駁回異議之行政處分。

二、撤銷部分註冊

撤銷之事由，存在於註冊商標所指定使用之部分商品或服務者，得僅就該部分商品或服務撤銷其註冊（商標法第55條）。例如，甲註冊商標

---

[8] 民事訴訟法第254條第1項規定：訴訟繫屬中為訴訟標的之法律關係，雖移轉於第三人，於訴訟無影響。但第三人如經兩造同意，得聲請代當事人承當訴訟。

[9] 智慧財產及商業法院104年度行商訴字第13號行政判決；商標法逐條釋義，經濟部智慧財產局，2013年12月，頁192、193。

指定使用於商標法施行細則第19條第3類化妝品與第25類衣服商品，其中僅第3類化妝商品有應予撤銷之事由，智慧財產局僅得就第3類化妝品商品撤銷其註冊，甲註冊商標在第25類衣服商品仍保有商標權。甲亦可就該有爭議之化妝品加以減縮或分割[10]。

柒、異議之撤回

異議人為程序之主體，故異議人得於異議審定書送達前，撤回其異議。異議人撤回異議者，不得以同一事實、同一證據及同一理由，再提異議或申請評定（商標法第53條）。以避免異議人一再反覆，影響程序安定。

捌、異議確定之效力

經過異議確定後之註冊商標，任何人不得就同一事實、同一證據及同一理由，申請評定，此為異議不成立確定後之效力（商標法第56條）。因案件於確定後，基於法律效力之安定性，不得再持以爭執，應適用一事不再理之原則。所謂同一證據，係指具有同一性之證據而言。證據資料本身雖不同，然其內容實質上同一，仍屬同一證據。例如，甲刊物記載之內容與乙刊物記載之內容實質上相同者，應屬同一證據，縱使證據資料形式上不同，自不因出版日期不同，而視為不同證據[11]。

玖、異議案件之準據法

本法2023年5月9日修正之條文施行前，已受理而尚未處分之異議案件，以註冊時及本法修正施行後之規定，均為違法事由為限，始撤銷其註冊；其程序依修正施行後之規定辦理。而修正施行前已依法進行之程序，其效力不受影響（商標法第106條第1項）。例如，甲於2011年1月10日以

---

[10] 商標法逐條釋義，經濟部智慧財產局，2005年12月，頁119。
[11] 最高行政法院76年度判字第2008號行政判決。

A商標有違反註冊時,即2003年11月28日修正施行之商標法第23條第1項第12款規定,對之提起異議。因A商標之申請日爲2009年10月6日,核准註冊公告日爲2010年12月9日,且爲2012年7月1日商標法修正施行前,經受理而尚未處分之異議案件。因A商標所涉註冊時商標法第23條第1項第12款,業經修正爲商標法第30條第1項第11款。準此,A商標是否撤銷註冊之判斷,應依核准審定時有效之2003年5月28日修正公布,同年11月28日施行,暨2011年6月29日修正公布,2012年7月1日施行之商標法併爲判斷。

拾、商標異議事由已不存在

商標法第60條但書之情況決定規定,其著重於公私利益之平衡,主要在於考量商標註冊時之違法情形,而於評定時,因既存之客觀事實促使構成違法事由不存在者,得爲不成立之評決。參諸本原則,法院認註冊商標經異議撤銷註冊之處分,其於行政救濟程序中,發生異議當時所未能預料之情事。倘據以異議商標另案遭撤銷註冊確定在案,或據以異議商標已移轉予系爭商標權人,商標主管機關或法院應依當事人申請,變更原法效果之處分或判決,適用情事變更原則。準此,參加人提出商標異議之情事,嗣後已有所變更,參加人所有據以異議商標之權利既以移轉予原告,參加人已非先使用商標之權利人,現應無商標法第30條第1項第12款之商標異議事由存在。是原告主張訴願決定及原處分均應撤銷,爲有理由[12]。

拾壹、例題解析

一、表示商品之形狀

(一)異議成立

A公司爲銷售冰淇淋之業者,向智慧財產局申請商標註冊,其申請商

---

[12] 智慧財產及商業法院106年度行商訴字第46號行政判決。

標圖樣以圓錐圖形爲主，雖經智慧財產局核准註冊在案，然係圓錐圖形已成冰淇淋商品本身習慣上所通用名稱形狀，其表示商品之形狀，不應核准註冊（商標法第29條第1項第1款）。準此，銷售冰淇淋之同業B公司，提起異議有理由，智慧財產局應作成異議成立之行政處分。

（二）異議不成立

A公司申請商標註冊時，其商標圖樣爲文字與圓錐圖形之聯合式，雖有表示冰淇淋商品之形狀。然刪除該部分則失其商標之完整性，經A公司聲明該部分不在專用之列者，得以該商標申請註冊（商標法第29條第3項）[13]。準此，同業B公司提起異議，則無理由，因A公司未獨占該不在專用之圓錐圖形，智慧財產局應作成異議不成立之審定。

二、相似商標使用於同一商品

C公司前以「天天亮」文字，申請註冊商標使用於照明設備，「天天亮」經智慧財產局核准註冊在案，D公司嗣以「日日亮」文字，申請註冊商標用於相同商品，亦經智慧財產局核准註冊在案，「天天亮」與「日日亮」兩者觀念近似，屬近似商標，均使用在照明設備，爲同一商品，有導致相關消費者混淆誤認之虞（商標法第30條第1項第10款）。準此，C公司得提起異議，應有理由。

三、紛爭解決一回性

甲主張乙侵害其商標權，提起民事訴訟請求乙負損害賠償責任，乙於民事訴訟期間，向智慧財產局提起異議，主張甲之商標有異議事由。當事人主張或抗辯智慧財產權有應撤銷之原因時，法院應就其主張或抗辯有無理由自爲判斷，不適用商標法有關停止訴訟程序之規定（智慧財產案件審理法第41條第1項）。準此，法院應就商標權有效性之爭執與權利之侵害

---

[13] 劉瀚宇，智慧財產權法，中華電視股份有限公司，2005年8月，頁120。

事實，而於同一訴訟程序一次解決，不得以有商標異議程序，而裁定停止侵害商標權事件之民事訴訟程序。

<h1 style="text-align:center">第三節　評　定</h1>

異議與評定之要件雖略有不同，然兩者之作用與目的大致相同，為減少行政負擔與簡化救濟途徑，本文認為兩者實有調整統合之必要經由修法為相同之規範。

例題6

> E公司以「breakfast」之文字作為主要部分，指定用於早餐店之服務，經2014年1月1日註冊公告，利害關係人於2020年1月2日申請評定。試問智慧財產局應如何處理？理由為何？

例題7

> 比較分析我國商標法中公眾審查制度。試以制度之目的、發動主體、提起期間、法定事由、審查主體、法律效果、分割商標、指定商品減縮、一事不再理及行政救濟等項目，說明兩者之異同。

例題8

> 日本讚岐地區為日本生產拉麵之代表產地，我國A食品公司以「讚岐」作為商標圖樣指定使用於餐飲類服務、麵類、調味品類等商品，向經濟部智慧財產局申請商標註冊在案，因A食品公司所銷售之烏龍麵在臺灣地區生產，並非來自日本讚岐。試問利害關係人得否提起評定，申請撤銷讚岐之商標註冊登記？

壹、評定之定義

評定制度（invalidation）係我國商標法所特有之規範，經由利害關係人或審查人員認為商標專責機關核准註冊之商標，有違反商標法之規定，請求原處分機關撤銷原授與商標權之行政處分[14]。

貳、申請評定人

一、利害關係人與審查人員

評定得依利害關係人或審查人員申請或提請商標專責機關評定其註冊（商標法第57條第1項後段）。評定之主體為審查人員或利害關係人，其評定之客體與異議之客體大致相同。評定之立法目的在於解決當事人間之糾紛，並救濟商標專責機關審查之疏失，使具有違法事由之註冊商標歸於無效。再者，因判斷相衝突商標間是否有致相關消費者混淆誤認之虞時，應將其市場上實際使用之情形納入考量。故據以評定商標之註冊已滿3年，應檢附申請評定前3年之使用證據，或其未使用有正當事由之事證，始得向商標專責機關申請評定（第2項）。

二、利害關係人範圍

為適用商標法第57條規定，特訂定商標法利害關係人認定要點（認定要點第1條）。利害關係人之範圍如後：（一）因系爭商標涉訟之訴訟當事人；（二）與系爭商標相關之其他商標爭議案當事人；（三）經營系爭商標指定使用之同一或類似商品或服務之競爭同業[15]；（四）主張其商標或標章與系爭商標相同或近似且為先使用之人，暨其受讓人、被授權人或代理商；（五）主張其註冊商標或標章與系爭商標相同或近似之商標權人，暨其被授權人或代理商；（六）主張其姓名或名稱與系爭商標相同或

---

[14] 劉瀚宇，智慧財產權法，中華電視股份有限公司，2004年8月，2版，頁121。
[15] 智慧財產及商業法院103年度行商更（一）字第4號行政判決。

近似之個人、商號、法人或其他團體；（七）系爭商標之申請註冊，係違反商標權人與他人之契約約定者，契約之相對人；（八）商標專責機關以系爭商標爲據，駁回其申請商標註冊案之申請人；（九）主張其商標與系爭商標相同或近似，指定使用於同一或類似商品或服務，尚繫屬於申請中之商標註冊申請人；（十）其他主張因系爭商標之註冊，而其權利或利益受影響之人（認定要點第2點）。

三、利害關係人之認定

　　所謂行政程序或救濟程序之利害關係人，係指違法行政處分之結果，致其現已存在之權利或法律上之利益受影響者而言，倘僅具經濟上、情感上或其他事實上之利害關係者，均不屬之[16]。而商標之註冊是否對於其權利或利益有影響，應由主張自己爲利害關係者檢證釋明之（認定要點第3點）。申請人是否爲利害關係人，由商標專責機關就其檢證內容，進行形式審查（第4點）。是否爲利害關係人，原則應以申請時或行政救濟時爲準。例外情形，商標專責機關處分時或行政救濟程序，已具備利害關係者，亦得認爲係利害關係人（第5點）。例如，系爭商標之商標權人就商標評定事件提起行政訴訟，起訴聲明撤銷系爭商標評定成立之原處分與原決定，行政訴訟繫屬中，參加人所有據以評定商標之權利經移轉予原告，參加人已非系爭商標涉訟之競爭同業或利害關係人[17]。

參、評定之期間

一、自註冊公告之日起5年

　　商標之註冊違反第29條第1項第1款、第3款、第30條第1項第9款至第15款或第65條第3項規定之情形，自註冊公告之日起滿5年者，不得申請

---

[16] 最高行政法院101年度裁字第178號行政裁定。
[17] 智慧財產及商業法院106年度行商訴字第46號行政判決。

或提請評定（商標法第58條第1項）。此等撤銷事由，不涉及公共之秩序或社會利益，申請或提請評定之法定除斥期間，均為5年[18]。

二、無期間之限制

因惡意取得註冊而有如後評定事由，則提請評定者，並無期間限制（商標法第58條第2項）：（一）相同或近似於中華民國或外國之葡萄酒或蒸餾酒地理標示，且指定使用於與葡萄酒或蒸餾酒同一或類似商品，而該外國與中華民國簽訂協定或共同參加國際條約，或相互承認葡萄酒或蒸餾酒地理標示之保護者（商標法第30條第1項第9款）；（二）有相同或近似於他人著名商標或標章，有致相關公眾混淆誤認之虞，或有減損著名商標或標章之識別性或信譽之虞者（第11款）。所謂惡意者，係指商標權人藉仿襲他人著名商標以獲取不正競爭利益之意圖[19]。

三、商標權利期間

商標法第29條第1項第2款、第30條第1項第1款至第8款之情形而提起評定者，雖不受5年之期間限制，惟應受註冊滿期間之限制，倘商標權已消滅，則不得申請評定[20]。

肆、評定之事由

一、消極註冊要件（98、95、91年檢察事務官）

商標註冊違反第29條第1項、第30條第1項規定，商標則不得註冊之18種情形（商標法第57條第1項）。已註冊商標違反商標法第30條第1項第10款至第12款規定，為實務主要之評定或異議事由（商標法第48條第1項）。

---

[18] 商標法逐條釋義，經濟部智慧財產局，2013年12月，頁205。
[19] 智慧財產及商業法院101年度行商訴字第55號行政判決。
[20] 大法官會議釋字第370號解釋。

二、廢止之事由

商標註冊違反第63條第1項第1款規定,即自行變換商標或加附記,致與他人使用於同一或類似之商品或服務之註冊商標構成相同或近似,而有使相關消費者混淆誤認之虞者。經商標專責機關廢止其註冊後,原商標權人於廢止之日起3年內,復以相同或近似於原註冊圖樣之商標,使用於同一或類似商品或服務重行註冊(商標法第65條第3項)。此重行註冊之情形,除構成評定無效之事由外,亦為異議之事由(商標法第48條第1項)。

伍、評定之審查

商標評定案件,係由商標專責機關首長指定審查人員3人以上為評定委員評定之(商標法第59條)。準此,評定採合議制,採多數決方式評定之,其不同於異議制度係採1人之獨任制。商標評定為行政行為,其程序應遵守行政程序法之規範。

陸、評定案之評決

一、情況裁決

評定商標之註冊有無違法事由,原則依其註冊公告時之規定。評定案件經評決成立者,應撤銷其註冊。例外情形,係於評決時,該情形已不存在者,經斟酌公益及當事人利益後,得為不成立之評決,此為例外情況裁決(商標法第60條)。當事人對於智慧財產局所作之商標評定書不服者,依法得提起訴願與行政訴訟等行政救濟。申言之,因評定行使之期間甚長,其與異議僅得於註冊公告後3個月內為之不同,是對於註冊後使用多年,其因持續使用所建立之商譽,基於情事變更之原則及當事人既得權利之信賴保護,自應予以斟酌考量,容許商標主管機關於處理評定案件時,考量在被評定商標申請註冊後至評決前所發生之事實變化,足見評定案件之事實狀態基準時,應在評決時定之,此為情事變更原則及當事人既

得權利之信賴保護當然解釋。所謂違法事由已不存在，當然包括兩商標得併存而無混淆誤認之虞之情事[21]。

二、情事變更原則及既得權利之信賴保護

商標法第60條但書之適用，係以經濟部智慧財產局評定商標時，應撤銷商標註冊之情形，已不存在為要件。是商標權人應提出具體事證，以證明商標於評定時，已無撤銷商標之事由，智慧財產局始得為不成立之評定。例如，依系爭商標之商標權人所提出之使用事證，固可認其於商標註冊後至原處分作成前，有將商標使用於按摩椅與醫療器材商品，藉由報紙、電視及廣播等廣告而為相當之行銷。然由相關卷證未顯示相關消費者已因其行銷，而足認識據以評定商標與系爭商標之商品來自不同來源，相關消費者仍有可能誤認兩商標商品來自同一來源或雖不相同而有關聯之來源，致而有混淆誤認之虞。職是，商標權人無法證明系爭商標與據以評定商標得併存而無混淆誤認之虞，自不適用情事變更原則及當事人既得權利之信賴保護，系爭商標不得註冊之違法情事，依然存在，不符合商標法第60條但書規定之要件[22]。

柒、評定後之效力

評定案件經評決後，不待案件確定，任何人不得以同一事實、同一證據及同一理由，申請評定（商標法第61條）。以免浪費行政資源與徒增當事人困擾，並使商標權之權利狀態陷於不安定，故應適用一事不再理原則。

捌、評定案準用異議程序

評定案有準用異議程序之規定（商標法第62條）。詳言之：（一）

---

[21] 最高行政法院97年度判字第244號、99年度判字第1310號行政判決。
[22] 智慧財產及商業法院102年度行商訴字第136號行政判決。

申請或提請評定，得就註冊商標指定使用之部分商品或服務為之。並應就每一註冊商標各別申請之（商標法第48條第1項、第2項）；（二）申請或提請評定者，應以申請或提請評定書載明事實及理由，並附副本。申請或提請評定書如有提出附屬文件者，副本中應提出。申請或提請評定者，應以申請或提請評定書載明事實及理由，並附副本。倘申請或提請評定書有提出附屬文件者，副本中應提出。商標專責機關應將申請或提請評定書送達商標權人限期答辯；商標權人提出答辯書者，商標專責機關應將答辯書送達申請人或提請評定人限期陳述意見。依前開規定提出之答辯書或陳述意見書有遲滯程序之虞，或其事證已臻明確者，商標專責機關得不通知相對人答辯或陳述意見，逕行審理（商標法第49條）；（三）評定審查程序，應指定未曾審查原案之審查人員審查之（商標法第51條）；（四）申請或提請評定人或商標權人得提出市場調查報告作為證據。商標專責機關應予評定程序進行中，被申請或提請評定之商標權移轉者，評定程序不受影響。前項商標權受讓人得聲明承受被評定人之地位，續行評定程序（商標法第52條）；（五）申請或提請評定得於評定書送達前，撤回其申請。撤回申請者，不得以同一事實、同一證據及同一理由，再提評定（商標法第53條）；（六）評定之事由，存在於註冊商標所指定使用之部分商品或服務者，得僅就該部分商品或服務撤銷其註冊（商標法第55條）[23]。

玖、評定案件之準據法

本法2023年5月9日修正之條文施行前，已受理而尚未處分之評定案件，以註冊時及本法修正施行後之規定，均為違法事由為限，始撤銷其註冊；其程序依修正施行後之規定辦理。而修正施行前已依法進行之程序，其效力不受影響（商標法第106條第1項）。例如，利害關係人前於2012年5月11日以系爭商標有違反註冊時，即2003年11月28日修正施行之商標法

---

[23] 智慧財產及商業法院100年度行商訴字第124號行政判決。

第23條第1項第12款與第13款規定，對之申請評定。因系爭商標之申請日為2010年9月6日，核准註冊公告日為2011年11月1日，且為2012年7月1日商標法修正施行前，經受理而尚未處分之評定案件。因系爭商標所涉註冊時商標法第23條第1項第13款，業經修正為商標法第30條第1項第10款。準此，本件關於系爭商標是否撤銷註冊之判斷，應依核准審定時有效之2003年5月28日修正公布，同年11月28日施行，暨2011年6月29日修正公布，2012年7月1日施行之商標法併為判斷[24]。

拾、例題解析

一、評定期間之限制

E公司以「breakfast」之文字作為主要部分，指定用於早餐店之服務，係直接明顯表示其營業服務時間之說明（商標法第29條第1項第1款），其於2014年1月1日註冊公告，利害關係人遲於2020年1月2日申請評定，已逾5年之法定評定期間，自不得申請評定。

二、異議與評定之比較

事　項	異議制度	評定制度
制度目的	經公眾審查制度，提高商標之公信力	解決當事人之紛爭
發動主體	任何人	利害關係人或智慧財產局之商標審查人員
提起期間	自註冊公告3個月內	1. 自註冊公告之日起5年內 2. 無期間限制 3. 商標保護期間
法定事由	違反商標法第29條第1項、第30條第1項、第65條第3項	違反商標法第29條第1項、第30條第1項、第65條第3項
審查主體	非原案審查人員之1人，採獨任制	指定非原案審查人員之3人以上審查，採合議制

---

[24] 智慧財產及商業法院103年度行商訴字第155號行政判決。

事　項	異議制度	評定制度
法律效果	撤銷註冊	原則撤銷註冊，例外情形，評決時，該違法情形已不存在，得斟酌公益與當事人利益後，為情況評決
分割商標權或指定商品減縮	異議案件確定前	評定案件確定前
一事不再理	經異議確定	經評決而不待確定
行政救濟	訴願與行政訴訟	訴願與行政訴訟

三、誤認商品產地之虞

　　烏龍麵之前單獨標示「讚岐」漢字，在日本代表產地係來自日本之讚岐地區，A食品公司雖以「讚岐」作爲商標圖樣指定使用於餐飲類服務、麵類、調味品類等商品，雖向經濟部智慧財產局申請商標註冊在案，然A食品公司所銷售之烏龍麵在臺灣地區生產，並非來自日本讚岐，其使公眾誤認其商品產地之虞，而將之與日本地名「讚岐」產生直接聯想，致有誤認誤信其商品產地之情事（商標法第30條第1項第8款）。職是，利害關係人得提起評定，申請撤銷讚岐之商標註冊登記[25]。

第四節　廢　止

　　商標之異議與評定，經審定成立而認定商標註冊有違法之事由，而撤銷原違法作成之行政處分，使商標權自始失效。至於商標之廢止，係自審定成立時，使原合法之註冊商標自後失效，其並無溯及效力。

例題9

　　F公司以「瑪麗亞」申請註冊用於寵物店之服務商標經核准在案，其嗣後擅自改為「瑪麗」，其與G公司之「瑪莉」寵物店之服務商標近似，導致發生爭議。試問智慧財產局應如何處理？理由為何？

---

[25] 智慧財產及商業法院100年度行商訴字第90號行政判決。

例題10

　　H公司以熊形圖形申請註冊使用於文具商品，因停業逾3年，停業期間均未使用該商標於文具上，經I文具公司提起廢止。試問智慧財產局應如何處理？理由為何？

例題11

　　甲農產品產銷經營協會，以I標章證明有機農產品及其加工製品符合該協會所訂定之標準，甲協會將I標章作為商標使用。試問智慧財產局應如何處理？理由為何？

例題12

　　我國商標法之公眾審查制度，有異議、評定及廢止等規範。試以提起主體、期間、事由及審查人員等事項，說明三者之差異何在？三者有無併存之必要性？

壹、商標廢止之定義

　　所謂商標廢止（revocation），係指對合法授與商標之行政處分，使其失效之一種行政處分，以另一行政處分，使原先合法取得商標註冊之效力終止，其屬廢止之行政處分。商標法之廢止制度，係參考行政程序法第122條至第126條規定而廢止。

貳、廢止權人

　　商標廢止之目的，係促使商標權人於商標註冊後，得持續、合法使用該商標，在商標權人不合法使用商標，而有廢止商標之事由存在時，商標專責機關得依職權或任何人得聲請廢止商標權。

參、廢止之事由

一、變換商標圖樣或附記（101、97年檢察事務官）

（一）要件

　　商標權人於商標註冊後，自行變換商標或加附記，致與他人使用於同一或類似之商品或服務之註冊商標構成相同或近似，而有使相關消費者混淆誤認之虞者（商標法第63條第1項第1款）[26]。所謂近似商標者，係指外觀、觀念或讀音之近似者而導致混淆誤認之虞者。至於是否構成類似商品或服務，應依一般社會通念與市場交易而定之。再者，所謂變換或加附記，係指就註冊商標本體之圖樣、文字、色彩等加以變換，或就該註冊商標本體，加以附記而言[27]。因商標權人任意自行變換商標或加附記，除已逾商標權所賦予使用商標內容之範圍外，倘有侵害他人之商標權時，實有廢止其商標之必要[28]。倘有客觀事證可判斷商標圖樣有明顯錯誤，不影響商標圖樣之同一性者，則可更正商標圖樣。同理，對商標圖樣作小修正，而不影響商標圖樣之同一性者，亦可更正商標圖樣，均不生變更之問題。

（二）被授權人自行變換商標或加附記

　　被授權人為前項第1款之行為，商標權人明知或可得而知而不為反對之表示者，亦同（商標法第63條第2項）。本條第1項第1款立法意旨，除在制止已註冊商標之違法不當使用外，亦在保障市場公平競爭，而非在懲

---

[26] 智慧財產及商業法院108年度行商訴字第34號行政判決。
[27] 最高行政法院48年判字第108號、60年判字第399號行政判決。
[28] 智慧財產及商業法院106年度行商訴字第71號行政判決。

罰商標權人或排除商標權。故本條第1項第1款之致相關消費者致混淆誤認之虞，爲廢止商標的構成要件之一，應與自行變換商標或加附記並列，缺一不可。基於行爲人自己責任之法理，雖不宜將被授權人違法使用之不利益歸由商標權人承擔，然商標授權人對於被授權人使用商標之情形，應負有保持品質實質監督責任，是商標權人明知或可得而知被授權人有本條第1項第1款所規定，全部違法構成要件之情事，而不爲反對之表示時，始得由商標專責機關廢止其商標註冊。例如，商標權人接獲他商標權人警告函，或者被授權人自行變換商標或加附記而與他商標權人發生行政程序爭執，而商標權人明知或可得而知，仍任由被授權人違法使用者。準此，因被授權人之恣意自行變換或加附記而使用商標，將明知或可得而知之行爲放寬，僅在於自行變換商標或加附記，而忽略致生混淆誤認之虞結果之事實，即認應與被授權人之行爲具同一效果被廢止商標者，將導致商標權無法推廣，或陷商標權之存否於不可預測之危險[29]。

（三）使用商標喪失其同一性

　　商標圖樣由中文「諾瓦納」及外文「Rowana」上下排列所組成，兩者之中、外文字所占比例並無大差別，均爲引人注意之主要部分，而商標權人實際使用商標時，將商標中引人注意之主要部分「諾瓦納」刪略不用，復加上外框，其與原註冊商標已產生顯著差異，依社會一般通念及相關消費者之認知，不足以使相關消費者認識其與註冊商標是同一個商標，已喪失其同一性。職是，商標權人確有自行變換商標與另加附記之情形，已逾商標權所賦予使用系爭商標內容之範圍，對商標圖樣有大幅度修改，足以影響商標圖樣之同一性者，並非僅更正商標圖樣之問題[30]。

（四）說明性文字

　　所謂變換或加附記，係指商標權人就註冊商標本體之文字、圖形、色

---

[29] 最高行政法院105年度判字第283號行政判決。
[30] 智慧財產及商業法院106年度行商訴字第71號、第142號行政判決。

彩等加以變化或添加其他文字、圖形等。而商標之認定，應就作爲商標之任何具有識別性之標識，整體觀察足以使商品或服務之相關消費者，認識爲指示商品或服務來源，並得與他人之商品或服務相區別，始得認爲其爲商標。商標標識包含文字之商標權人，其在廣告媒體上促銷市場商品時，常運用其他文字夾雜商標之部分文字，以說明其商品性質或功能，此說明性文字，應不符合商標法第63條第1項第1款規定，變換或加附記於商標之構成要件[31]。

（五）不適用一事不再理

　　商標法第56條及第61條規定，係爲防止他人於商標異議確定或評定處分後，復持實質相同，而形式不同之證據，一再反覆請求評定，影響商標權之安定。而商標權人在註冊後實際使用時，有無違反商標法規定之情事，申請廢止人因申請廢止之時點不同，影響判斷之使用事實自有不同，此與異議或評定案件，係以商標註冊時，是否有不得註冊事由爲判斷時點不同，故商標法對廢止案件之審理，並無類似商標法第56條及第61條之一事不再理規定。

二、未使用商標逾3年（108年司津）

（一）要　件

　　我國商標法採註冊主義，雖商標不必經使用，即得加以註冊，惟商標權人無正當事由迄未使用或繼續停止使用已滿3年者，原則應廢止其商標。例外情形，係被授權人有使用商標者，不在此限（商標法第63條第1項第2款）[32]。所謂正當事由，係指商標專用權人由於事實上之障礙，或其

---

[31] 智慧財產及商業法院105年度行商訴字第44號行政判決；最高行政法院106年判字第53號行政判決。

[32] 許忠信，商標評定所根據事實之存在時點─兼論商標法第23條第1項第13款之混淆誤認之虞，智慧財產訴訟制度相關論文彙編，1輯，司法院，2010年11月，頁785。智慧財產及商業法院105年度行商訴字第145號、110年度行商訴字第22號行政判決。

他不可歸責於己之事由，以致無法使用註冊商標而言[33]。所謂商標使用，係指為行銷之目的，而有下列情形之一，並足以使相關消費者認識其為商標：1.將商標用於商品或其包裝容器；2.持有、陳列、販賣、輸出或輸入有商標商品或其包裝容器；3.將商標用於與提供服務有關之物品；4.將商標用於與商品或服務有關之商業文書或廣告；5.前開之情形，以數位影音、電子媒體、網路或其他媒介物方式為之者（商標法第5條）。

（二）維權使用

1.符合真實使用

我國商標使用之概念，分為侵權使用與維權使用，兩者不同。前者如商標法第68條規定，商標侵權重於保護消費者利益；後者為商標法第63條第1項第2款規定，重在判斷商標權人之權利，是否得予繼續維持。商標使用為維持商標權之要件，故維權使用必須符合真實使用，不能僅為維護商標有效性而使用[34]。商標之維權使用，應使相關消費者識別標識與商品或服務，以表彰商標來源或信譽。如何判斷商標權人自己真正使用，除應考量商標法第5條商標使用規定外，客觀判斷商標之維權使用，應對其指定商品或服務範圍內為之。倘商標權人所行銷之商品或服務，不在商標所指定之商品或服務範圍，則不足以使相關消費者識別標識與商品或服務，以表彰商標來源或信譽，無法認定商標權人有真正使用註冊商標。準此，有無符合商標維權使用之要件？應綜合考慮因素如後：(1)商標權人之主觀意思，係以行銷為目的；(2)商標權人在客觀將商標用於商品、服務或其有關之物件，或利用平面圖像、數位影音、電子媒體或其他媒介物足以使相關消費者認識其為商標；(3)商標權人應使用整體商標，不得任意分割；(4)禁止致有誤認為他人商標之虞，商標權人不得隨意變換或加附記

---

[33] 最高行政法院56年判字第71號行政判決。

[34] 陳秉訓，論美國聯邦商標法之商標維護使用—以聯邦上訴法院判決為中心，慧財產訴訟制度相關論文彙編，3輯，司法院，2014年12月，頁122。林發立主編，呂靜怡，商標使用，商標法律實務大解碼，萬國法律事務所，元照出版有限公司總經銷，2015年11月，頁32。

使用；(5)商標應使用於註冊時指定之商品或服務。商標註冊後未使用之期間，不得逾3年，否則系爭商標註冊應予廢止[35]。

2.交易市場認商標為識別商品或區分服務之來源

商標權人應於商標註冊指定使用之商品或服務上使用，使相關消費者在交易市場中認為該商標為識別商品或區分服務之來源[36]。舉例說明之：(1)廣告僅見刊登商標圖案，而未見其所指定使用之商品或服務者，無法證明商標使用之事實，縱使有附加徵求經銷商之字樣，仍不符合商標使用應以行銷為目的，使相關消費者認識其為表彰商品或服務之商標[37]；(2)以行銷為目的者，並不以實際有行銷之行為為必要，故將商標使用在廣告，並指定於使用之商品或服務者，縱使無實際行銷行為，仍屬商標之使用[38]；(3)商標之使用，應使相關消費者認識其所表彰商品或服務之標識，倘註冊商標圖樣僅作為裝飾圖案使用，或者成為商品形狀之一部分，均不足引起相關消費者注意，並得藉以與他人商品或服務相區別者，非屬商標之使用。

（三）舉證責任

1.廢止申請人

商標專責機關應將廢止申請之情事通知商標權人，並限期答辯；商標權人提出答辯書者，商標專責機關應將答辯書送達申請人限期陳述意見。但申請人之申請無具體事證或其主張顯無理由者，得逕為駁回（商標法第65條第1項）。申言之，申請人未提出具體事證，或所提出之證據無法使經濟部智慧財產局對於申請廢止之商標有無違法使用之事實產生合理懷

---

[35] 林洲富，商標未使用之廢止事由—評最高行政法院107年度判字第383號行政判決，月旦裁判時報，94期，2020年4月，頁20至25。智慧財產及商業法院106年度行商訴字第155號、107年度行商訴字第50號行政判決。

[36] 陳昭華，將商標使用在廣告或贈品上是否構成維權使用之探討，智慧財產權月刊，166期，2012年10月，頁118、135至136。

[37] 智慧財產及商業法院99年度行商訴字第111號、第113號行政判決。

[38] 智慧財產及商業法院98年度行商訴字第64號行政判決。

疑，或申請人之主張顯無理由者，智慧財產局依法可不通知商標權人答辯，逕為駁回之處分[39]。

2.商標權人

商標權人實際使用之商標與其註冊商標不同，而依社會一般通念並不失其同一性者應視為有使用其註冊商標（商標法第64條）。準此，商標有無使用之事實，商標權人知悉甚詳，應由商標權人負舉證責任，即提出相關證據證明商標於申請廢止日前3年內，有使用商標於指定商品或服務之事實，其使用應符合商業交易習慣，並足以使相關消費者識別標識與商品、服務表彰商標權人之來源或信譽，始符合為商標權人自己註冊商標之真正使用[40]。申言之，商標最主要功能在於使消費者識別商品或服務來源，參酌商標法適用屬地主義之原則，商標使用係指使用人基於行銷之目的，客觀上在國內有積極使用商標於指定之商品或服務之行為，足使相關消費者認識為指示商品或服務之來源，而得與他人之商品或服務相區別，是商標使用係藉以表彰使用人自身所提供之商品或服務來源，而非他人所提供之商品或服務來源。因商標之維權使用，須足使相關消費者於交易過程中得以識別商品或服務來源，倘商標使用並非基於行銷之目的，而無商業交易行為或計畫，致其使用不具有維持或創造商標商品或服務之市場或通路之經濟上意義，或其使用行為於客觀上不足以表彰商品或服務之來源，則非真實使用[41]。

（四）使用商標之事實

1.報價單標示商標

事業以報價單傳真予客戶，經客戶同意後，再由客戶簽章確認回傳，

---

[39] 智慧財產及商業法院109年度行商訴字第27號行政判決。

[40] 最高行政法院98年度判字第356號、101年度判字第597號判決；智慧財產及商業法院99年度行商訴字第169號、102年度行商訴字第124號、105年度民商訴字第90號行政判決；智慧財產及商業法院104年度民商上字第1號民事判決。

[41] 最高行政法院107年度判字第590號行政判決；智慧財產及商業法院107年度行商訴字第107號行政判決。

其屬一般商業交易習慣。是商標權人依據其與客戶間就報價單約定之交易內容，並開立統一發票交付予客戶作為渠等商業交易之憑證，而報價單有記載商標圖樣，其已積極表徵商標權人為商業交易之主體。準此，商標權人提出之報價單及統一發票等商業交易文件，作為其有使用商標之證明，足以證明其有使用商標之事實，符合商業交易習慣[42]。

2.網站網頁標示商標

商標權人將商標使用在其公司之網站網頁，主觀上有為行銷其服務於我國市場之目的，在網頁顯示商標與商標所指示之商品或服務，足以認為商標權人在商業交易過程中有真實使用商標，並使相關消費者認識商標為其所有之商標，亦屬使用商標之明例[43]。

3.補登存摺行為

(1)肯定說

有效或可使用於相關消費市場中流通之銀行或證券存摺，均可視為銀行或股票買賣業者之商標，有正確使用之態樣。補登存摺或提領款項之行為人雖為存款戶或證券戶，然授權存戶使用者為銀行或股票買賣業者，倘非銀行或股票買賣業者授權存戶使用，並持續為系統之維護，該等存戶自無法僅憑存摺或金融卡為補登或提領款項之行為[44]。故銀行或股票買賣業者所有之存摺及金融卡，有標示所有商標，並授權存戶使用，其目的在使存戶於使用銀行或股票買賣業者服務時，得以辨識其所使用銀行或股票買賣業者服務之營業主體，其係以行銷之目的使用所有商標，足認相關消費者補登存摺之行為，屬商標之維權行為範圍[45]。

(2)否定說

相關消費者與商標權人或其被授權人進行商品或服務交易後，因此取得標示商標之商品或與服務相關之媒介物時，相關消費者後續單純使用或

---

[42] 最高行政法院104年度判字第786號行政判決。
[43] 智慧財產及商業法院101年度行商訴字第16號行政判決。
[44] 最高行政法院104年度裁字第129號行政裁定。
[45] 智慧財產及商業法院106年度行商訴字第66號行政判決。

處分商品本身，或透過與服務相關之媒介物，使商標權人或其被授權人依約繼續提供服務之行為，因相關消費者並非商品或服務之提供者，故相關消費者之使用行為，自無為商標權人表彰其所提供商品或服務來源，而為其促銷或銷售商品或服務之目的，不具有維持或創造商標商品或服務之市場或通路之經濟意義，並非商標權人之維權使用。某商標指定使用於銀行服務，商標權人固曾核發標示有商標之存摺及金融卡予存戶，並於申請廢止日前3年內提供支付利息、轉帳及提款等銀行服務予持有存摺及金融卡之人。惟商標權人與存戶簽約後，商標權人交付金融卡及存摺予存戶使用，存戶持金融卡至自動化服務設備進行交易，或持存摺至銀行櫃台進行交易時，因銀行服務之提供者為商標權人，而非存戶，故存戶提出標示商標之金融卡或存摺進行存提款及轉帳之行為，並無為商標權人表彰其服務來源，而為其促銷或銷售服務之目的，自不得以存戶持標示商標之金融卡或存摺進行交易之紀錄，即認定存戶有於交易日期為商標權人使用商標之行為[46]。

（五）商標法第63條第3項之廢止事由

第63條第3項有第1項第2款規定，商標權人無正當事由迄未使用或繼續停止使用已滿3年者，而於申請廢止時，該註冊商標已為使用者，除因知悉他人將申請廢止，而於申請廢止前3個月內開始使用者外，不予廢止其註冊（商標法第63條第3項）。是商標權人開始使用註冊，係出於知悉他人將申請廢止，而於申請廢止前3個月內開始使用者，其目的僅在於避免商標註冊遭廢止，此規避法律之行為，自無庸保護。例如，商標權人開始使用商標，係出於其員工告知第三人調查商標使用，商標權人知悉他人將申請廢止商標，其為避免商標註冊遭廢止，故於申請廢止前3個月內開始使用商標，避免商標遭廢止之結果，依諸商標法第63條第3項規定，智慧財產局應廢止其商標[47]。

---

[46] 最高行政法院107年度判字第590號行政判決。
[47] 智慧財產及商業法院107年度行商訴字第50號行政判決。

三、移轉商標權未附加區別標示

移轉商標權之結果，有二項以上之商標權人使用相同商標於類似之商品或服務，或使用近似商標於同一或類似之商品或服務，而有致相關消費者混淆誤認之虞者，各商標權人使用時應附加適當區別標示（商標法第43條）。是移轉商標權之結果，有致相關消費者混淆誤認之虞者，而未附加適當區別標示者，自應廢止該商標（商標法第63條第1項第3款本文）。例外情形，係商標權人於商標專責機關處分前，已附加區別標示並無產生混淆誤認之虞者，該不合法之現象已改善為合法使用，則無必要廢止原註冊商標之必要（第3款但書）。

四、通用標章、名稱或形狀

（一）定　義

商標經使用相當期間，成為所指定商品或服務之通用標章、名稱或形狀者，導致喪失識別性，其已不具備商標之基本功能，自應廢止其商標註冊，不賦予專用與排他之效力（商標法第63條第1項第4款）。申言之：1.所謂通用標章者，係指業者就特定商品或服務所共同使用之標誌；2.所謂通用化名稱，係指依普通使用之方法，依交易市場之通念，屬命名性表示商標，而成為產品或服務之通用名稱；3.所稱通用形狀，係指業者通常用以表示商品或服務之形狀[48]。商標名稱之通用化，係諸多著名商標所面臨之重要課題，故著名商標之權利人，應防範於未然，投入充足之資金宣傳商標品牌，提升相關消費者辨識商標品牌與產品通用名稱之注意力，以有效避免在商標糾紛中，遭對方抗辯商標名稱有通用化之情事，喪失行使商標法之應有保護[49]。

---

[48] 最高行政法院106年度判字第565號行政判決。
[49] 智慧財產及商業法院102年度民商上字第3號民事判決。

（二）判斷基準

　　商標法第63條第1項第4款規範意旨在於商標註冊後，倘因商標權人不當使用或怠於維護其商標之識別力，致其成為商品或服務之通用標章、通用名稱或形狀，已不具有指示特定商品或服務來源之識別性時，則失去商標之基本功能，基於公益及識別性之考量，避免阻礙市場競爭者參與競爭，故應由商標專責機關廢止其註冊。商標名稱通用化之判別標準，應以商標名稱或作為商標之詞彙，在相關消費者心目中認識之主要意義為判準，申請廢止商標者應負舉證責任。廢止申請人必須能證明大多數之相關消費者對於詞彙之用法，係作為商品之通用名稱使用，而非作為商品之來源名稱使用，始能廢止其商標之註冊[50]。舉例說明如後：1.系爭商標圖樣之中文「諾麗」，其於註冊後業因國內相關業者普遍廣泛之使用，並經媒體網路之介紹與報導，已成為以「諾麗果」原料所製造之果汁商品通用名稱，以之作為商標，指定使用於果汁、果汁汽水、濃縮果汁、果菜汁、綜合果汁、果汁露及果汁粉等商品，自屬其所指定使用商品之通用名稱，而已失其表彰或識別商品來源之功能者[51]；2.「Tutor ABC」商標經註冊後，已有適當之使用與維護，倘容許相關業者將該商標使用於英文線上教學或學習課程，將導致「Tutor ABC」商標嗣後成為該商品或服務之通用名稱，使其喪失其識別性，將可能構成商標法第63條第1項第4款之廢止註冊事由[52]。

五、有誤認或誤信

　　商標實際使用時有致公眾誤認誤信其商品或服務之性質、品質或產地之虞者（商標法第63條第1項第5款）。其屬不當使用，為維護公益，自

---

[50] 最高行政法院106年度判字第565號、107年度判字第518號行政判決；智慧財產及商業法院109年度行商訴字第27號行政判決。
[51] 智慧財產及商業法院99年度行商訴字第202號行政判決。
[52] 智慧財產及商業法院102年度民商上字第3號、107年度民商上字第1號民事判決。

應廢止其商標。本款立法目的在於避免註冊商標因不當使用,導致公眾誤認誤信其商品或服務之性質、品質或產地,而影響消費者利益及正常之交易秩序。例如,中文「華山」一詞有不同代表意義,而「華山」商標非酒類商品之產地說明,不致使相關消費者誤認誤信「華山福祿壽55度高粱酒」或「華山金樽55度高粱酒」係高粱酒之性質、品質或產地,而影響消費者利益或正常之交易秩序[53]。

六、不當使用標章

(一)原 則

證明標章權人、團體標章權人或團體商標權人有下列情形之一者,商標專責機關得依任何人之申請或依職權廢止證明標章、團體標章或團體商標之註冊:1.證明標章作為商標使用;2.證明標章權人從事其所證明商品或服務之業務;3.證明標章權人喪失證明該註冊商品或服務之能力;4.證明標章權人對於申請證明之人,予以差別待遇;5.違反第92條規定而為移轉、授權或設定質權[54];6.未依使用規範書為使用之管理及監督;7.其他不當方法之使用,致生損害於他人或公眾之虞(商標法第93條第1項)。

(二)例 外

證明標章權、團體標章權或團體商標權不得移轉、授權他人使用,或作為質權標的物。除非移轉或授權他人使用,無損害相關消費者利益及違反公平競爭之虞,經商標專責機關核准者,不成立廢止事由(商標法第92條)。再者,被授權人雖有廢止註冊之行為,然證明標章權人、團體標章權人或團體商標權人明知或可得而知而不為反對之表示者,商標權人則有可歸責事由,應廢止其註冊(商標法第93條第2項)。

---

[53] 智慧財產及商業法院100年度行商訴字第69號行政判決。
[54] 商標法第92條規定:證明標章權、團體標章權或團體商標權不得移轉、授權他人使用,或作為質權標的物。但其移轉或授權他人使用,無損害消費者利益及違反公平競爭之虞,經商標專責機關核准者,不在此限。

肆、商標廢止程序

一、申請程序

　　商標專責機關應將廢止申請之情事通知商標權人，並限期答辯；商標權人提出答辯者，商標專責機關應將答辯書送達申請人限期陳述意見。但申請人之申請無具體事證或其主張顯無理由者，得逕為駁回（商標法第65條第1項）。以無正當事由迄未使用或繼續停止使用已滿3年者為廢止事由，其答辯通知經送達者，商標權人應證明其有使用之事實，屆期未答辯者，得逕行廢止其註冊（第2項）。商標註冊後有無廢止之事由，適用申請廢止時之規定[55]。

二、廢止案準用異議程序

　　廢止案有準用異議程序之規定（商標法第62條）。詳言之：（一）申請廢止，得就註冊商標指定使用之部分商品或服務為之。並應就每一註冊商標各別申請之（商標法第48條第2項、第3項）；（二）申請異議者，應以申請廢止書載明事實及理由，並附副本。倘申請廢止書有提出附屬文件者，副本中應提出。商標專責機關應將申請廢止書，送達予商標權人限期答辯；商標權人提出答辯書者，商標專責機關應將答辯書送達申請廢止人，限期陳述意見。依前開規定提出之答辯書或陳述意見書有遲滯程序之虞，或其事證已臻明確者，商標專責機關得不通知相對人答辯或陳述意見，逕行審理（商標法第49條）；（三）廢止案之審查，應指定未曾審查原案之審查人員審查之（商標法第51條）；（四）廢止程序進行中，被申請廢止之商標權移轉者，審查程序不受影響。前項商標權受讓人得聲明承受被申請廢止之商標權人之地位，續行廢止審理程序（商標法第55條）。廢止之事由僅存在於註冊商標所指定使用之部分商品或服務者，得就該部分之商品或服務廢止其註冊（商標法第63條第4項）。

---

[55] 智慧財產及商業法院108年度商訴第34號行政判決。

伍、例題解析

一、變換商標圖樣或附記

　　F公司以「瑪麗亞」申請註冊用於寵物店之服務商標，經核准在案，其嗣後擅自改爲「瑪麗」，其與G公司「瑪莉」寵物店之服務商標近似，導致該自行變換之商標與G公司「瑪莉」商標使用於同一服務時，而有使相關消費者混淆誤認之虞者（商標法第63條第1項第1款）。職是，經濟部智慧財產局得依職權或據申請廢止F公司其商標註冊。

二、未使用商標逾3年

　　商標權人無正當事由迄未使用，或繼續停止使用註冊商標已滿3年者，構成商標廢止之事由（商標法第63條第1項第2款）。H公司以熊形圖形申請註冊使用於文具商品，因停業逾3年，停業期間未使用該商標於文具，智慧財產局自應廢止其註冊。例外情形，H公司有授權他人使用該商標，則不得廢止其商標註冊（但書）。

三、證明標章作為商標使用

　　證明標章作爲商標使用，或標示於證明標章權人之商品或服務之相關物品或文書上，致生損害於他人或公眾者，商標專責機關得依任何人之申請或依職權廢止其註冊（商標法第93條第2項第1款）。質言之，證明標章主要係用以證明商品或服務具有之特性，倘申請人本人從事於所證明商品或服務之業務，其與同業間存在競爭關係，不易保持中立之立場，且申請人於自己之商品或服務使用該標章，則證明結果之公正性或客觀性，亦受質疑[56]。職是，甲農產品產銷經營協會，以I標章證明有機農產品及其加工製品符合該協會所訂定之標準，甲協會將I標章作爲商標使用，易誤導大眾認爲其商品具備其所證明之品質，將扭曲證明標章原有之證明功

---

[56] 商標法逐條釋義，經濟部智慧財產局，2013年12月，頁292。

能，導致淪為表彰商品來源之標章[57]。故甲協會不得將1標章作為商標使用，以表彰商品之提供者，商標專責機關得依任何人之申請或依職權廢止該證明標章註冊。

商標爭議	主體	時期	事由	審查人員
異議	任何人（商標法第48條第1項）	3個月（商標法第48條第1項）	第29條第1項、第30條第1項或第65條第3項（商標法第48條第1項）	獨任制（商標法第51條）
評定	利害關係人、審查人員（商標法第57條第1項）。	5年、商標權期間或無期限（商標法第58條）	第29條第1項、第30條第1項或第65條第3項（商標法第57條）	合議制（商標法第59條）
廢止	任何人、商標專責機關（商標法第63條第1項、第93條第1項）。	商標權期間	商標法第63條、第93條	獨任制

---

[57] 張澤平、張桂芳，商標法，書泉出版社，2004年3月，4版1刷，頁294。

第六章

商標權內容

目　次

關鍵詞：

註冊費、搭便車行為、善意先使用、權利耗盡原則、登記對抗主義

商標權內容	法條依據
商標權期間	1. 10年（商標法第33條第1項） 2. 延展（商標法第33條第2項）
商標權權限	1. 使用（商標法第5條） 2. 例外（商標法第36條）
商標權處分	1. 移轉（商標法第42條、第92條） 2. 授權（商標法第39條、第41條） 3. 設質（商標法第44條） 4. 限制（商標法第92條）
商標權消滅	1. 未依第28條規定延展註冊（商標法第47條第1款） 2. 商標權人死亡而無繼承人（商標法第47條第2款） 3. 拋棄商標權（商標法第47條第3款）

第一節　商標權期間

商標權期間（trademark term），得藉由延展之制度，使商標權人得持續將其商標使用在其於註冊時所指定之商品或服務。商標於註冊後，其有使用之事實，並依法延展，其商標權得永久存續，是商標權實質上並無期間之限制。

例題1

　　甲以A商標圖樣向智慧財產局申請商標註冊，並指定使用在鞋類商品上，經智慧財產局審定核准註冊，而於2010年1月10日公告。試問乙於2020年2月1日將該A商標圖樣使用在其所製造之運動鞋，甲得否向乙主張侵害其商標權之民事與刑事責任？

壹、註冊公告日

　　商標權人自註冊公告日起取得權利地位，並自該日起算之10年期間，享有專用商標之權利（商標法第33條第1項）。所謂註冊公告日（the

publication date），係指商標經審定，並繳納全額註冊費後，經專責機關
准予公告之日[1]。

貳、期間之延展

一、延展期間為10年

商標權人得申請延展，每次商標權延展期間為10年（商標法第33第
2項）。理論上，商標權之期限得無限延長。申請商標權期間延展註冊，
應備具申請書，就註冊商標指定之商品或服務之全部或部分為之，無須為
實體審查，以提高行政效率（商標法施行細則第35條第1項）[2]。反之，10
年之商標權期間屆滿，商標權人未主張申請延展註冊，其商標權將歸於消
滅，商標權人對於使用該商標之第三人，不得再行主張商標權。

二、申請期間

申請商標權期間延展註冊者，應於期間屆滿前6個月起至屆滿後6個
月內申請；其於期間屆滿後6個月內申請者，應加倍繳納註冊費（商標
法第34條第1項）。前項核准延展之期間，自商標權期間屆滿之次日起
算（第2項）。例如，A商標將於2020年12月31日到期，商標權人必須自
2020年7月1日起至2021年6月30日止之1年期間，向智慧財產局申請延展
商標權期間。

參、例題解析——商標權期間計算

甲之A商標圖樣向智慧財產局申請商標註冊，並指定使用在鞋類商
品，前於2010年1月10日核准註冊公告，其商標權期間自公告日起算10

---

[1] 張澤平、張桂芳，商標法，書泉出版社，2004年3月，4版1刷，頁126。
[2] 趙晉枚、蔡坤財、周慧芳、謝銘洋、張凱娜，智慧財產權入門，元照出版有限
　公司，2004年2月，3版1刷，頁113。

年，乙於2020年2月1日將該A商標圖樣使用在其所製造之運動鞋。倘甲於商標權期間屆滿前6個月內提出申請，並繳納延展註冊費；或於商標權期間屆滿後6個月內提出申請者，應繳納2倍延展註冊費（商標法第34條第1項）。故甲之商標權期間可延展10年，乙未經甲同意或授權而使用A商標圖樣，即成立商標權之侵害。反之，10年之商標權期間屆滿，商標權人甲未主張申請延展註冊，其商標權將歸於消滅，乙自得使用A商標圖樣，甲對於乙使用該商標，不得主張商標權。

第二節　商標權權限

　　商標註冊後所取得之權利，除在註冊之商品或服務專有使用權外，就近似之商標與類似商品或服務，有禁止他人申請註冊使用之效力。換言之，商標權之內容，係指法律賦予商標權人之權利與其限制，其包含商標權期間、商標權之權限、商標權之處分及商標權消滅。商標權人原則固得自由使用、收益及處分商標權，不容第三人任意干涉與侵害。惟例外情形有四：（一）善意合理使用；（二）功能性之立體形狀；（三）善意先使用；（四）耗盡原則。在該等例外情形，商標權人之權限應受限制。

例題2

　　丙先以「望月」名稱，使用於其所銷售之傢俱商品，其未申請商標註冊，嗣後丁以「望月」為商標文字申請商標註冊，並指定使用於傢俱，經智慧財產局核准商標註冊在案。試問丙是否繼續將「望月」名稱，使用於其所銷售之傢俱？

例題3

　　戊藥廠以B商標申請註冊獲准，指定使用於醫藥品上，己藥房向戊藥廠購買附有B商標之醫藥品，並將其分包成小容量之藥袋，而在藥袋上貼上B商標出售予消費者。試問戊藥廠是否得對己藥房主張侵害商標權？理由何在？

例題4

　　甲向商標業務專責機關申請註冊「Kitty貓」圖形商標指定於時鐘、手錶等商品，業經核准公告在案，乙嗣後將「Kitty貓」之平面商標圖樣立體化後，製造Kitty貓造型之立體時鐘，並販售予不特定多數人。試問乙之行為是否有侵害「Kitty貓」商標權？理由何在？

例題5

　　甲經營食品事業善意先使用A商標圖樣，乙繼受甲之食品事業。試問：（一）善意先使用之性質為何？（二）甲之後手乙可否主張其繼受前手之善意先使用，不受商標權效力之拘束？

壹、商標權之使用

一、使用概念

（一）行為類型

　　所謂商標使用（use of trademark），係指為行銷之目的，而有下列情形之一，並足以使相關消費者認識其為商標：1.將商標用於商品或其

包裝容器；2.持有、陳列、販賣、輸出或輸入前款之商品；3.將商標用於與提供服務有關之物品；4.將商標用於與商品或服務有關之商業文書或廣告；5.前項各款情形，以數位影音、電子媒體、網路或其他媒介物方式爲之者（商標法第5條）。

（二）要 件

商標使用必需具備之要件有：1.使用人需有行銷商品或服務之目的。所謂行銷，係指向市場銷售作爲商業交易之謂，行銷範圍包含國內市場或外銷市場；2.需有標示商標之積極行爲；3.所標示者需足以使相關消費者認識其爲商標[3]。法院除審查前揭要件外，並應斟酌平面圖像、數位影音或電子媒體等版面之配置、字體字型、字樣大小、有無特別顯著性，暨是否足以使相關消費者藉以區別所表彰之商品或服務來源等情綜合認定之[4]。舉例說明：1.家庭、個人愛好而使用在個人用品，均非屬商標使用[5]；2.甲商品之註冊商標爲「黑熊」，其行銷廣告所宣傳者爲「黑熊」商標商品。其雖虛擬「非常熊」卡通人物造型，扮演成商品廣告之演員，以促銷「黑熊」商品，依相關消費者之認知，「非常熊」僅爲商品廣告之卡通人物，並非作爲表彰商品來源之標誌，非屬「黑熊」商標之使用[6]。

（三）社會一般通念

實際使用之商標雖與其註冊商標不同，然依社會一般通念並不失其同一性者。準此，因商標權人固應依所註冊之商標而使用，惟因實際上使用商標時，常就大小、比例或字體等加以變化，倘依社會一般通念仍可認

---

[3] 商標法逐條釋義，經濟部智慧財產局，2005年12月，頁16至17。

[4] 智慧財產及商業法院99年度民商訴字第10號、97年度民商上易字第4號民事判決；智慧財產及商業法院101年度行商訴字第34號行政判決。黃銘傑，贈品行爲與商標之使用—評智慧財產法院99年度民商上字第6號判決，月旦法學雜誌，216期，2013年5月，頁179至180。

[5] Lionel Bently, Brad Sherman: Intellectual Property Law, p. 866-867, Oxford University Press (2001).

[6] 智慧財產及商業法院100年度行商訴字第170號行政判決。

識與註冊商標爲同一者，仍應屬註冊商標之使用（商標法第64條）。例如，參諸商品型錄左上方標示有綠底白邊、左右併列之中外文「葆青美PROGENE」，且其字體均較其下內容文字之字體爲大，予人寓目印象深刻，成爲吸引相關消費者關注之焦點，足使相關消費者認識中外文「葆青美PROGENE」即爲該商品之商標，雖其中外文左右排列之方式與系爭商標爲中外文上下排列者有別，惟其實際使用之態樣，依一般社會通念，其與商標圖樣仍不失其同一性，認屬商標之使用[7]。

二、使用之態樣

使用商標時應注意事項如後：（一）係以行銷爲目的，其爲使用人之主觀意思；（二）使用人在客觀上將將商標用於商品、服務或其有關之物件，或利用平面圖像、數位影音、電子媒體或其他媒介物足以使相關消費者認識其爲商標；（三）商標應整體使用，不得任意分割；（四）禁止致有誤認爲他人商標之虞，故不得隨意變換或加附記使用（商標法第63條第1項第1款）；（五）商標之使用應以註冊時指定之商品或服務爲限（商標法第19條第1項、第23條）；（六）商標註冊後未使用之期間，不得逾3年，否則商標專責機關有權廢止該商標註冊（商標法第63條第1項第2款）。例如，搜尋引擎業者或網頁所有人倘未將他人商標使用於商品、服務或有關之物件，僅將特定關鍵字出售予該商標之其他競爭者，其不符合商標使用之要件。

貳、商標權之效力

商標權人經註冊指定之商品或服務（the designated goods or services），其取得商標權（商標法第35條第1項）。職是，商標權之範圍，限於商標權人經註冊指定之商品或服務，此爲商標權之積極專用權，爲商標獨占使用權。他人使用商標，應得商標權人之同意，此爲消極之排他權，

---

[7] 智慧財產及商業法院97年度行商訴字第134號行政判決。

擴及近似範圍（第2項）。例外情形，有商標法第36條所列事由，不受商標權之效力所拘束。

一、相同商標之同一商品或服務

商標權及於同一商品或服務（identical goods or services），使用相同於其註冊商標之商標者（商標法第35條第2項第1款）。例如，甲為A註冊商標之商標權人，甲使用A商標於其所指定之運動鞋商品，乙不得再使用A商標於其所提供之運動鞋商品。

二、相同商標之類似商品或服務

商標權及於類似之商品或服務（similar goods or services），使用相同於其註冊商標之商標，有致相關消費者混淆誤認之虞者（商標法第35條第2項第2款）。例如，丙為B註冊商標之商標權人，丙使用B商標於其所指定之運動鞋商品，丁使用B商標於其所提供之休閒鞋商品，運動鞋與休閒鞋雖為不同之商品，然兩者為同屬性之類似商品，丁不得使用B商標。

三、近似商標之同一或類似商品或服務

商標權及於同一或類似之商品或服務，使用近似於其註冊商標之商標，有致相關消費者混淆誤認之虞者（商標法第35條第2項第3款）。例如，戊為C註冊商標之商標權人，戊使用C商標於其所提供之運動鞋商品，己使用與C商標近似之D商標在其所提供之休閒鞋商品，C商標與D商標構成近似商標[8]。

---

[8] 智慧財產及商業法院109年度行商訴字第62號行政判決：兩商標之主要識別部分為高度相似「彼安特」或「捷安特」文字，兩商標差異部分之圖形，僅為附屬部分。準此，主要識別部分將使相關消費者對兩商標表彰之服務來源或產製主體，發生混淆誤認之虞。

參、商標權之限制

一、交易習慣之誠信方法使用（95、101、109年檢察事務官）

（一）要　件

　　凡以符合商標交易習慣之誠實信用之方法，表示自己之姓名、名稱或其商品或服務之名稱、形狀、品質、性質、特性、用途、產地或其他有關商品或服務本身之說明，非作為商標使用者（商標法第36條第1項第1款）。其構成要件有三：1.以符合商標交易習慣之誠實信用之方法，表示商品或服務之說明；2.表示自己之姓名、名稱或其商品或服務之名稱、形狀、品質、性質、特性、用途、產地，或其他有關商品或服務本身之說明；3.非作為商標使用者[9]。

（二）合理使用

　　商標識別性之高低與合理使用呈反比關係，商標之識別性越高，可成立合理使用之空間越窄。反之，商標之識別性越低，可成立合理使用之空間即較廣。再者，有不正競爭之主觀意思，非屬善意使用商標者，不得主張合理使用。故冒用他人之商標造成相關消費者混淆誤認，或以依附他人商標之方式掠奪他人之商譽，即屬不正競爭之態樣[10]。例如，甲大學有行銷「Tutor ABC英文線上學習教室」課程之目的，並有標示「Tutor ABC」商標之積極行為，其標示「Tutor ABC」，足以使相關消費者認識其為商標。甲大學除可藉此取得相當之經濟利益外，其攀附「Tutor ABC」商標之知名度，亦可減免廣告費用之支出，故不論是否有向相關消費者收取費用，均屬以行銷為目的而使用該商標，不僅以基於教育或教學目的，而犧牲「Tutor ABC」商標權之應有保護[11]。

---

[9] 智慧財產及商業法院108年度民商上字第11號、109年度民商上字第23號民事判決。

[10] 智慧財產及商業法院99年度民商訴字第29號民事判決。

[11] 智慧財產及商業法院102年度民商上字第3號民事判決。

（三）商業通常使用方法

所謂符合商業交易習慣之誠實信用方法，係指以商業上通常方法使用，在主觀上無作為商標之意圖，而將商標作描述性或指示性之使用，客觀上相關消費者未認知作為商標使用，其非藉由商標作為辨別商品或服務之來源。

1.標記屬公共財產

A公司先以「福爾摩莎」註冊於眼鏡類，並未達著名程度；嗣後某公司以福爾摩莎為名，成立福爾摩莎眼鏡公司。福爾摩莎眼鏡公司雖因A公司以「福爾摩莎」註冊於先，導致福爾摩莎眼鏡公司無法在眼鏡產品上取得商標註冊，然福爾摩莎之標記應屬公共之財產，公眾於合理之範圍內可自由使用，A公司就此不得享有獨占之權利。準此，福爾摩莎眼鏡公司仍得將其公司名稱使用在眼鏡產品，不受A公司之商標權所限制。

2.商品本身之說明文字

在商品型錄及報紙廣告上使用中文「畢卡索藝術生活精品」與外文「PICASSO ART CARLECTION」字樣，屬商業上之通常使用方法，表示商品所使用之圖案，係來自世界知名畫家畢卡索畫作之衍生著作，藉以倡導、提升國人生活之藝術美，是所附記於商品者，顯係有關商品本身之說明文字，而並非作為商標使用，自不會侵害「畢卡索及圖Picaso」與「Picasso」商標[12]。

3.未表彰商品或服務來源之意思

被告保險公司向甲公司採購仿冒原告商標之茶杯，係要保人向被告投保人壽保險後，贈送予要保人使用，被告並未基於行銷目的將商標使用於其經營之保險業務，亦未將採購之仿冒商標之茶杯，充作具有商業目的之銷售使用。準此，被告並無以原告商標表彰自己之商品或服務來源之意思，亦無以該商標行銷自己商品或服務之目的，非商標之使用，自不構成

---

[12] 最高行政法院93年度判字第72號行政判決；智慧財產及商業法院99年度民商訴字第10號民事判決。

商標法第68條之直接侵害商標侵害[13]。

4.活動贈品本身之說明

被上訴人之廣告促銷活動，有標示其商標「寶雅」、「POYA」等文字，可知活動有標示備上訴人商標之部分。其為表示促銷活動辦理贈品之抽獎，為有關活動贈品本身來源之說明，純粹作為促銷活動之贈品說明，被上訴人並無意圖影射或攀附上訴人所有著名商標之商譽，其僅作為說明贈品之來源，且非作為商標之使用。換言之，被上訴人非將上訴人之著名商標，作為商標使用以指示其本身商品來源，相關消費者於購買時所認知被上訴人商品之來源為「寶雅」、「POYA」商標，而非上訴人之著名商標，並不會對被上訴人商品來源發生混淆誤認之虞[14]。

（四）描述性合理使用

所謂描述性合理使用，係指第三人以他人商標，描述自己商品或服務之名稱、形狀、品質、性質、特性、產地等，此種方式之使用，並非利用他人商標指示商品或服務來源之功能，純粹作為第三人商品或服務本身之說明，商標權人取得之權利，係排除第三人將其商標，作為第三人指示自己商品或服務來源之使用，第三人所為之使用既非用以指示來源，即非屬商標權效力拘束範圍[15]。

二、指示性合理使用

以符合商業交易習慣之誠實信用方法，表示商品或服務之使用目的，而有使用他人之商標用以指示該他人之商品或服務之必要者，不受他人商標權之效力所拘束（商標法第36條第1項第2款本文）。例外情形，係其使用結果有致相關消費者混淆誤認之虞者，不適用之（但書）。所謂指示

---

[13] 智慧財產及商業法院99年度民商訴字第2號民事判決。
[14] 最高法院107年度台上字第2423號民事判決；智慧財產及商業法院105年度民商上字第12號民事判決。
[15] 智慧財產及商業法院101年度刑智上易字第52號刑事判決。

性合理使用，係以他人之商標指示該他人之商品或服務，其利用他人商標指示他人商品或服務來源，藉此表示自己所提供商品或服務之內容。倘行為人之使用非在表彰自己商品或服務，或未能使相關消費者認識其為商標，相關消費者並無誤認商標商品或服務來源之虞，即非商標權之權利範圍，自無須給予商標權之獨占保護[16]。指示性使用之情形有如後之情形：（一）表示自己零件組件產品與商標權人商標產品相容；（二）提供商標權人商品之維修服務；（三）出現於比較廣告[17]。

三、功能性之必要者

（一）要　件

為發揮商品或服務功能性（intended function）所必要者，應不受他人商標權效力所拘束（商標法第36條第1項第3款）。所謂功能性，係指商品之設計得使產品有效發揮其功能，或者為確保商品功能而為之設計，並非以區別商品來源作為主要之設計目的[18]。本款藉由功能性理論，限制商標權之範圍。商品或包裝之立體形狀，倘為發揮該商品或包裝而設置者，除非已依專利法取得專利外，任何人均得使用，不得賦予商標權人獨占權。例如，電風扇之風扇形狀。

（二）美感功能性

商標權人之專有權利不應及於對商標作為主要功能性（primarily a functional purpose）使用，其包括美感功能性（aesthetic functionality）使用，他人將該商標用於裝飾其商品，使購買人得表現其認同或個性。為區別該使用究竟為功能性之使用或作為商標之使用，應審究商品本身、商

---

[16] 智慧財產及商業法院101年度民商上字第3號、110年度民商上字第3號民事判決；智慧財產及商業法院101年度刑智上易字第52號刑事判決。

[17] 黃惠敏，商標使用與合理使用—以我國實務見解為中心，智慧財產訴訟制度相關論文彙編，2輯，司法院，2013年12月，頁208。

[18] 陳昭華，商標法，經濟部智慧財產局，2008年3月，初版3刷，頁64。

品市場及相關消費者是否將商品與商標權人有所連結。例如，美國聯邦第9巡迴上訴法院1980年International Order of Job's Daughters v. Lindeburg & Co.判決，認原告International Order of Job's Daughters為姊妹會組織。被告Lindeburg從事珠寶之製造與銷售工作，被告未經原告授權，製造銷售原告徽章形狀之珠寶。參諸原告之名稱與徽章，係珠寶之美學功能成分（functional aesthetic components）。因其內在價值而被銷售，而非作為來源或贊助關係，故商品之美學功能成分並非商標，是原告商標權不及被告商品之美感功能性使用[19]。

四、善意先使用（109司律；111年檢察事務官）

（一）要　件

在他人商標註冊申請日前，善意使用相同或近似之商標於同一或類似之商品或服務者。但以原使用之商品或服務為限；商標權人並得要求其附加適當之區別標示（商標法第36條第1項第4款）[20]。主張善意先使用抗辯者，須證明如後要件：1.其使用時間在商標權人商標註冊申請日前；2.先使用之主觀心態須為善意，不知他人商標權存在，且無不正競爭目的；3.使用相同或近似之商標於同一或類似之商品或服務[21]。準此，本款規範之目的在於平衡當事人利益與註冊主義之缺點，並參酌使用主義之精神，故主張善意先使用之人，必須於他人商標註冊申請前已經使用在先，並非以不正當之競爭目的，使用相同或近似之商標於同一或類似之商品或服務，始不受嗣後註冊之商標效力所拘束。商標權人得視實際交易需求，有權要求善意使用人附加適當之標示，以區別商標權人之商標。例如，A商標為甲公司於2020年10月11日所申請，嗣於2020年12月9日核准註冊公

---

[19] International Order of Job's Daughters v. Lindeburg & Co., 633 F.2d 912 (9th Cir. 1980).

[20] 智慧財產及商業法院108年度刑智上易字第99號、110年度刑智上易字第29號刑事判決。

[21] 智慧財產及商業法院103年度民商上字第14號民事判決。

告,而乙公司前2013年間起將近似於系爭商標圖樣使用於同一之商品,其無可能預知甲公司於日後申請A商標之註冊,自屬善意使用之情形,不受A商標權之效力所拘束,乙公司得於原使用之商品範圍內繼續使用該近似於A商標圖樣[22]。

(二)國內善意先使用之商標

商標法第36條第1項第3款係商標權效力之例外規定,應有嚴格之限制[23]。而商標權之效力範圍有屬地主義之適用,故商標權效力之例外規定,亦有屬地主義之適用,倘任何在國外善意先使用之商標,均可至臺灣地區主張善意先使用,不僅使在我國未註冊而未受保護之商標,可受我國商標法之保護,亦使在國內註冊之商標權人權益受限,為避免搶先註冊,在國外先使用之商標權人除可主張優先權至我國註冊外,亦得依同法第30條第1項第12款,對商標權人提起異議或評定,撤銷其商標權,自無須賦予主張善意先使用之保護。再者,商標法第36條第1項第3款屬商標權效力之例外規定,而同法第30條第1項第12款屬不得註冊之事由,兩者屬不同範疇之規定,未必須為相同之解釋。準此,商標法第36條第1項第3款之善意先使用地區,不包括國外先使用之情形,為屬地主義之基本原則[24]。

(三)保護原有之社會關係

商標法之善意先使用之規範,在於保護先使用行為所創造之事實狀態或社會關係,使善意使用人能在原有社會關係,享有應受保護之法律上利益[25]。商標善意先使用者,不以行為人自行創設商標為限,亦包含行為人於他人商標註冊申請日前,並非以不正當競爭為目的而使用商標,均符合

---

[22] 智慧財產及商業法院98年度民商訴字第8號民事判決。
[23] 陳匡正,商標善意先使用之研究,臺灣法學雜誌,276期,2015年7月,頁27。
[24] 司法院101年度智慧財產法律座談會提案,2012年5月,頁9至10;智慧財產及商業法院102年度民商訴字第48號民事判決。
[25] 智慧財產及商業法院104年度民著上字第12號民事判決。

商標善意先使用之要件[26]。善意使用人雖可使用商標，然不得將善意先使用商標之法律上利益，授權他人使用，以保護商標權人[27]。

四、權利耗盡原則（102、91年檢察事務官）

（一）定　義

附有註冊商標之商品，由商標權人或經其同意之人於市場上交易流通，或經有關機關依法拍賣或處置者，商標權人不得就該商品主張商標權，此為權利耗盡原則（Exhaustion Theory）或稱首次銷售原則。換言之，商標權人或其被授權人所販賣之商品，商標權人既然已行使商標權，對於該已銷售之商品不再享有商標權，商品購買人得自由處分該商品（商標法第36條第2項）[28]。舉例說明：1.商標權人甲將附有註冊商標之商品出售予乙，乙再將商品出售予丙，丙再轉售予丁，甲均不得對乙、丙及丁等人主張渠等販賣該商品侵害商標權。例外情形，係商標權人為防止商品變質、受損或有其他正當事由者，對於權利耗盡原則之情形，仍得主張商標權（商標法第36條第2項但書）；2.戊生產A商標之電視機，經行銷市場由消費者購買取得，己大舉收購報廢之A商標之電視機，經修復後再重新出售，戊為防止品質不良之A商標電視機流通於市場，戊得對己主張其商標權受侵害；3.未經商標權人同意，以假品裝入附有商標商品之機油空罐內，以冒充真品出售圖利，雖未仿造商標，惟其無權使用商標，顯已侵害商標權。

（二）真品平行輸入

依據現行商標法條文以觀，商標權人並無專有進口之權利，適用國際

---

[26] 智慧財產及商業法院103年度民商上字第14號民事判決。

[27] 司法院106年度智慧財產法律座談會彙編，2017年5月，頁41至45。

[28] 吳昆達，由商標法上混淆理論之演進探討商標權侵權之認定一以美國法之初始興趣混淆理論為中心，國立中正大學財經法律研究所碩士學位論文，2010年6月，頁37。智慧財產及商業法院105年度刑智上易第6號刑事判決。

耗盡原則。故我國商標法不禁止眞品平行輸入,因眞正商品之平行輸入,
其品質與我國商標權人行銷之同一商品相若,且無引起相關消費者混淆、
誤認、欺矇之虞者,對我國商標權人之營業信譽及消費者之利益均無損
害,並可防止我國商標使用權人獨占國內市場,控制商品價格,因而促進
價格之競爭,使相關消費者購買同一商品時有選擇之餘地,享受自由競爭
之利益,其於商標法之目的並不違背,在此範圍內應認爲不構成侵害商標
使用權[29]。

(三)公平交易法之適用

1.搭便車行為

眞品平行輸入與仿冒之構成要件不符,不違反公平交易法第22條規
定。至於眞品平行輸入是否違反公平交易法第21條規定,須視平行輸入
者之行爲事實,是否故意造成消費大眾誤認其商品來源爲判斷。再者,有
鑑於貿易商自國外輸入已經原廠授權代理商進口或製造商生產者,因國內
代理商投入大量行銷成本或費用,致商品爲消費者所共知,故倘貿易商對
於商品之內容、來源、進口廠商名稱及地址等事項,以積極行爲使消費者
誤認係代理商所進口銷售之商品,即所謂故意搭便車行爲,則涉及公平交
易法第25條所定之欺罔或顯失公平行爲[30]。

2.濫發商標侵權警告函

商標權人固得對侵害商標權者主張權利,惟以發警告函之方式對於其
競爭對手,進行市場之打擊,倘警告函之內容對於競爭者,有足以影響交
易秩序而顯失公平者,其具有商業倫理之非難性,則屬違反公平交易法第
25條規定,該濫發商標侵權警告函之行爲,自不屬於依商標法行使權利
之正當行爲[31]。

---

[29] 最高法院81年度台上字第81號、第2444號民事判決;最高行政法院91年度判字
第361號行政判決。

[30] 行政院公平交易委員會1992年4月22日公研釋字第003號函。

[31] 陳櫻琴、葉玟妤,智慧財產權法,五南圖書出版股份有限公司,2005年3月,頁
161。

五、商品回銷

　　所謂回銷者，係指經外國商標權人之委託，在第三地代工並貼上商標後，商品直接運往委託人之國家或其指定之其他國家或地區。倘代工地已有他人經註冊取得相同或近似商標權，因代工廠商並無以行銷目的使用商標之意思，故未侵害商標情事。例如，某外國廠商在外國已註冊取得鞋類商品之A商標，其委託我國廠商甲製造該商標商品，直接輸往該外國廠商之所在國，而該商標在我國已為另一廠商乙向智慧財產局註冊，取得同類產品之商標權，甲之行為未侵害乙之商標權。因目前國際間貿易往返頻繁，此等交易型態極為常見，為免除貿易障礙，此種接受外國廠商委託，以其在外國取得之註冊商標，而指定加工製造之商品，並輸出予原委託人，該代工廠之行為並非行銷，僅屬代工行為，自無侵害乙之商標權[32]。

肆、例題解析

一、善意先使用之範圍

　　丙先以「望月」名稱，使用於其所銷售之傢俱商品，其未申請商標註冊，嗣後丁以「望月」為商標文字申請商標註冊，並指定使用於傢俱，經智慧財產局核准商標註冊在案，倘丙先前使用「望月」時，並未攀附丁之商業信譽或抄襲丁「望月」商標文字之不良意圖，原則上丙得繼續將「望月」之名稱使用於其所銷售之傢俱，而不得擴大使用於其他商品或服務。商標權人丁為防止相關消費者有混淆誤認之虞，丁得要求丙附加適當之區別標示。

二、權利耗盡原則之例外

　　戊藥廠銷售B商標之醫藥品上，己藥房向戊藥廠購該醫藥品，並將其

---

[32] 沈士亮，商標侵權行為損害賠償事件，法官辦理民事事件參考手冊(13)，司法院，2006年10月，頁139至140。智慧財產及商業法院109年度民商上字第10號民事判決。

分包成小容量之藥袋，而在藥袋貼上B商標出售予消費者，己藥房之分裝醫藥品與在藥袋貼上B商標之行為，未經戊藥廠同意，擅自改裝商品，並重新貼附原商標，其造成改裝後之商品在數量上不同於原商品，其屬變質之事由（商標法第36條第2項但書）。而無權利耗盡原則之適用，戊藥廠自得對己藥房主張商標權。

三、商標商品化

（一）判斷基準

將他人註冊之商標作為商品之造型或立體，是否符合商標法對商標使用之定義，其涉及相關消費者是否有混淆誤認之虞，故商標商品化為侵害商標權之行為。申言之：1.商標商品化之使用是否侵權，其關鍵在於是否有使相關消費者認其作為表彰商品或服務之商標使用。因申請立體商標態樣有商品本身之形狀、商品包裝容器的形狀、立體形狀標識及服務場所之裝潢設計。故將平面商標作成商品之形狀或包裝容器之形狀，除非其另有標示其他商標，否則極易使相關消費者認定其為立體商標；2.相關消費者未必確知商標是否以平面或立體圖樣註冊，故不論將他人註冊之平面商標立體化或將立體商標平面化，僅要足認係以表彰商品或服務之商標型態使用者，即構成商標法第68條之侵權行為[33]。除非商標商品化，係將商標充作主要為功能性之用途，其純粹作為裝飾或使購買人表達情感，則非作為辨識商品或服務之來源；3.為避免商標圖樣之形狀、位置、排列或顏色改變，不受商標法之保護，是商標法第68條第3款之近似於註冊商標，包括侵害商標商品化或立體化商品之情形在內，以保障商標權及消費者利益。

（二）混淆誤認之虞

甲向商標業務專責機關申請註冊「Kitty貓」圖形商標指定於時鐘、手錶等商品，業經核准公告在案，乙嗣後將「Kitty貓」之平面商標圖樣

---

[33] 陳昭華，將平面商標作成立體商品是否侵害商標權，月旦法學教室，55期，頁28至29。

立體化後，製造Kitty貓造型之立體時鐘，並販售予不特定多數人，相關消費者丙購得乙所販賣之時鐘，均誤認該時鐘爲甲製造或授權製造，致產生商品來源或授權關係之混淆。職是，乙之行爲侵害「Kitty貓」商標權[34]。

四、善意先使用爲法律上利益

　　所謂營業讓與者，係指將出讓人之資產與負債概括移轉予受讓人。營業概括承受之場合受讓人應概括承受其資產與負債（民法第305條第1項）。所謂營業之概括承受其資產及負債，係指就他人之營業上之財產，包括資產，如存貨、債權、營業生財、商號信譽，暨營業上之債務，概括承受之意。換言之，以營業爲目的組成營業財產之集團，移轉於承擔人，營業之概括承受爲多數之債權或債務，包括讓與人之經濟地位之全盤移轉[35]。職是，商標圖樣之使用具有商業價值，應認屬資產之部分。而商標圖樣善意先使用之事實，具有得對抗商標權人之法律利益，具有財產之價值，應認爲商標圖樣善意先使用之事實，屬於得爲後手繼受之法律上利益[36]。

第三節　商標權處分

　　商標權爲財產權，商標權人得使用、收益及處分權利。處分之方式有轉讓、設定質權、授權、拋棄及分割等類型，均屬商標權之變動。再者，商標權可作爲強制執行之客體，其執行換價程序準用動產執行之規定，拍賣或變賣商標權。

---

[34] 司法院99年度智慧財產法律座談會提案，2012年5月，頁33至36。
[35] 最高法院98年度台上字第1286號民事判決。
[36] 司法院104年度智慧財產法律座談會彙編，智慧財產及商業法院，2015年5月，頁19至21；最高法院97年度台上字第2731號民事判決。

例題6

　　甲食品公司以「朱雀」文字申請商標註冊指定於火腿、豬腳等食品，經商標專責機關核准註冊在案。試問甲公司得否將指定於火腿商品之「朱雀」商標與指定於豬腳商品之「朱雀」商標，分別移轉予乙公司及丙公司？

例題7

　　丙汽車公司將其所有經註冊之C商標權移轉與丁汽車公司，當事人均未至智慧財產局辦理移轉登記，戊汽車公司未經丁汽車公司之同意或授權而使用C商標。試問丁汽車公司得否對侵害該商標權之戊汽車公司，主張侵害商標之民事與刑事責任？

例題8

　　己服飾股份有限公司經註冊取得D商標之商標權，並指定使用於衣服與帽子。試問己得否分別授權庚、辛各將D商標，各指定使用於衣服或帽子？理由為何？

壹、商標權轉讓

一、登記對抗主義

　　商標權與其他財產權相同，得為繼承或轉讓之客體。商標權之移轉（assignment），應向商標專責機關登記；未經登記者，不得對抗第三人（商標法第42條）。申請商標權之移轉登記者，應備具申請書，並檢附

移轉契約或其他移轉證明文件（商標法施行細則第39條第1項）。商標移轉經當事人意思表示一致，契約成立時即生移轉之效力，惟未向智慧財產局申請移轉登記者，不得對抗第三人，係採登記對抗主義。例如，甲與乙簽訂商標權移轉契約，甲將其所有經註冊之A商標轉讓予乙，當事人雖未向智慧財產局辦理移轉登記，然嗣後有第三人侵害A商標，乙亦得以商標權人之地位請求救濟。申言之，所謂非經登記不得對抗第三人，係指當事人間就有關商標權之讓與、信託、授權或設定質權之權益事項有所爭執時，始有適用，其目的在保護交易行為之第三人，而非侵權行為人。準此，侵權行為人不得以商標權讓與未經登記，對抗商標權受讓人[37]。

二、股份有限公司移轉商標

股份有限公司之必要機關採取三權分立制度，將機關分為公司最高意思機關之股東會、業務執行機關之董事會或董事及監察機關之監察人。股份有限公司之資本基礎為股份，其所有者為股東，而公司之經營者未必為股東，委諸企業經營及管理施展所長，是股份有限公司採企業所有與經營分離制度。因董事會為公司治理之核心，為充分確認公司之合法有效運作，自應嚴格要求董事會之召集程序、決議內容符合法律規定，倘有違反者，董事會決議應認為當然無效，以保護公司與股東之權益。準此，股份有限公司董事會決議商標移轉事項，倘通知、召集或決議程序，違反公司法規定，對決議事項對該股份有限公司，自屬無效[38]。

三、商標權分割移轉

移轉商標權之結果，有二以上之商標權人使用相同商標於類似之商品

---

[37] 司法院98年度智慧財產法律座談會彙編，智慧財產與商業法院，2009年7月，頁33至34、63至65。
[38] 林洲富，股份有限公司之商標移轉要件－評最高法院106年度台上字第133號民事判決，月旦裁判時報，81期，2019年3月，頁52至53。智慧財產及商業法院106年度民商上更（一）字第1號民事判決。

或服務，或使用近似商標於同一或類似之商品或服務，而有致相關消費者混淆誤認之虞者，各商標權人使用時應附加適當區別標示（商標法第43條）。準此，就同一商標指定使用之數種商品或服務予以分割移轉，而使各商標權人享有不同之專用範圍，以符合市場之實際需求[39]。

四、處分之限制

原則上證明標章權、團體標章權或團體商標權不得移轉、授權他人使用，或作為質權標的物。例外情形，係其移轉或授權他人使用，無損害消費者利益及違反公平競爭之虞，經商標專責機關核准者（商標法第92條）。例如，證明標章之被移轉或被授權人，經商標專責機關認定與原證明標章權人，具有相同或相當之證明能力。準此，商標專責機關之核准為證明標章權、團體標章權或團體商標權移轉、授權之生效要件，未經商標專責機關之核准，當事人間之移轉或授權行為不生效力。

貳、商標權授權

一、登記對抗主義

（一）保護交易安全

商標權人得就其註冊商標指定使用商品或服務之全部或一部，授權（license）他人使用其商標。商標權之授權，應向智慧財產局登記；未經登記者，不得對抗第三人（商標法第39條第1項、第2項）。商標移轉經當事人意思表示一致，契約成立時即生移轉之效力，惟未向智慧財產局申請移轉登記者，不得對抗第三人，係採登記對抗主義。例如，甲與乙簽訂商標權授權契約，甲將其所有經註冊之A商標授權予乙使用，倘未向智慧財產局辦理授權登記，嗣後甲將A商標再轉讓予丙，並辦理登記，乙無法以商標被授權人之地位對抗丙，足見授權登記，可避免嗣後商標權移轉時

---

[39] 張澤平、張桂芳，商標法，書泉出版社，2004年3月，4版1刷，頁163。

之相關爭議[40]。授權登記後，商標權移轉者，其授權契約對受讓人仍繼續存在（第3項）。

（二）申請商標授權登記

申請商標授權登記，不須授權契約之當事人共同申請。詳言之，申請商標授權登記者，應由商標權人或被授權人備具申請書，載明被授權人、授權使用註冊號數、授權期間、授權使用商品或服務類別及其名稱。前項授權登記由被授權人申請者，並應檢附經雙方簽名或蓋章之授權合約、合約摘要或其他足資證明授權之文件（商標法施行細則第38條第1項、第2項）。

二、專屬授權

非專屬授權登記後，商標權人再為專屬授權登記者，在先之非專屬授權登記不受影響（商標法第39條第4項）[41]。專屬被授權人在被授權範圍內，排除商標權人及第三人使用註冊商標（第5項）。故商標權人於專屬授權範圍內，倘需使用其註冊商標，應取得專屬被授權人之同意。商標權受侵害時，原則上在專屬授權範圍內，專屬被授權人得以自己名義行使權利。例外情形，契約另有約定者，從其約定（第6項）。申言之，商標雖因專屬授權而由專屬被授權人於授權範圍內單獨使用，然商標所累積之信譽，在專屬授權終止後，最後將回歸商標權人。倘專屬授權契約係以一定期間內授權商品銷售金額之比例，作為權利金數額之計算方式，則專屬授權範圍內之商標侵害行為，其對商標權人之權益亦有影響。況商標專屬授權僅係商標權人在授權範圍內，為被授權人設定專有排他之使用權利，商標權人並不喪失商標使用權利以外之權能。例如，商標權之移轉、設定質權等權利。故專屬授權後之商標侵害行為，倘損及商標權人該部分之權利，有排除侵害之需要。準此，當事人得約定商標權受侵害時，行使權利

---

[40] 智慧財產及商業法院99年度民商訴字第31號民事判決。
[41] 智慧財產及商業法院105年度刑智上易字第100號刑事判決。

之主體或訴訟擔當。

三、廢止授權

　　商標授權期間屆滿前有下列情形之一者，當事人或利害關係人得檢附相關證據，申請廢止商標授權登記，使登記狀態與事實相符，避免有混淆誤信之情事發生（商標法第41條第1項）：（一）當事人合意終止，即商標權人及被授權人雙方同意終止者。其經再授權者，亦得合意終止（第1款）；（二）契約約定之任意行使終止權，即授權契約明定，商標權人或被授權人得任意終止授權關係，得經當事人一方單方聲明終止（第2款）；（三）被授權人違約，即商標權人以被授權人違反授權契約約定，通知被授權人解除或終止授權契約，且被授權人無異議者（第3款）；（四）其他相關事證足以證明授權關係已不存在者（第4款）。

參、商標權設定質權

一、權利質權

　　商標權人得以商標權設定權利質權，作為債權之擔保（民法第900條）。商標權人設定質權及質權之變更、消滅，應向商標專責機關登記；未經登記者，不得對抗第三人，採登記對抗主義（商標法第44條第1項）。商標權人為擔保數債權就商標權設定數質權者，其次序依登記之先後定之（第2項）。質權存續期間，質權人非經商標權人授權，不得使用該商標（第3項）。準此，設定商標質權之目的在於擔保質權人之債權，使債權得就商標權賣得之價金，受清償之權利，並非賦予質權人使用商標之機會。

二、申請設定質權登記程序

　　申請商標權之質權登記者，應備具申請書，載明商標名稱、註冊號數、債權額度及質權設定登記期間，並依其登記事項檢附下列文件：

（一）設定登記者，其質權設定契約或其他質權設定證明文件；（二）變更登記者，其變更證明文件；（三）消滅登記者，其債權清償證明文件或質權人同意塗銷質權設定之證明文件（商標法施行細則第40條第1項）。質權設定登記期間，以商標權期間為限。所約定質權設定期間逾商標權期間者，以商標權期間屆滿日，為質權期間之末日。

肆、商標權拋棄

原則上商標權人有處分商標權之權利，故亦得拋棄商標權。例外情形，係有授權登記或質權登記者，應經被授權人或質權人同意，以免損及被授權人與質權人之權益。拋棄商標權，應以書面向商標專責機關為之（商標法第45條）。商標權人必須踐行要式行為，否則不生拋棄之效力，此與一般權利拋棄非要式行為，有所不同。例如，商標權人口頭向智慧財產局表示拋棄商標權，或僅以存證信函向法律上利害關係人表示拋棄商標權，此等行為告示，均不生拋棄之效力。

伍、商標之分割

一、註冊核准審定前

申請人得就所指定使用之商品或服務，向商標專責機關請求分割為2個以上之註冊申請案，其以原註冊申請日為申請日（商標法第26條）。申請分割註冊申請案者，應備具申請書，按分割件數檢送分割申請書副本及其申請商標註冊之相關文件（商標法施行細則第27條第1項）。

二、註冊核准審定後

申請人於核准審定後註冊公告前，申請分割註冊申請案者，應備具申請書，載明分割後各件商標之指定使用商品或服務，並按分割件數檢送申請書副本。前項申請，商標專責機關應於申請人繳納註冊費，商標經註冊公告後，再進行分割（商標法施行細則第27條第2項、第3項）。商標權

人得就註冊商標指定使用之商品或服務，向商標專責機關申請分割商標權（商標法第37條）。由原單一商標變成二個以上之商標，申請分割商標權，應於處分前爲之（商標法第38條第3項）。

陸、例題解析

一、商標分割移轉

商標權可指定跨類商品或服務，並可分割商標權，亦可自由移轉，倘商標移轉之結果有致相關購買人混淆誤認之虞者，應附加適當區別標示（商標法第43條）。職是，甲公司將指定於火腿商品之「朱雀」商標與指定於豬腳商品之「朱雀」商標，分別移轉予乙公司及丙公司，因火腿與豬腳爲類似商品，均使用相同「朱雀」商標，易致相關消費者有混淆誤認之虞，應附加適當區別標示，否則構成商標法第63條第1項第4款本文之商標廢止事由。

二、登記對抗主義

丙汽車公司將其所有經註冊之C商標權移轉與丁汽車公司，當事人雖未至智慧財產局辦理移轉登記，然商標移轉經丙公司與丁公司間意思表示一致，其契約成立時即生移轉之效力。因當事人未向智慧財產局申請移轉登記者，不得對抗第三人，係採登記對抗主義（商標法第42條）。所謂登記對抗主義者，係指當事人間就有關商標權之讓與、信託、授權或設定質權之權益事項有所爭執時，倘未經登記，自不得對抗當事人。準此，戊汽車公司未經丁汽車公司之同意或授權而使用C商標，丁公司得對侵害該商標權之戊公司，主張侵害商標權之民事與刑事責任，戊公司不得以丁公司未登記爲商標權人，對抗丁公司。

三、商標之授權使用

商標權人得就其註冊商標指定使用商品或服務之全部或一部，授權他

人指定地區為專屬或非專屬授權使用其商標。商標權之授權，應向智慧財產局登記；未經登記者，不得對抗第三人（商標法第39條第1項、第2項前段）。準此，己服飾公司經註冊取得D商標，並指定使用於衣服與帽子，己自得授權庚將D商標使用於衣服，而授權辛將D商標使用帽子。分別授權商標契約，必須至智慧財產局登記，始得對抗第三人，採登記對抗主義。

第四節　商標權消滅

商標權人得於商標權屆滿前，以書面向智慧財產局表示拋棄商標權之意思。再者，倘商標權如有法定事由存在，商標權當然消滅，無須原商標權人為意思表示。

例題9

> 甲為經註冊E商標之商標權人，甲因對外負債逾其資產，故甲死亡後，其繼承人均拋棄繼承。試問商標權是否消滅？或是由國庫繼承被繼承人甲之商標權？

壹、商標權消滅事由

商標權有法定事由，其商標權當然消滅，無須經法定程序，商標權即告消滅，商標權當然消滅之事由有三（商標法第47條）：（一）商標權期間為10年，商標權人未於法定期間依第34條規定延展註冊者，商標權之消滅日係商標權期間屆滿之次日；（二）商標權人死亡，原則上依據民法第1148條規定，由原商標權人之繼承人繼受成為新的商標權人，倘商標權人死亡而無繼承人者，商標權自商標權人死亡之時即告消滅；（三）商標權人拋棄商標權者，自其書面表示到達商標專責機關之日消滅。再

者，有授權登記或質權登記者，應經被授權人或質權人同意（商標法第47條）。

貳、例題解析——商標權消滅事由

甲為經註冊E商標之商標權人，甲因對外負債逾其資產，故甲死亡後，其繼承人均拋棄繼承。繼承之拋棄，係消滅繼承效力之單獨行為，繼承人拋棄繼承權者，視為自始該繼承人不存在（民法第1157條）。準此，商標權人甲死亡後無人繼承，其經註冊所取得之E商標權，雖於甲死亡之時即告消滅（商標法第47條第2款）。然為保護甲之債權人，本文認可為債權人之利益繼續存在，債權人得持執行名義執行之，以滿足債權。

第七章

商標權之侵害與救濟

目　次

關鍵詞：

優先管轄、商標使用、專屬授權、商品單價、混淆誤認

第一節　管轄法院

　　商標法之第一審與第二審民事訴訟事件、違反商標法之第二審刑事訴訟案件及商標法之第一審行政訴訟事件，均由智慧財產及商業法院管轄（智慧財產及商業法院組織法第3條第1款至第3款）。

例題1

　　智慧財產案件審理法自2008年7月1日施行後繫屬於地方法院之有關商標權民事事件。試問：（一）第一審之上訴審法院，應由高等法院或智慧財產及商業法院合議庭管轄？（二）智慧財產之第一審及第二審民事訴訟事件，應由何法院管轄？

例題2

　　智慧財產案件審理法施行後，刑事庭依通常或簡式審判程序，對於違反商標法之刑事案件為有罪諭知，告訴人於刑事案件審理期間，有提起刑事附帶民事訴訟事件。試問刑事庭就刑事附帶民事訴訟，應如何處理？

壹、民事事件

一、第一審

　　商標法之第一審及第二審民事訴訟事件，由智慧財產及商業法院管轄（智慧財產及商業法院組織法第3條第1款、第4款）。就第一審民事事件而言，商標權之第一審民事訴訟事件非專屬智慧財產及商業法院管轄，其他民事法院就實質上應屬智慧財產民事事件而實體裁判者，上級法院不得以管轄錯誤為由廢棄原裁判（智慧財產案件審理細則第9條）。故智

慧財產法院對於商標第一審民事事件僅有優先管轄權，並非專屬管轄權（智慧財產及商業法院組織法第3條第1款；智慧財產案件審理法第31條第1項）。準此，自2008年7月1日以後，原則依商標法所保護之智慧財產權益所生之第一審民事訴訟事件，由智慧財產及商業法院法官一人獨任審判。第二審民事訴訟事件由專屬智慧財產及商業法院合議行之（智慧財產及商業法院組織法第3條第1款；智慧財產案件審理法第47條）。例外情形，係當事人合意普通法院為管轄法院，由地方法院為管轄法院（民事訴訟法第24條、第25條）。

二、第二審與第三審

對於智慧財產民事事件之第一審裁判不服而上訴或抗告者，向專屬管轄之智慧財產及商業法院為之（智慧財產案件審理法第47條）。準此，智慧財產第一審民事事件雖非由智慧財產及商業法院專屬管轄，其屬優先管轄之性質，得由普通法院管轄。然為統一法律見解，其上訴或抗告自應由專業之智慧財產及商業法院受理。是商標法所生之第二審民事事件，智慧財產及商業法院有專屬管轄權，當事人不得向高等法院上訴。再者，對於智慧財產民事事件之第二審裁判，除別有規定外，得上訴或抗告於第三審法院（智慧財產案件審理法第48條）。前項情形，第三審法院應設立專庭或專股辦理（第2項）。

三、專屬管轄

民事訴訟法除於第1條至第31條之3，分就普通審判籍、特別審判籍、指定管轄、管轄競合、專屬管轄、合意管轄及訴訟移送等設有專節外，復於同法第248條前段針對客觀之訴的合併，規定對於同一被告之數宗訴訟，除定有專屬管轄者外，得向就其中一訴訟有管轄權之法院合併提起之。尋繹其規範意旨，均重於便利當事人訴訟之目的，並基於專屬管轄之公益性，為有助於裁判之正確及訴訟之進行，自可透過個別類推適用同法第248條前段規定；或整體類推適用便利訴訟之立法趣旨，演繹設管轄

法院之基本精神，而得出一般法律原則，將此類訴訟事件，併由專屬管轄法院審理，以填補法律之公開漏洞，進而兼顧兩造之訴訟利益及節省司法資源之公共利益[1]。準此，同一被告之數宗訴訟有專屬管轄與非專屬管轄者，應由專屬管轄法院審理。例如，民事訴訟雖主要部分非涉及商標法，惟上訴人主張之數項訴訟標的含有商標法部分。因商標法所生之第二審民事事件，專屬於智慧財產及商業法院管轄。而專屬管轄法院與普通管轄法院競合時，普通管轄法院不得審酌專屬管轄部分，故本件民事訴訟均應由智慧財產及商業法院專屬管轄[2]。

貳、行政案件

商標權之行政訴訟事件非專屬智慧財產及商業法院管轄，其他行政法院就實質上應屬智慧財產行政訴訟事件而實體裁判者，上級法院不得以管轄錯誤為由廢棄原裁判（智慧財產案件審理細則第9條）。職是，智慧財產及商業法院對於商標行政訴訟事件僅有優先管轄權（智慧財產及商業法院組織法第3條第3款、第4款；智慧財產案件審理法第68條第1項）。並非專屬管轄權，最高行政法院不得以臺北高等行政法院無管轄權而廢棄原判決。

參、刑事案件

一、第一審

侵害智慧財產之犯罪，雖有在公開場合為之者，然規模較大情節較重之犯罪，恆在隱密中進行，為加強查緝效果，保障智慧財產權，偵查中由各地方法院檢察署檢察官、司法警察官員就近查察，而檢察官或司法警察官員為進行偵查、調查，每需向各地方法院檢察署對應之地方法院聲請搜

---

[1] 最高法院102年度台抗字第67號民事裁定。
[2] 智慧財產及商業法院103年度民商上字第12號民事判決。

索票，檢察官亦有向地方法院聲請羈押必要，對於搜索票或羈押之聲請，地方法院則須為即時之調查及裁定，故第一審之偵查業務，由地方法院檢察署檢察官為之，基於偵查、審判之對應性，第一審違反商標法之刑事案件審判，亦應由地方法院管轄。

二、第二審

高等法院層級之智慧財產及商業法院管轄，不服地方法院依通常、簡式或協商程序所為違反商標法之第一審裁判，而上訴或抗告之案件。刑事第二審上訴、抗告程序，以智慧財產及商業法院法官3人合議行之（智慧財產及商業法院組織法第3條第2款、第6條第1項後段）。合議審判，以庭長充審判長；無庭長或庭長有事故時，以庭員中資深者充之，資同以年長者充之（第2項）[3]。

肆、刑事附帶民事訴訟

違反商標法之刑事案件第一審係由地方法院專業法庭審理，第二審則由專業之智慧財產及商業法院審理，均具專業能力，而於審理附帶民事訴訟，除第三審法院依刑事訴訟法第508條至第511條規定裁判，暨第一審、第二審法院依刑事訴訟法第489條第2項規定，諭知管轄錯誤及移送者外，應自為裁判，刑事訴訟法第504條第1項、第511條第1項前段將附帶民事訴訟移送法院民事庭之規定，應不予適用（智慧財產案件審理法第63條、第64條）。

伍、例題解析

一、智慧財產及商業法院專管轄

對於智慧財產民事事件之第一審裁判不服而上訴或抗告者，向管轄之

---

[3] 林洲富，智慧財產之審級制度，兩岸民事法學會通之道，政治大學法學院民事法學中心，元照出版有限公司經銷，2015年6月，頁163。

智慧財產及商業法院為之（智慧財產案件審理法第47條）。智慧財產第一審民事事件雖非地方法院合議管轄，然為統一法律見解，其上訴或抗告自應由專業之智慧財產及商業法院受理。職是，商標法所生之第二審民事事件，智慧財產及商業法院有專屬管轄權[4]。

二、刑事法院裁判附帶民事訴訟

審理智慧財產案件審理法第54條案件之各審法院，不論刑事案件係適用通常、簡式審判或簡易程序，就附帶民事訴訟，應自為裁判（智慧財產案件審理法第64條）[5]。因侵害智慧財產犯罪而受損害者，其得於刑事訴訟程序附帶提起民事訴訟，對於被告及依民法負賠償責任之人，請求回復其損害（刑事訴訟法第487條第1項）。職是，智慧財產刑事案件附帶民事訴訟，係因智慧財產犯罪而受損害之人，為請求回復其損害，其於刑事訴訟程序附帶提起之民事訴訟，應限於被訴之犯罪事實侵害其智慧財產權，致生損害者，始得為之，並由刑事法院一併審理與裁判，不得裁定移送民事法院[6]。

第二節　民事責任

商標權為財產權之一環，其為無體財產權，具有排他與專有使用之性質。故商標權受侵害時，商標權人得依據商標法之規範，循民事救濟之途徑[7]。商標侵權行為之態樣有直接侵害與間接侵害兩種類型，我國最常見之商標侵權行為係仿冒商標，屬直接侵害行為。侵害商標權之救濟途徑，

---

[4] 智慧財產及商業法院103年度民商上字第17號民事判決。

[5] 智慧財產及商業法院105年度重附民上字第2號刑事附帶民事訴訟判決。

[6] 林洲富，智慧財產刑事法—案例式，五南圖書出版股份有限公司，2021年8月，2版1刷，頁13。

[7] 賴靖基，探討網路購物平台提供者之商標侵權責任，國立中正大學財經法律研究所碩士學位論文，2012年6月，頁17。

以民事救濟為主，輔以刑事責任與行政救濟。向侵害商標權人主張商標權，如有應負連帶責任者，自得一併請求。例如，民法第28條之法人侵權行為責任、民法第185條之共同侵權行為責任、民法第188條之僱用人責任、公司法第23條第2項之公司負責人侵權行為責任。

項　目	法條依據	說　明
請求權人	商標法第39條、第69條、第99條	1. 商標權人 2. 商標被授權人 3. 外國人
禁止侵害請求權	商標法第69條第1項；公平交易法第29條	無過失主義
損害賠償請求權	商標法第69條第3項；公平交易法第30條	過失主義
損害賠償之計算	商標法第71條；公平交易法第31條	具體損害計算說、差額說、總利益說、總銷售額說、商品單價加倍計算說、授權金說、酌減說、懲罰性賠償金
銷燬請求權	商標法第69條第2項	無過失責任
回復名譽請求權	民法第195條第1項；公平交易法第33條	判決書全部或一部登報
業務信譽損害請求權	民法第195條第1項	非財產上之損害
廢止查扣	商標法第72條、第75條、第76條	邊境管制措施
時效消滅	商標法第69條第4項；公平交易法第32條	2年或10年

例題3

　　甲所有A註冊商標，其指定使用於女用皮包，遭乙侵害而製造仿冒之女用皮包，乙將該侵權物品販賣與經銷商或相關消費者。試問甲得否依據商標法第69條第2項規定，主張銷燬經銷商或相關消費者所持有之仿冒品？

例題4

侵害商標權事件之場合，侵權行為人製造或銷售之多樣商品，均成立侵害商標權。倘每項商品單價不同時，商標權人主張以商標法第71條第1項第3款之商品單價加倍計算說，向侵權行為人請求損害賠償。試問法院應以各項商品之平均數，作為計算零售單價之基礎，再乘以倍數，作為損害賠償之金額？抑是就各項侵害商品單價分別乘以倍數後，再加總數額，作為損害賠償之金額？

壹、民事集中審理

商標權人於經註冊指定之商品或服務，取得商標權（商標法第35條第1項）。是商標權之範圍，限於商標權人經註冊指定之商品或服務，此為商標權之積極專用權，其為商標獨占使用權。除商標法第36條規定不受他人商標權效力所及之情形外，使用商標者應經商標權人同意，此為消極之排他權，並擴及近似範圍（第2項）。再者，商標法禁止以搭便車之方式侵害商標。申言之，商標權之範圍除及於經註冊指定之商品或服務外，未經著名之註冊商標權人同意，亦不得以商標中之文字作為自己公司名稱、商號名稱、網域名稱或其他表彰營業主體或來源之標識。準此，被告不論係直接侵害或間接侵害商標，原告均得對被告主張權利。民事訴訟基於處分權主義與辯論主義，兩造應各自提出攻擊與防禦之方法，法院並整理不爭執與爭執事項，俾於進行民事集中審理程序。

一、原告主張

商標權人主張其商標權受侵害，提起商標侵害之民事訴訟時，應於民事起訴狀載明商標權及受侵害之商品或服務範圍，並提出權利證明、侵害商標之類型、請求權基礎及損害計算等攻防方法。

（一）權利證明

我國商標權之取得採註冊主義，故欲取得商標權，應向智慧財產局申請商標註冊，商標註冊申請案經審查後，認合法與具備註冊要件之情形者，應予核准審定。商標自註冊公告當日起，由權利人取得商標權，商標權期間為10年。商標權期間得申請延展，每次延展商標權期間為10年（商標法第2條、第32條第1項、第33條）。準此，原告應證明其為商標權人，並提出智慧財產局商標資料檢索、商標或標章註冊證、商標移轉契約（商標法第42條）、商標授權契約（商標法第39條、第40條）等件為證[8]。

（二）直接侵害

1.舉證責任

原告除應證明其為權利人外，亦應證明被告侵害行為係直接侵害或間接侵害。原告可提出被訴侵權商品或服務之來源、被訴侵權商品或服務之實物、違反商標法之刑事判決書或公證書[9]。倘無法提出被訴侵權商品或服務者，應說明被訴侵權商品或服務由何人持有與所在處，並以照片取代之。

2.侵害類型

就直接侵害而言，其類型有三：(1)相同商標之同一商品或服務於同一商品或服務，使用相同於其註冊商標之商標者（商標法第35條第2項第1款、第68條第1項第1款）。例如，甲為A註冊商標之商標權人，甲使用A商標於其所指定之運動鞋商品，乙不得再使用A商標於其所提供之運動鞋商品；(2)相同商標之類似商品或服務於類似之商品或服務，使用相同於其註冊商標之商標，有致相關消費者混淆誤認之虞者（商標法第35條

8　林洲富，司法院研究年報，29輯4篇，智慧財產權之有效性與侵權判斷，司法院，2012年12月，頁86。

9　高啟霈，智慧財產權訴訟中之證據保全與公證，公證法學，13期，2017年8月，頁80至82。公證書證明之方式，有網頁瀏覽公證、現場體驗記錄公證、網路購物流程公證、彌封與寄送公證。

第2項第2款、第68條第1項第2款）。例如，丙為B註冊商標之商標權人，丙使用B商標於其所指定之運動鞋商品，丁使用B商標於其所提供之休閒鞋商品，運動鞋與休閒鞋雖為不同之商品，然兩者為類似商品，丁不得使用B商標；(3)行為人於同一或類似之商品或服務，使用近似於其註冊商標之商標，有致相關消費者混淆誤認之虞者（商標法第35條第2項第3款、第68條第1項第3款）。例如，戊為C註冊商標之商標權人，戊使用C商標於其所提供之運動鞋商品，己使用與C商標近似之D商標在其所提供之休閒鞋商品，C商標與D商標構成近似商標。

3.準備、加工或輔助行為

為供自己或他人用於與註冊商標同一或類似之商品或服務，未得商標權人同意，為行銷目的而製造、販賣、持有、陳列、輸出或輸入附有相同或近似於註冊商標之標籤、吊牌、包裝容器或與服務有關之物品者，亦為侵害商標權（商標法第68條第2項）。此為防止商標侵權之準備、加工或輔助行為，其包含侵權人本身所為之準備行為及第三人為商標侵權之加工或輔助行為。所謂侵害商標權之虞，係指侵害商標權之事實，固尚未發生，然依據既存之事實判斷，認為商標權有被侵害之可能性，而有事先預防之必要。例如，甲酒廠印製金門高粱酒之商標標貼，雖尚未與酒瓶結合，惟商標權人得依商標法第30條第3款與第69條第1項主張權利及防止侵害之發生[10]。

4.商標之使用

直接侵害商標之成立，必須被告有使用商標之行為。所謂商標之使用者，係指為行銷之目的，而有下列情形之一，並足以使相關消費者認識其為商標：(1)將商標用於商品或其包裝容器；(2)持有、陳列、販賣、輸出或輸入有商標商品或其包裝容器；(3)將商標用於與提供服務有關之物品；(4)將商標用於與商品或服務有關之商業文書或廣告；(5)前開之情

---

[10] 李素華，商標使用與視為侵害之理論與實務：商標法第70條第2款之立法檢討，智慧財產訴訟制度相關論文彙編，3輯，司法院，2014年12月，頁194至195。

形，以數位影音、電子媒體、網路或其他媒介物方式爲之者（商標法第5條）。準此，商標使用必需具備之要件有：(1)使用人需有行銷商品或服務之目的，此爲使用人之主觀意思。所謂行銷者，係指向市場銷售作爲商業交易之謂，行銷範圍包含國內市場或外銷市場；(2)需有標示商標之積極行爲；(3)所標示者需足以使相關消費者認識其爲商標[11]。法院除審查前揭要件外，並應斟酌平面圖像、數位影音或電子媒體等版面之配置、字體字型、字樣大小、有無特別顯著性，暨是否足以使相關消費者藉以區別所表彰之商品或服務來源等情綜合認定之[12]。例如，家庭或個人將商標圖樣使用於個人之用品，並無行銷之目的，非屬商標使用[13]。

　　5.真仿品之鑑定

　　關於侵害商標權爭議之真仿品鑑定，涉及商標權人自行製造生產產品及經其同意授權使用之授權範圍等事實判斷，而個別商標權人可能於其產製商品上自行加註真品辨識暗號或產品編號，此係防僞機制，爲避免防僞機制遭破解，防僞機制僅有商標權人及其委任之鑑定人得以知悉，他人無從知悉。準此，侵害商標權爭議之真仿品判斷，涉及特殊專業知識之鑑定方法，僅有商標權人及其所委任之商標鑑定人具有鑑定之能力，除非有特別之情形存在，自應尊重商標權人或商標權人委任之人之鑑定結果[14]。

　　6.商標商品化

　　所謂商標商品化者（trademark merchandising），係指商標構成產品之全部或一部而言[15]。而判斷商標之商品化是否成立商標權之侵害，其重點厥在商標商品化後，是否有構成商標之使用及有無造成相關消費者混淆

---

[11] 商標法逐條釋義，經濟部智慧財產局，2005年12月，頁16至17。

[12] 智慧財產及商業法院99年度民商訴字第29號民事判決。

[13] 林洲富，司法院研究年報，29輯4篇，智慧財產權之有效性與侵權判斷，司法院，2012年12月，頁88。

[14] 智慧財產及商業法院108年度刑智上易字第83號刑事判決。

[15] Stacey L. Dogan & Mark A.. Lemley, The Merchandising Rights: Fragile Theory or Fait Accompli? 54 EMORY L.J. 461, 464 (2005).

誤認之虞[16]。倘商標商品化之目的，係純粹作為裝飾或購買人表達情感，而非區別商品之來源者，則非屬商標之使用。反之，商品化在於辨識商品之來源，並以之為行銷目的者，即屬商標之使用。就有無構成混淆誤認之虞而言，係指相關消費者於購買時，會認為該商品來自商標權人或得其授權者，致有混淆誤認之虞[17]。

7.關鍵字廣告

(1)非商標使用範圍

就相關消費者而言，關鍵詞廣告之行銷效果，除提供資訊比較之簡易管道外，亦減少搜尋時間之成本，故關鍵詞廣告之存在有利於相關消費者[18]。搜尋引擎業者或網頁所有人，僅將特定關鍵字出售予商標權人之其他競爭者，未將該商標使用於商品、服務或有關之物件上，自不符商標之使用要件[19]。申言之，倘關鍵字廣告內容本身，未使用商標圖樣作為商品或服務之行銷使用，同時鍵入關鍵字之使用者，不致誤認為混淆廣告內容所推銷之商品或服務，屬於商標所有人所提供，其非屬商標使用行為，不成立商標權之侵害[20]。

(2)初始興趣混淆理論

依據美國發展之初始興趣混淆理論（initial interest confusion），在網路刊登關鍵字廣告，經判斷符合商標使用時，應繼而判斷是否有混淆誤認之虞。倘關鍵字廣告產生誤認搜尋結果，致網路使用者進入商標權人之競爭者網站瀏覽，而非商標權人之網站，則有構成混淆誤認之虞[21]。準

---

[16] 王敏銓、黃楠婷，商標商品化初探，智慧財產月刊，146期，2011年2月，頁48。

[17] 智慧財產及商業法院98年度刑智上更（三）字第2號刑事判決。

[18] 鄭菀鈴，商標使用與關鍵字廣告，智慧財產訴訟制度相關論文彙編，2輯，司法院，2013年12月，頁279。

[19] 智慧財產及商業法院100年度民商上字第7號民事判決。

[20] 智慧財產及商業法院98年度民商上字第11號民事判決。

[21] 林洲富，司法院研究年報第31輯第4篇，商標侵權與損害賠償研究，司法院，2014年12月，頁142至143。

此，廣告主在購買他人商標作為關鍵字及搜尋引擎出售他人商標作為關鍵字廣告，符合侵權使用之商標使用，致使相關消費者產生混淆誤認之虞，即成立侵害商標之行為[22]。

8.維權使用與侵權使用

商標之使用，可區分為商標權人為維持其權利所為之使用及他人侵害商標權之使用兩種樣態。維權使用之行為人，係商標權人或其授權人；而侵權使用之行為人，係未經商標權人同意或授權之第三人[23]。兩者之規範目的雖有不同，惟實質內涵均應就交易過程，其使用是否足以使相關消費者認識該商標加以判斷（商標法第5條）[24]。準此，認定侵權使用或維權使用，商標使用行為均應具備識別或來源之功能[25]。

（三）間接侵害

1.惡意使用著名商標或標章

未得商標權人同意，明知為他人著名之註冊商標而使用相同或近似之商標，致減損著名商標之識別性或信譽者（商標法第70條第1款）[26]。例如，被告明知原告商標為著名註冊商標，其未經原告同意，而使用與原告商標相同之「香奈兒」、「香奈爾」及「CHANEL」等文字作為自己商號名稱、公司名稱及網域名稱，並於招牌、名片、報紙廣告及網頁上使用上開文字，以表彰營業主體而對外行銷[27]。

---

[22] 劉孔中，關鍵字廣告之商標法與競爭法爭議－以Google為例，月旦法學雜誌，235期，2014年12月，頁69。
[23] 李素華，商標使用與視為侵害之理論與實務：商標法第70條第2款之立法檢討，智慧財產訴訟制度相關論文彙編，3輯，司法院，2014年12月，頁201至202。
[24] 王怡蘋，德國商標法上之商標使用，智慧財產訴訟制度相關論文彙編，3輯，司法院，2014年12月，頁162。
[25] 黃銘傑，日本商標法上之商標使用，智慧財產訴訟制度相關論文彙編，3輯，司法院，2014年12月，頁182至183。
[26] 智慧財產及商業法院104年度民商上字第22號民事判決。
[27] 智慧財產及商業法院99年度民商訴字第32號民事判決。

2.惡意使用商標或標章之特取部分

未得商標權人同意，明知為他人著名之註冊商標，而以該商標中之文字作為自己公司、商號、網域或其他表彰營業主體之名稱，有致商品或服務相關消費者混淆誤認之虞或減損該商標之識別性或信譽之虞者（商標法第70條第2款）[28]。例如，原告以販售大專及高普考試參考書籍為主，自1985年即使用「五南及圖」為商標，被告明知「五南」商標為原告所有，未得原告同意，竟經營「臺中市私立五南法政金融文理短期補習班」，使用上開商標中之文字「五南」為其主體名稱，其招牌與廣告均揭示為「五南補習班」，致使相關消費者混淆誤認，認原告經營五南補習班[29]。

（四）請求權基礎

侵害商標權事件之場合，原告主張之請求權基礎如後：1.民法第28條之法人侵權責任、第184條第1項之民事侵權責任、第185條第1項之共同侵權責任、第188條第1項前段之僱用人責任、第179條之不當得利請求權、民法第195條第1項之業務上信譽損害賠償請求權、民法第195條第1項後段之判決書登報請求權[30]；2.公司法第23條第2項之公司負責人責任；3.商標法第69條第3項之損害賠償請求權、第69條第1項之禁止侵害請求權、第2項之銷燬請求權；4.公平交易法第29條之禁止侵害請求權、第31條之損害賠償請求權。

（五）訴訟標的價額計算

以一訴主張數項標的者，其價額合併計算之。但所主張之數項標的互相競合或應為選擇者，其訴訟標的價額，應依其中價額最高者定之。以一

---

[28] 智慧財產及商業法院104年度民商上字第22號民事判決。

[29] 智慧財產及商業法院98年度民商訴字第1號民事判決。

[30] 臺灣高等法院暨所屬法院91年法律座談會民事類提案第34號，刊登道歉啟事為請求一定行為，屬非財產權涉訟，依據民事訴訟法第77條之14條規定，徵收裁判費新臺幣3元。臺灣高等法院暨所屬法院91年法律座談會彙編，2003年7月，頁163至166。

訴附帶請求其孳息、損害賠償、違約金或費用者，不併算其價額（民事訴訟法第77條之2）。職是，原告於侵害商標權之民事訴訟事件，同時主張侵害商標權之損害賠償請求權、禁止侵害請求權、業務上信譽損害賠償請求權或銷燬請求權；或是事業違反公平交易法之禁止侵害請求權或損害賠償請求權，因該等財產上之請求權間，並無主從或相牽連關係，應分別計算其價額[31]。

（六）損害賠償計算

侵害商標權之損害賠償計算，有具體損害計算說、差額說、總利益說、總銷售額說、商品單價加倍計算說、權利金說或懲罰性賠償金（商標法第71條第1項；公平交易法第32條）。權利人得就各款擇一計算其損害，而非限定權利人僅能擇一請求。故原告就不同之計算損害賠償方式，分別提出其舉證之方法，並請求法院擇一計算損害方法，命侵權行為人負損害賠償責任，法院不可限縮權利人之計算損害方法[32]。再者，原告除得依據民事訴訟法第342條或第346條聲請法院命被告或第三人提出製造與銷售被控侵權商品或服務之商業帳簿外，亦可請求法院向國稅局調閱銷售被控侵權商品或服務之報稅相關資料，抑是向關稅總局調閱被訴侵權商品或服務之進口資料，以作為計算損害賠償之參考。

二、被告抗辯

侵害商標權之民事訴訟事件，被告未取得原告同意或授權而有合法使用商標權之權源時，被告為免除負侵權行為責任，除否認有原告所控訴之侵害商標權行為外，通常會抗辯商標權之有效性、商標權受限制、損害賠償額計算、損害賠償請求權已罹於時效等爭點。

---

[31] 智慧財產及商業法院97年度民著上易字第2號民事判決；智慧財產及商業法院99年度民抗更（一）字第2號、105年度民商抗字第3號民事裁定。

[32] 98年度智慧財產法律座談會彙編，司法院，2009年7月，頁31。

（一）商標有效性之爭執

被告答辯系爭商標有應撤銷或廢止之原因時，其具體指明系爭商標權有何應撤銷或廢止之原因，其主張得撤銷或廢止之原因有數項時，應逐項列舉其得撤銷或廢止之原因、證據及法條依據。倘法院認定系爭商標有效，得先爲中間判決（民事訴訟法第383條第1項）；繼而進行侵權與損害賠償之審理（智慧財產案件審理法第16條第1項）。反之，法院認定未成立侵權或商標有撤銷或廢止原因，應爲終局判決駁回原告之訴（第2項）[33]。

（二）侵權成立之爭執

法院應命被告提出答辯狀，說明如後事項：1.是否承認原告主張之被訴侵權商品或服務爲被告所有、占有或經營；2.是否承認原告主張之直接侵害商標或間接侵害商標；3.被告抗辯被訴侵權商品或服務屬商標法第30條規定，非商標權所及範圍者，被告應提出說明之論證[34]；4.被告抗辯原告請求之損害賠償金額顯不相當，請求法院酌減之（商標法第71條第2項）[35] 應提出其製造、銷售及獲利等資料，供法院斟酌之。

貳、請求權人

一、商標權人

商標權人（a trademark right holder）對於侵害其商標權者，得請求除去之；有侵害之虞者，得請求防止之（商標法第69條第1項）。商標權人爲前開之請求時，對於侵害商標權之物品或從事侵害行爲之原料或器具，得請求銷毀或爲其他必要處置（第2項）。商標權人對於因故意或過

---

[33] 林洲富，司法院研究年報，31輯4篇，商標侵權與損害賠償研究，司法院，2014年12月，頁27。

[34] 智慧財產及商業法院99年度民商訴字第10號民事判決。

[35] 最高法院97年度台上字第1552號民事判決；智慧財產及商業法院99年度民商訴字第51號民事判決。

失侵害其商標權者，得請求損害賠償（第3項）。

二、專屬授權人

　　商標權人得就其註冊商標指定使用商品或服務之全部或一部，授權他人使用其商標（商標法第39條第1項）。專屬被授權人在被授權範圍內，排除商標權人及第三人使用註冊商標（第5項）。商標權受侵害時，原則上專屬被授權人於專屬授權範圍內，得以自己名義行使權利。例外情形，係契約另有約定者，從其約定（第6項）。

三、外國人

　　外國法人或團體就本法規定事項得為告訴、自訴或提起民事訴訟，不以業經認許者為限（商標法第99條）。準此，未經我國認許之外國法人，自得依據商標法之規範，提出告訴、自訴或提起民事訴訟，以保護其商標權。

參、侵害商標之類型（104年律師；104、103、100年檢察事務官）

一、直接侵害

　　未經商標權人或標章權人同意，為行銷目的而有下列情形之一者，為侵害商標權或標章權。詳言之，除本法第36條另有規定外，下列情形，應得商標權人或標章權人之同意（商標法第68條、第94條）[36]：（一）其於同一商品或服務，使用相同於其註冊商標之商標者。所謂行銷目的者，係指在交易過程（in the course of trade）使用商標之行為而言，並不包含單純購買商品之消費行為[37]。成立本款之直接侵權，係兩者商品或服務同

---

[36] 商標法第94條規定：證明標章、團體標章或團體商標除本章另有規定外，依其性質準用本法有關商標之規定。
[37] 2012年7月1日施行之商標法第68條之修正說明。

一，且註冊商標或標章相同，而作爲商標使用者，不以有致混淆誤認之虞爲侵害商標權要件。所謂相同商標者，係指兩者圖樣完全相同，難以區分而言[38]；（二）其於類似之商品或服務，使用相同於其註冊商標之商標，有致相關消費者混淆誤認之虞者；（三）其於同一或類似之商品或服務，使用近似於其註冊商標之商標，有致相關消費者混淆誤認之虞者。職是，未經同意而使用他人商標或標章者，應否成立侵害商標權[39]。

商品或服務	註冊商標或標章	致相關消費者混淆誤認之虞	法條依據
同一	相同	無此要件	商標法第68條第1款
類似	相同	應有此要件	商標法第68條第2款
同一或類似	近似[36]	應有此要件	商標法第68條第3款

二、間接侵害

間接侵害並非直接將商標使用於商品或服務上，係以搭便車之行爲侵害商標，商標法爲求明確，商標法第70條以擬制之方式，規範該等侵害行爲。詳言之，未得商標權人同意，有下列情形之一者，視爲侵害商標權：

（一）惡意使用著名商標或標章

1. 要　件

明知爲他人著名之註冊商標而使用相同或近似之商標，有致減損著名商標之識別性或信譽之虞者（商標法第70條第1款）。其要件如後：(1)行爲人明知爲他人著名之註冊商標；(2)侵害客體爲他人著名已註冊商標；

---

[38] 智慧財產及商業法院104年度民商上字第1號民事判決。

[39] 適用商標法第68條之主要問題有三：1.商標使用之要件；2.商標近似、商品或服務類似之概念；3.判斷致相關消費者混淆誤認之虞。

[40] 最高行政法院94年度判字第1566號、第1567號行政判決：所謂商標近似者，係指系爭商標圖樣易使相關消費者，誤認其產製主體及銷售來源與商標權人（HELLO KITTY）具有關聯性。

(3)致有減損著名商標之識別性或信譽之虞者[41]；(4)未得商標權人同意而有使用行為。準此，著名商標之沖淡行為，不以將商標使用於同一或類似商品或服務為要件，亦不以致生混淆誤認之虞為要件[42]。所稱明知，係指明白知悉之意，不包含過失而不知，應由商標權人舉證證明之。再者，著名商標與侵權商標近似性越高，相關消費者聯想侵權商標為著名商標之關聯性越強，倘對著名商標指示單一或多數商品來源之識別力，造成減損者，即成立間接侵害商標權[43]。

2.減損識別性或信譽

所謂減損識別性者（diluting the distinctiveness），係指著名商標持續遭第三人襲用之結果，造成相關消費者心目中，就該著名商標與其所表彰之商品或服務來源間之關聯性將遭受淡化。故第三人襲用著名標章，有使著名標章之識別性受到減損、貶值、稀釋或沖淡之危險[44]。例如，將AVOV化妝品之名稱使用於服飾；或者將acer或IBM用於家具產品，均有減弱該等著名商標之識別性。再者，所謂減損信譽者（diluting the reputation），係指他人以違反社會倫理規範之方式襲用著名商標，或提供品質較差之商品或服務，影響商標權人或標章權人真品之社會評價[45]。

3.舉證責任

是否構成侵害著名商標，係以著名商標之識別性或信譽有無減損為斷，不以將商標使用於同一或類似之商品、服務，或發生混淆誤認之結果

---

[41] 最高法院97年度台上字第1619號、98年度台上字第1187號民事判決；智慧財產法院98年度民商上更（二）字第4號民事判決。

[42] 許忠信，論著名商標之沖淡行為與作商標使用行為之區別－94年度智上易字第5號判決評析，月旦裁判時報，4期，2010年8月，頁101。

[43] 沈宗倫，商標使用與著作商標之保護，智慧財產訴訟制度相關論文彙編，2輯，司法院，2013年12月，頁241至242。

[44] 林洲富，司法院研究年報，31輯4篇，商標侵權與損害賠償研究，司法院，2014年12月，頁169。

[45] 林洲富，司法院研究年報，31輯4篇，商標侵權與損害賠償研究，司法院，2014年12月，頁170。

爲要件。因減損爲事實問題，倘有減損情形，即符合減損規定，不以須達何種程度或比例時，始認爲符合減損要件，此爲減損可能說[46]。故市調資料雖未獲得逾半數之相關消費者認同之情況，仍可被視爲構成商標減損，其顯示商標減損問題，已自實質減損說修改爲減損可能說，對著名商標之識別性與商譽減損，賦予更完善之保護[47]。再者，權利人提出市場調查或徵信報告證明商標有減損之情事時，法院自應就市場調查或徵信報告內容，依其專業抽樣問卷及實際調查而得之意見，踐行調查證據程序而後定其取捨，並依其自由心證判斷事實之眞僞。倘法院對該報告書所爲之證據評價認不足取者，在證據調查前，亦應就證據上之爭點曉諭兩造，並向當事人發問或曉諭，令其聲明其他證據，俾爲適當完全之辯論，以避免發生訴訟上之突襲[48]。

（二）惡意使用著名商標或標章之特取部分

明知爲他人之著名註冊商標，而以該商標中之文字作爲自己公司、商號、網域，或其他表彰營業主體之名稱，致商品或服務相關消費者混淆誤認者或減損該商標之識別性或信譽之虞者（商標法第70條第2款）。其要件爲：1.明知爲他人著名之註冊商標；2.以該商標中之文字作爲自己公司、商號、網域，或其他表彰營業主體之名稱；3.致商品或服務相關消費者混淆誤認之虞或減損該商標之識別性或信譽之虞者；4.未得商標權人同意而有使用行爲。例如，原告爲「全國徵信社及圖」商標權人，其中「徵信社」不在專用之列，經營徵信事業，被告使用「全國」作爲其商號名稱，其登記營業項目爲工商徵信服務業，有致使相關消費者就被告之商號與原告註冊商標間產生聯想認爲兩者間具有特定之關聯，進而對原告所提供之服務與被告所提供或服務來源發生混淆誤認之可能，自構成侵害原告

---

[46] 馮震宇，商標減損之認定與商標侵權，臺灣法學雜誌，223期，2013年5月，頁151。

[47] 智慧財產及商業法院97年度民商上更（一）字第1號民事判決。

[48] 最高法院101年度台上字第902號民事判決。

之商標權[49]。

（三）準備、加工或輔助行為

明知有第68條侵害商標權之虞[50]，而製造、持有、陳列、販賣、輸出或輸入尚未與商品或服務結合之標籤、吊牌、包裝容器或與服務有關之物品，視為侵害商標權（商標法第70條第3款）。此為防止商標侵權之準備、加工或輔助行為，其包含侵權人本身所為之準備行為及第三人為商標侵權之加工或輔助行為。

三、使用他人商標為網域名稱

（一）定　義

所謂網域名稱（Domain Name）係指網路世界身分證或網路世界之地址（IP Address），每部電腦主機有其唯一之網域名稱，無法複製。國際上對於網域名稱之處理採先申請先使用或先到先選原則，其與我國商標法採先申請先註冊主義，具有相同之意旨，使得網域名稱與電子商務結合，成為企業之重要資產。參諸數位化時代之來臨，廣網路廣告依相關消費者搜尋特定產品或關鍵字之習性，將廣告主網址或廣告連結至相關消費者之搜尋結果頁面，相較於電視與平面廣告等傳統行銷模式，網路廣告具有成本較低與投資報酬易於掌握等優勢，益使網域名稱成為競相搶先註冊之商業利益[51]。再者，網域名稱層級架構分三層：1.第一層為區域簡稱。例如，我國為tw，大陸為cn；2.第二層為類別通稱，依據不同業務性質分

---

[49] 智慧財產及商業法院98年度民商訴字第2號民事判決。

[50] 未經商標權人同意，為行銷目的而有下列情形之一，為侵害商標權：1.於同一商品或服務，使用相同於其註冊商標之商標者；2.於類似之商品或服務，使用相同於其註冊商標之商標，有致相關消費者混淆誤認之虞者；3.於同一或類似之商品或服務，使用近似於其註冊商標之商標，有致相關消費者混淆誤認之虞者（商標法第68條）。

[51] 林洲富，司法院研究年報，31輯4篇，商標侵權與損害賠償研究，司法院，2014年12月，頁193。

類。例如，edu為教育單位及學術研究單位，com為商業團體組織，gov為政府機關，org為財團法人、社團法人；3.第三層為特定名稱，此由申請人自行命名。例如，可口可樂公司用有「www.cocala.com」網域名稱。

（二）爭議處理

1.網路蟑螂

在電子商務之發展下，網域名稱係網際網路交易架構中之重要一環，其得使網路使用人經由網址，而得知該網站所提供之服務或資訊，此種發展對商標法有重大影響。因由於商標法之規定，僅保護商標權人之使用，對於網路蟑螂之行徑，並非商標法規範內容。所謂網路蟑螂（cybersquatter），係指搶先登記他人公司名稱或商標，作為網域名稱之一部，企圖待價而沽。

2.我國網域名稱爭議處理辦法

依據我國網域名稱爭議處理辦法第5條認定，註冊人惡意註冊或使用網域名稱之因素有二：(1)惡意利用其他自然人或法人之商標作為網域名稱以謀取非法利益。例如，出租、出售或妨害商業競爭等行為；(2)網域名稱與申訴人之商標、標章、姓名、事業名稱或其他標識相同或近似而產生混淆誤認。美國國會於1999年11月通過反網路蟑螂法（Anti-cyber-squatting Act），其主要目的在於防止惡意利用其他自然人或法人之商標，作為網域名稱以謀取非法利益，其立法意旨與我國網域名稱爭議處理辦法第5條規定大致相符。

3.公平交易法

網路蟑螂之行為阻礙原表徵所有人進入網際網路市場爭取交易機會，違反競爭效能，影響交易秩序而顯失公平，原得依據公平交易法加以規範。因目前有網路名稱爭議處理機制，故應先循爭議處理機制解決，繼而依據公平交易法第22條之仿冒行為或第25條之不公平行為處理。

4.我國與國際之網域名稱相關組織

目前國際間積極統合網域名稱與商標權衝突之解決，目前重要之國際組織有二：世界智慧財產組織（WIPO）與網域指定名稱及號碼機構（Internet Corporation for Assigned Names and Numbers, ICANN）。至於我國網域名稱相關組織有三：(1)財團法人臺灣網路資訊中心（TWNIC）為註冊管理機關；(2)受理註冊機構有SEEDNet、教育部電算中心（TANet）及行政院研考會；(3)爭議處理機構有財團法人資訊工業策進會及臺北律師公會。

四、仿冒行為之制止（104年檢察事務官）

事業就其營業所提供之商品或服務，不得有下列行為：（一）以著名之他人姓名、商號或公司名稱、商標、商品容器、包裝、外觀或其他顯示他人商品之表徵，於同一或類似之商品，為相同或近似之使用，致與他人商品混淆，或販賣、運送、輸出或輸入使用該項表徵之商品者（公平交易法第22條第1項第1款）；（二）以著名之他人姓名、商號或公司名稱、標章或其他表示他人營業、服務之表徵，而於同一或類似之服務為相同或近似之使用，致與他人營業或服務之設施或活動混淆者（第2款）。前開姓名、商號或公司名稱、商標、商品容器、包裝、外觀或其他顯示他人商品或服務之表徵，依法註冊取得商標權者，不適用之（第2項）。

（一）仿冒著名商品表徵

成立商品表徵之仿冒要件有三（公平交易法第22條第1項第1款）：1.以著名之他人姓名、商號或公司名稱、商標、商品容器、包裝、外觀或其他顯示他人商品之表徵。所謂著名者，係指具有相當知名度，為相關事業或消費者多數所周知[52]；2.為相同或類似之使用：本款所稱相同，係指文字、圖形、記號、商品容器、包裝、形狀、或其聯合式之外觀、排列、設色完全相同而言；而類似則指因襲主要部分，使相關事業或消費者於購買時，施以普通注意猶有混淆誤認之虞者[53]；3.致與他人商品混淆：所謂混

---

[52] 智慧財產及商業法院98年度民公上字第1號民事判決；已廢止公平交易委員會對於公平交易法第20條案件之處理原則第2點、第3點。

[53] 已廢止公平交易委員會對於公平交易法第20條案件之處理原則第5點。

淆者，係指相關事業或消費者對於商品或服務來源，有誤認誤信而言。例如，「林記新東陽」與「新東陽」之主要部分均為「新東陽」，兩者構成相同，致相關消費者致生混淆之可能。

（二）仿冒著名服務表徵

事業以著名之他人姓名、商號或公司名稱、標章或其他表示他人營業、服務之表徵，而於同一或類似之服務為相同或近似之使用，致與他人營業或服務之設施或活動混淆者（公平交易法第22條第1項第2款）。例如，美國職業籃球各球隊之執行總公司以「NBA」經營美國職籃各球隊之籃球比賽，並由其負責宣傳、策畫、執行及發送，且多樣化發展業務服務。美商NBA公司在臺灣地區，亦以「NBA」圖樣，取得著名表徵，指定使用於不同相關服務，故NBA」字樣足為公平交易法上所稱之表徵。A公司使用「www.nba.com.tw」與美商NBA公司所有「NBA」表徵相同之網域名稱，從事與美商NBA公司以該表徵所提供服務之相類服務，此使用之結果，致使相關消費者混淆美商NBA公司與A公司所提供之服務，A公司違反公平交易法第22條第1項第2款。職是，A公司不得使用相同或類似於「NBA」字樣作為其英文網址名稱之特取部分。A公司應向財團法人臺灣網路資訊中心辦理註銷「www.nba.com.tw」網域名稱之登記（公平交易法第29條）[54]。

五、案例分析[55]

（一）銷售行為逾約定庫存銷售期

被授權人於商標授權契約期滿後，已無授權關係存在，授權契約已約定未於處理期限販售完畢之庫存商品，應在授權人之控制監督，去除所有授權商標或記號。倘被告明知合約規定之內容，仍於處理期間經過後，在

---

[54] 臺灣臺北地方法院90年度國貿字第16號民事判決。

[55] 林洲富，逾越商標授權契約之商品銷售，智慧財產權月刊，263期，2020年11月1日，頁51至55。

未去除原授權商標印記之情形，繼續販售附有商標圖樣之商品，其屬未經授權或同意，其擅自以陳列或販賣商標商品，成立侵害商標權[56]。例如，被告於商標授權合約或再授權契約，所約定庫存銷售期屆滿後之銷售行為。銷售行為已超過約定之庫存銷售期，其所為之商品交易流通，並非由商標權人或經其同意所為，是被告單方面違反約定之銷售行為，自無商標權利耗盡原則之適用。參諸商標授權合約或再授權契約可知，商標權人為使商品交易流通所設定之對價，是依照銷售數量計算，而非單純固定數額。在超過約定庫存銷售期後，被告依約不能繼續銷售庫存商品，被告違約逾期銷售，不能依約提報銷售額，並計算給付應付之授權金。準此，銷售行為逾約定之庫存銷售期，不適用商標權利耗盡原則，成立侵害商標之行為[57]。

（二）未遵守品質約定

　　當事人簽訂商標授權契約，自當事人所約定之條款，倘無被授權人於製造銷售商品前，未經送審查合格者，不得使用商標之字樣，可認為就生產商品之式樣與品質之約定，並非授權或限制使用商標權之要件，被授權人違反者，不成立商標侵害，僅違反授權契約之條款。反之，授權契約有明定應經授權人審核商品之品質，或其品質應達商標權人之最低品質要求者，始得使用商標，倘被授權人違反該等條款，同時構成商標侵害與違約事由[58]。因被授權人有控制品質之義務，縱使授權關係存續中，倘符合商標侵害之構成要件，商標權人仍可主張被授權人商標侵害。準此，被授權人經商標權人同意使用商標而製造商品，嗣後將商品於交付予商標權人時，因不符合約定之規格而遭退貨，商品未符合商標權人使用商標所確保之品質，自不得繼續標示商標而流通販賣，被授權人未予除去商標之標

---

[56] 智慧財產及商業法院99年度附民上字第14號刑事附帶民事訴訟判決。

[57] 智慧財產及商業法院107年度刑智上易字第5號刑事判決。

[58] 最高法院93年度台上字第1751號民事判決；臺灣高等法院臺中分院96年度上訴字第2475號刑事判決。

示，販售有瑕疵之商品予相關消費者，成立商標侵害。

（三）逾越授權區域

　　商標權人得就其註冊商標指定使用商品或服務之全部或一部指定地區為專屬或非專屬授權（商標法第39條第1項）。準此，授權契約之約定授權區域，其屬於授權使用商標之條件，故被授權人逾越授權區域，違反授權契約中之授權範圍，自屬於侵害商標權[59]。例如，原告為我國全國性之電器通路商，被告取得原告授權在臺中地區，以原告之服務商標經營電器零售店。被告嗣以原告之服務標章作全國性之郵購服務，是被告逾越授權區域使用商標，侵害原告之服務商標。

（四）逾越授權商品或服務

　　商標授權契約有約定授權使用商標之商品或服務範圍，被授權人逾越授權契約之約定商品或服務，其構成商標權之侵害[60]。因被授權人在授權範圍外，從事銷售未經授權之商品或服務，可能致相關消費者產生授權關係之混淆誤認，應成立商標侵權行為。

（五）直營店與加盟店

　　商標授權有所謂直營店與加盟店之關係。所謂直營店，係指為總公司自己所經營之分店，既為總公司自己經營之分店，其有權使用總公司所使用之商標。故關係人間以共同設立公司之意思經營公司業務，並有股東出任公司負責人參與經營，其類型應為直營店而非加盟店。股東間嗣後雖因經營理念不合發生糾紛而拆夥，然不影響直營店之直營屬性，不致使直營店轉成為加盟店。準此，股東間進行解散清算前，股東間關係仍然存在，直營店於此期間內繼續使用商標，尚難認為有侵害商標權，自不發生民事賠償責任。反之，加盟契約被合法終止後，因加盟店非總公司之分店，倘

---

[59] 臺灣高等法院92年度上易字第357號民事判決。
[60] 臺灣高等法院臺中分院89年度上訴字第2361號刑事判決。

繼續使用商標，則有民事賠償責任[61]。

（六）商品回收或維修

　　將商品回收後直接再利用、整理維修、分解為零件或原料後利用，除可減少原物料與能源之消耗外，亦能處理廢棄物過多之問題，避免造成環境負擔。就相關消費者立場而言，能在商標權人所製造之真品與第三人銷售之回收真品間進行選擇，雖為有益之事。然回收再利用或維修商品之品質有不確定性，可能使相關消費者遭受損害。對商標權人而言，回收市場中之商品銷售，對其商標新品銷售，會發生某種程度之影響，甚至損及累積多年之商譽，商標權人顯不樂見回收商品存在[62]。例如，真品碳粉匣附有原商標之標識，而碳粉使用完畢之真品碳粉匣，經第三人回收填充欲加以行銷時，因該商品已與真品之內容及品質有別，基於保障消費者權益及維護市場公平競爭，第三人負有將商標除去之義務。否則與標示商標之積極行為無異，其屬商標之使用[63]。反之，第三人所用回收之原廠空墨水匣，雖留有外殼烙印之商標，惟商標圖樣係於開模時，直接烙印在墨水匣，事後欲刮除或磨除，相關除去成本過高，顯非節省資源之回收目的。倘第三人已撕除原廠標籤，並換貼自行製作之標籤，載明品牌及商標均歸相關權利人所有，此僅為描述性目的。明確表示其上商標圖樣純為商品，為與印表機相容使用之墨水匣型號之說明，相關商標權歸屬原商標權人所有，足供相關消費者分辨回收墨水匣商品，來自不同之產製者，而與原廠墨水匣有所區別，不成立商標使用，未侵害他人之商標權[64]。

---

[61] 智慧財產及商業法院98年度民商上字第11號民事判決。
[62] 陳宏杰，商品回收、翻新、維修與商標權耗盡問題之探討，智慧財產月刊，175期，2013年7月，頁29。
[63] 智慧財產及商業法院98年度刑智上易字第48號刑事判決。
[64] 智慧財產及商業法院98年度刑智上易字第143號刑事判決。

肆、禁止侵害請求權

一、性　質

　　因商標權有排他性之性質，其係準物權，具有所有權之物上請求權（民法第767條第1項）。其於商標權受侵害時，商標權人除得請求賠償損害外，並賦予排他妨害之權利，此稱爲禁止侵害請求權。其具有事先迅速制止侵害行爲及防範侵害行爲於未然之功能，對於商標權人之保護較爲周密，可減免其損害之發生或擴大。因排除侵害及防止侵害請求權，僅要有侵害或侵害之虞等事實發生，即可主張之，故不考慮其主觀可歸責之要素，是不以商標侵權行爲人有故意或過失爲要件。

二、態　樣

　　禁止侵害請求權之排他態樣有二：（一）請求排除已發生之商標權侵害，此爲排除侵害請求權（商標法第69條第1項前段）；（二）侵害尚未發生而有侵害之虞者，即就現有既存之危險狀況加以判斷，商標權人之商標權在客觀上，被侵害之可能性極大，其有事先加以防範之必要者，自得請求防止之，此爲防止侵害請求權（第1項後段）[65]。

三、有侵害之虞

　　所謂侵害商標權，係指第三人非法妨礙商標權之圓滿行使，而商標權人無忍受之義務。侵害須已現實發生，且繼續存在。倘爲過去之侵害，則屬損害賠償之問題。所謂有侵害之虞，係侵害雖未發生，就現在既存之危險狀況加以判斷，其商標權有被侵害之可能，有事先加以防範之必要，而不以侵害曾發生，有繼續被侵害之虞爲必要。職是，因得請求排除之侵害，須現尚存在；有無侵害之虞，須就現在既存之危險狀況加以判斷，依

---

[65] 智慧財產及商業法院105年度民商上字第8號民事判決。

現行有效之商標法規定[66]。

伍、損害賠償請求權

一、侵權行為之成立要件

（一）侵害商標權之構成要件

　　我國商標法對於侵害商標權之損害賠償責任設有特別規定（商標法第69條第3項）。商標法有特別規定應優先適用之，其為民法侵權行為之特別規定。因侵害商標權係屬侵權行為之類型之一，倘商標法未規定，自得適用民法有關於侵權行為之規範以為補充[67]。在商標侵權事件之場合，被控侵權行為人就其行為應負損害賠償責任，其前提必須符合侵權行為之成立要件。因侵權行為之責任標準，採以過失責任為原則，故意或過失之主觀要件，係認定是否侵害商標之前提與要件（商標法第69條第3項）。侵害商標之構成要件：1.須有侵害商標之行為；2.行為具備不法性；3.須有侵害商標權；4.須有損害發生；5.行為與損害間具有相當因果關係；6.須有責任能力；7.無阻卻違法事由存在；8.須有故意或過失；9.客觀之責任事由；10.未受商標權效力限制。職是，我國對於侵害商標之損害賠償之基本原則，係使侵權行為人回復至不法侵害行為發生前之狀態，令其負財產上及非財產上之損害賠償。

（二）過失主觀要件客觀化

　　探討商標侵害行為之成立要件，在體系結構上有討論侵權行為之三層結構：構成要件、違法性及故意過失等層次。三層結構在邏輯上具有一定次序之關聯，須先有符合構成要件之事實行為，繼而判斷該當行為是否違法，最後就違法性之行為，認定有無故意或過失之主觀要件。因商標權係

---

[66] 司法院104年度智慧財產法律座談會彙編，智慧財產及商業法院，2015年5月，頁42至43。最高法院87年度台上字第2319號民事判決。

[67] 王澤鑑，侵權行為法，第1冊，三民書局股份有限公司，1998年12月，3刷，頁192至193。最高法院93年度台上字第2292號民事判決。

採登記及公告制度，處於任何人均可得知悉之狀態，故提供商品或服務而具有通常知識者，自不得諉稱不知商標權之存在，抗辯其無過失[68]。本文認過失概念有客觀化之傾向，其意涵「應注意而不注意」或「怠於交易上所必要之注意」時，自應負過失責任。況商標侵權已成為現代企業經營所應面臨之風險，事業於從事進口、生產、製造與銷售之際，應較以往負有更高之風險意識與注意義務，避免侵害他人之智慧財產權。準此，對於具有一般風險意識之事業而言，其從事生產或銷售行為之際，自應就其提供之商品或服務，是否有侵害商標作最低限度之商標權查證，倘未查證者，難謂無過失，而經查證有商標權存在，竟提供侵害商標權之商品或服務，其有故意至明[69]。例如，甲之商標客觀上侵害乙之商標，而甲係於其商標獲准註冊後，始將商標使用於指定之手錶商品。甲信賴智慧財產局專業之審查，其已盡交易之必要注意義務，確信其取得商標權，始將其使用於指定之手錶商品，難謂甲有故意或過失侵害乙之商標權[70]。

（三）著作財產權與商標權競合

同一商品上同時享有著作財產權與商標權之保護，在評價權利人遭受不法侵害所受損害時，應觀察權利人依據不同法律規定，所得請求加害人之賠償是否足以完全填補損害，倘依據其中之一法律規定請求，可完全填補損害，致與其他未經援用請求加害人賠償之法規範構成請求權規範競合，行使其一者，其餘未經援用之法規範，即失其經濟效益，不得再予行使，否則將對損害之填補造成過度評價。反之，倘權利人行使其中一請求權損害，仍無法完全獲得填補，其餘尚未行使之請求權，具有補充之功能，權利人於損害未獲得完全填補之範圍，得依據其餘之請求權基礎，請求加害人賠償損害。易言之，同一商品上同時享有著作財產權與商標權之保護，著作權法與商標法上之損害賠償請求權，並非必定可同時行使，尚

---

[68] 智慧財產及商業法院107年度行商訴字第78號行政判決。
[69] 智慧財產及商業法院99年度民商訴字第51號民事判決。
[70] 智慧財產及商業法院104年度民商上字第1號民事判決。

必須視權利人所受損害獲塡補之情形而斷[71]。

二、損害賠償之計算

　　商標權人請求損害賠償時，得就具體損害計算說、利益差額說、總利益說、總銷售額說、商品單價加倍計算說或權利金說，擇一計算其損害（商標法第71條第1項）[72]。此爲法定計算侵害商標權之損害金額，法院與當事人均不得自創計算方式。

（一）具體損害計算說

　　商標權人得依據民法第216條之規定，以商標權人所受損害及所失利益爲基準（商標法第71條第1項第1款本文）。作爲賠償金額，此爲民事賠償之原則規範，以塡補權利人之損害爲原則。所受損害者，係指現存財產因損害事實之發生而被減少，該損害與責任原因具有因果關係存在，其屬於積極損害。例如，因第三人仿冒商標，導致商譽受損。再者，所謂所失利益者，係指新財產之取得，因損害事實之發生而受妨害。倘無責任原因之事實，即能取得此利益，因有此事實之發生，導致無此利益可得，其屬於消極損害[73]。例如，因第三人仿冒商標，導致商標權人之客戶流失而所喪失之營業額。

（二）利益差額說

　　因商標權人欲取得證明商標權人所受損害及所失利益之事證，並非易事。例如，侵權行爲人之相關營業額或銷貨資料。倘商標權人不能提供證據方法以證明其損害時，商標權人得就其使用註冊商標通常所可獲得之利益（profit），減除受侵害後使用同一商標所得之利益，以其差額爲所受損害，請求侵權行爲人賠償，其亦採塡補損害爲原則（商標法第71條第1項第1款但書）。使用商標權通常可獲之利益，係指無商標權被侵害時，

---

[71] 智慧財產及商業法院100年度重附民上字第2號刑事附帶民事訴訟判決。
[72] 商標法第71條第2項規定：前項賠償金額顯不相當者，法院得予酌減之。
[73] 最高法院48年台上字第1934號民事判決。

商標權人在相當期間內之正常營運，使用商標權所能獲得之利潤。此係減輕商標權人之舉證責任之規定。例如，甲為A商標權人，乙未經甲同意或授權仿冒A商標，甲於A商標遭仿冒前，使用A商標所獲之利益為新臺幣（下同）100萬元，而甲於A商標遭仿冒後，使用A商標所獲之利益降為50萬元，仿冒前後之利益差額50萬元，是A商標權人甲得向侵害商標行為人乙，請求50萬元之損害賠償。

（三）總利益說

1.侵權行為人因侵害行為所得之利益

商標權人得以侵權行為人因侵害行為所得之利益，作為損害求償之範圍（商標法第71條第1項第2款前段）[74]。此以侵害商標者因侵害行為所得之利益，作為損害賠償金額之基準。所謂侵害行為所得利益，係指侵害人因侵害所得之毛利，扣除侵害行為所需之成本及必要費用後，所獲得之淨利而言。例如，乙未經甲同意或授權仿冒甲之所有A商標，乙使用A商標所獲之利益為新臺幣（下同）100萬元，其扣除支出成本50萬元與必要費用20萬元，乙使用A商標所得淨利為30萬元，是A商標權人甲得向侵害商標行為人乙，請求30萬元之損害賠償。

2.財政部所頒同業利潤標準表

財政部各地區國稅局依據普查結果訂定同業利潤標準，並報請財政部備查，而按行業別逐年更新。因同業利潤標準係屬推定之課稅方式，其所訂利潤通常均偏高，具懲罰之性質[75]。申言之，財政部所頒同業利潤標準表僅係供企業報稅及稅捐機關稽徵稅負使用，無法實際反映個別公司之具體成本，除非經兩造當事人同意，或確無他法外，不得逕引財政部所頒同業利潤標準表作為計算實際獲利之依據[76]。

---

[74] 王敏銓，商標侵害損害賠償之計算—以合理權利金、侵害所得利益、法定賠償額為中心，月旦法學雜誌，274期，2018年3月，頁146。

[75] 最高法院98年度台上字第2419號、107年度台上字第1038號民事判決。

[76] 智慧財產及商業法院102年度民商上字第3號民事判決。

（四）總銷售額說

　　商標權人得依行為人侵害商標權行為所得之收入，作為求償之金額。因我國商標法就成本（costs）及必要費用（necessary expenses）之舉證責任，採舉證責任倒置之原則，不由商標權人證明，應由商標侵權行為人（infringer）舉證。倘商標侵權行為人不能就其成本或必要費用舉證以實其說，得以銷售該項物品之全部收入，作為所得利益之基準（商標法第71條第1項第2款後段）。例如，乙未經甲同意或授權仿冒甲之所有A商標，乙使用A商標所獲之利益為新臺幣（下同）100萬元，倘乙無法證明其所支出成本與必要費用，是A商標權人甲得向侵害商標行為人乙，請求100萬元之損害賠償。

（五）商品單價倍數計算說

1.侵權商品零售單價

　　商標權人得就查獲侵害商標權商品之零售單價1,500倍以下之金額，作為損害賠償數額，非就查獲商品之總價定賠償之數額（商標法第71條第1項第3款本文）。就我國侵害商標之民事訴訟而言，權利人常主張以查獲仿冒商標商品單價之倍數，作為計算損害賠償之基準[77]。例如，乙未經甲同意或授權仿冒甲之所有A商標，經查獲侵害之仿品有1,000件，乙出售仿品之零售單價為新臺幣（下同）1,000元，是A商標權人甲得向侵害商標行為人乙，請求150萬元以下金額。倘所查獲商品逾1,500件時，以其總價定賠償金額，以符合實際損害（但書）。例如，乙經查獲侵害之仿品有5,000件，乙出售仿品之零售單價為500元，是A商標權人甲得請求侵害商標行為人乙賠償250萬元。因冒用他人商標之商品，通常不循正常商業機制銷售，其銷售之數量或被害人之損害難以計算或證明，為減輕被害人之舉證責任，乃以侵害商標權商品之零售單價倍數，作為損害賠償之計

---

[77] 最高法院102年度台上字第974號民事判決；智慧財產及商業法院105年度民商上字第10號、109年度民商上易字第2號民事判決；智慧財產及商業法院105年度附民上字第14號、第15號、第16號刑事附帶民事訴訟判決。

算基礎。所謂零售單價，係指侵害他人商標權之商品時，其實際出售商品之單價，非指商標權人自己商品之零售價或批發價，倘未行銷出售，自無零售價可言[78]。

2.查獲範圍

實務就查獲之範圍有二說：(1)認為查獲之範圍，不以市場或侵害所有場所實際查獲之實務為限，凡以任何方法知悉他人侵害商標權而製造之貨品數量，均應構成查獲數量[79]；(2)認為查獲侵害商標權之商品，雖非以經扣押為必要，然以經受害人實際查獲之仿冒商品為限[80]。再者，所謂查獲商品數量，係指得單獨零售之商品個體本身而言。至經包裝後之整盒商品，因係將商品個體本身擴大為另一交易單位，非計算商品數量之基準[81]。

3.通常零售之常態價格

商標法第71條第1項第3款所設零售單價倍數或法定賠償額之規定，係為減輕商標權人之舉證責任，以推估商標侵權人實際製造、銷售仿冒商品之件數，而定其倍數，所擬制之法定賠償額，選擇依該規定請求者，不以證明損害及其數額為必要。仿冒商品之零售單價，應指在通常情形零售時之常態價格而言，不包括偶發之非常態價格，倘侵權人僅偶發性以促銷價銷售時，仍應以原價為其零售單價[82]。

4.侵害服務商標

商標法第71條第1項第3款規定侵害他人商標商品之單價倍數計算，不包含侵害他人服務商標之損害賠償算。例如，被控侵權商標是使用在線上語言教學服務，其表彰之客體並非特定商品之零售單價，不適用本款計

---

[78] 最高法院90年度台上字第324號、91年度台上字第1411號民事判決。
[79] 最高法院87年度台上字第2037號民事判決。
[80] 最高法院84年度台上字第2151號、88年度台上字第2586號民事判決。
[81] 最高法院82年度台上字第557號民事判決。
[82] 最高法院106年度台上字第1179號民事判決。

算損害賠償[83]。

（六）權利金

商標權人得以相當於商標權人授權他人使用所得收取之權利金額，作爲損害賠償之數額（商標法第71條第1項第4款）。職是，第三人欲合法使用註冊商標，本應經由商標授權之方式，在授權範圍內支付對價，以取得合法權源。故未經商標授權之侵害使用行爲，對於商標權人所造成之損害，其相當於侵害商標權人經由授權條件可取得之客觀財產價值，此爲擬制授權金之概念。故得參考商標權人於實施授權時，可得收取之合理權利金數額，核定損害賠償之數額[84]。例如，美國聯邦第7巡迴上訴法院1992年之Sands, Taylor & Wood Co. v. Quaker Oats Co.判決[85]，法院拒絕原告主張之損失利益，而建議使用合理授權費之數額。因被告前使用商標時，係經原告之授權，故以曾給付之合理權利金數額，作爲計算原告損害之標準。

（七）酌減說

商標權人依據商標法第71條第1項規定，請求侵權行爲人賠償金額顯不相當者，法院得予酌減之（商標法第71條第2項）。例如，損害賠償金額逾侵害者所得利益甚多，爲期公平起見，法院得酌減賠償金額。申言之，侵權行爲賠償損害之請求權，乃在塡補被害人之實際損害，而非更予以利益，故損害賠償以受有實際損害爲成立要件。商標法第71條規定商標權受侵害之請求損害賠償，係侵權行爲賠償損害請求權之一種，自有適用損害塡補法則。商標權人固得選擇以查獲仿冒商品總價定賠償金額，然法院可審酌其賠償金額是否與被害人之實際損害相當，倘顯不相當，應予以酌減，始與侵權行爲賠償損害請求權，在於塡補被害人實際損害之立法

---

[83] 智慧財產及商業法院107年度民商上字第1號、第5號民事判決。

[84] 最高法院87年度台上字第2037號民事判決。

[85] Sands, Taylor & Wood Co. v. Quaker Oats Co.,978 F.2d 947, 963 (7th Cir. 1992), cert. denied, 507 U.S.1042 (1993).

目的相符[86]。法院經審酌商標之知名度、實際查獲商品數量、原告所受損害、侵害類型、侵害期間、被告銷貨與進貨數量、防冒商標之近似性、被告經營規模、市場之流通性、被告侵害商標所得利益、原告因系爭商標侵權而與第三人和解金額等事項，倘認為原告請求損害賠償金額，顯屬過高，為防止原告有不當得利或懲罰被告之嫌，自得酌減賠償金額[87]。

三、業務上信譽損害

（一）自然人

損害賠償不以金錢之損害為限，商標權人之業務上信譽，因侵害而致減損時，並得另請求賠償相當之金額（民法第195條第1項前段）。我國有關人格權受侵害後，被害人得請求非財產上損害賠償規定，向來僅限於自然人部分，商標權人為法人時，不得請求非財產上損害賠償[88]。

（二）法　人

1. 本文見解

法人為累積其商譽，常須經年累月投資於廣告行銷，對於品質部分，更須殫精竭慮嚴格要求，其品牌之可信賴性，始能稍見成效，倘他人得以劣質物品混充真品，不僅一方面依附真品名譽獲取非法暴利，另方面亦使相關消費者對真品品質印象產生錯誤之認知，凡此難謂對商標權人無任何影響，是信譽受損，本文認得依人格權相關規定請求損害賠償，此規定未限制以自然人為限（民法第18條）。準此，業務上損害賠償請求權係有別於商標法第69條第3項財產上損害賠償請求權。非財產上損害賠償請求權，須證明商標權人之業務上信譽，因商標受侵害致有減損之事實，始得

---

[86] 最高法院97年度台上字第1552號民事判決。

[87] 智慧財產及商業法院99年度民商訴字第51號民事判決；智慧財產及商業法院107年度附民字第4號刑事附帶民事判決。

[88] 最高法院62年度台上字第1949號民事判決；智慧財產法院104年度民商上易字第5號民事判決；司法院106年度智慧財產法律座談會彙編，2017年5月，頁37至40。

請求賠償，而其賠償之金額，自應審酌商標權人之信譽程度、當事人雙方之資力、侵害商譽之情節及其他一切情事定之[89]。例如，商標權人得提出其基本資料、營業資料、真品與仿品之品質比對，證明商標權人之信譽程度[90]。

2.商譽權具財產與非財產雙重性質

企業經營者為累積其商譽，除需長時間投資於廣告行銷外，對於商品品質亦需嚴格要求，始可取得相關消費對於商品之信賴。隨社會變動、科技進步、傳播事業發達及企業競爭激烈，商譽除表彰企業經營者之信用，具有人格權之非財產權性質外，其於商業活動，亦可產生一定之經濟效益，具有經濟利益，而具財產權之性質，應受保障。倘因協同廠商或第三人提供劣質商品於市場販售，足使相關消費者對真品品質及評價產生錯誤之認知與貶損。衡諸交易常理，對於企業經營者之商譽將有所減損。因企業經營者之商譽，本屬抽象存在之概念，其損害金額不易具體計算。因商譽權具財產與非財產雙重性質，故侵害商譽權之財產與非財產之損害，得依據民法第184條與第195條第1項規定請求損害賠償。商譽權受侵害之賠償金額，應由法院斟酌當事人之地位、經濟能力、加害程度及其他一切情形酌定相當之金額[91]。

陸、銷毀請求權

一、無過失責任

由於商標權為無體財產權，具有準物權之性質，商標權對於侵害商標權之物品或從事侵害行為之原料或器具，得請求銷毀或為其他必要之處

---

[89] 最高法院91年度台上字第1949號民事判決。

[90] 智慧財產及商業法院98年度民商上字第5號、第15號、第18號、第20號民事判決；99年度民商訴字第51號民事判決。

[91] 最高法院91年度台上字第1949號、104年度台上字第1407號民事判決；智慧財產及商業法院107年度民他上更（二）字第2號民事判決。

置，作為有效排除及防止商標侵害之手段，此為商標權人之銷毀請求權（商標法第69條第2項本文）。商標權人行使銷毀請求權，並不以行為人或持有人有故意或過失為限，其類似民法第767條第1項之所有權妨害除去請求權。將侵害物品及製造侵害物品之原料、器具銷毀之，使其不流入市場，得將侵權之損害或危險降至最低限度；相較於保全程序而言，保全程序僅得維持現狀或禁止侵害物品流入市場，銷毀請求權顯然對於商標權人之保護較周全[92]。

二、比例原則之適用

商標權人對於侵害行為，固得請求銷毀侵害商標權之物品及從事侵害行為之原料或器具，惟得以對相對人及第三人權益侵害較小之手段而能同樣達成保障商標權人利益者，法院應採取其他較小侵害手段以代替銷燬，俾於符合比例原則。舉例說明如後：（一）對於侵害商標權之物品，以避免對權利人造成損害之方式，命於商業管道外處分之；（二）就不以製造侵害商標權物品為主要用途之原料或器具，固無須命為銷燬，對於主要用於製造侵害物品之原料或器具，亦得以將再為侵害之危險減至最低之方式，命於商業管道外處分之。法院雖有命令銷燬之權力，然得依職權選用銷毀方式，而選擇侵害性較低之方式。準此，法院得審酌侵害之程度與當事人以外第三人利益等因素，得為其他必要之處置（商標法第69條第3項但書）。

柒、登報請求權

一、請求權基礎

商標權人得請求由侵害商標權者負擔費用，將侵害商標權情事之判決書內容全部或一部登載新聞紙（民法第195條第1項後段）。判決書包含

---

[92] 智慧財產及商業法院105年度附民上字第27號刑事附帶民事訴訟判決。

刑事判決與民事判決，商標權人應待判決確定，始得請求侵權者登載判決書。

二、審酌因素

　　登報請求權就登報方法及範圍，如何始為適當，法院應參酌被害人之請求及其身分、地位、被害程度等各種情事而為裁量。是侵害商標權之損害賠償額與支出判決書之登報費用，兩者均屬行為人應負之民事責任，倘商標權人之損害已獲得適當之補償，自無必要再命行為人負擔費用，將判決書內容全部或一部刊登在新聞紙。登報費用與侵害商標權所生之損害賠償間，兩者必須相當，始符合公平原則。準此，法院應審酌具體個案情節，判斷其刊登之方式與內容，是否有為必要之範圍，始可謂適當處分[93]。例如，上訴人長期侵害被上訴人之系爭商標，並自攀附系爭商標之商譽，獲得經營旅館之商業利益，參酌系爭商標為著名商標，被上訴人就侵害系爭商標，客觀上有登報公示社會大眾之必要性，減免第三人嗣後侵害系爭商標之可能性。有鑑於現今資訊傳遞無遠弗屆，基於比例原則，上訴人僅須將本件判決書案號、當事人欄、案由欄及判決主文內文，以新細明體10號字體刊載於中國時報全國頭版下半頁1日，即為已足。顯無同時將判決書刊登於中國時報、自由時報、聯合報、蘋果日報4份報紙之必要性，且以20號字體刊登，亦屬過當，被上訴人逾此範圍之請求為無理由，不應准許[94]。

---

[93] 大法官釋字第656號解釋；最高法院105年度台上字第1912號、99年度台上字第1259號民事判決；智慧財產及商業法院108年度附民上字第29號刑事附帶民事訴訟判決。

[94] 智慧財產及商業法院105年度民商上字第8號民事判決。

捌、邊境管制[95]

一、輸出或輸入侵權商品

　　民事救濟及刑事制裁，均屬事後之救濟手段，係發生侵害後之補救措施，倘得於事前預作防範措施，防止侵害發生，對於商標權人保護較佳。準此，進行邊境管制措施，在海關查扣侵害商品，使其無法輸出或輸入國際或國內市場，以造成商標權人之損害。而商標權人對輸入或輸出有侵害其商標權之物品，得申請海關先予查扣（商標法第72條第1項）。查扣申請，應以書面為之及釋明侵害事實，並提供相當於海關核估該進口貨物完稅價格，或出口貨物離岸價格之保證金或相當之擔保（第2項）。認定是否有侵害商標權之物品，係由商標權人釋明侵害情形。邊境管制之範圍為轉出（export）與輸入（import），轉運（transit）與復運出口（re-export）均屬進口貨物行為。至於單純轉口（transhipment）行為，因不經進口與出口通關程序，應非輸入或輸出行為所涵蓋。

二、保護被查扣人之程序

　　有鑑於貨物遲延，所造成之損害可能難以估計，為保護被查扣人之權益，使被查扣人減免損害，被查扣人得提供二倍之保證金或相當之擔保，請求海關廢止查扣，並依有關進出口貨物通關規定辦理（商標法第72條第4項）。商標法第73條第1項有規定廢止查扣之五種事由：（一）申請人於海關通知受理查扣之翌日起12日內，未依第69條規定就查扣物為侵害物提起訴訟，並通知海關者；（二）申請人就查扣物為侵害物所提訴訟經法院裁定駁回確定者；（三）查扣物經法院確定判決，不屬侵害商標權之物者；（四）申請人申請廢止查扣者；（五）被查扣人得提供相當於海關核估該進口物品完稅價格或出口物品離岸價格之二倍保證金或相當之擔保。查扣物經法院確定判決不屬侵害商標權之物者，申請人即無法正當化

---

[95] 參照TRIPs第51條至第60條關於侵害商標權物品邊境管制措施之規定。

其對被查扣人所造成權利限制之手段。申請人應賠償被查扣人因查扣或提供商標法第72條第4項規定保證金所受之損害（商標法第74條第1項）。反之，查扣物經法院判決確定屬侵害商標權者，被查扣人應負擔查扣物之貨櫃延滯費、倉租、裝卸費等有關費用（第2項）。

玖、公平交易法

事業違反本法之規定，致侵害他人權益者，被害人得請求除去之；有侵害之虞者，並得請求防止（公平交易法第29條）。事業違反本法規定，致侵害他人權益者，應負損害賠償責任（公平交易法第30條）。例如，事業就其營業所提供之商品或服務，有仿冒他人商標者，應負損害賠償責任（公平交易法第22條第1項）。

拾、例題解析

一、銷毀請求權之限制

（一）經銷商之注意義務

侵害商標者將侵害商標物品交與經銷商銷售，該經銷商應較相關消費者，具有辨識是否為侵害商標物品之能力，而該經銷商亦經由銷售侵害商標物品而獲取利益，自應賦予較高之注意義務與責任。因商品推陳出新，進展快速，倘令經銷商均應負起認定判斷是否為侵害商標物品，實強人所難。準此，倘經銷商係善意取得侵害商標物品，自無可歸責之事由，商標權人不得對善意之經銷商所有或持有之侵害商標物品，行使銷毀請求權。

（二）相關消費者

相關消費者自市場善意取得侵害商標物品，倘商標權人得請求善意之消費者銷毀或為其他必要之處置，其將使善意第三人蒙受無謂之損失，亦嚴重影響交易安全，顯然違反公共利益；故公共利益不宜因保障商標

之個人利益而過度犧牲，以維持正常經濟活動之基本秩序[96]。再者，民法之誠信及禁止權利濫用原則適用於商標權之正當行使，並未增加商標權人之負擔。職是，相關消費者自拍賣、公共市場或由販賣商品之商人，不知為侵害商標物品而善意買得者，基於交易安全之目的，商標權人不得對該等侵害商標物品行使銷毀請求權，以保護善意第三人之權利，避免受到不測之損害，達到憲法保障人民財產權之意旨（商標法第69條第2項但書）[97]。同理，政府機關依法所採購之物品，得標廠商依採購規格提供之物品，係侵害商標之物品，該商標權人要求政府機關銷毀該採購物品，亦有商標權濫用之情事，政府機關得以其為善意第三人而為抗辯，拒絕銷毀之。

二、侵害多樣商品之損害賠償計算

（一）各項侵害商品單價分別乘以倍數與加總數額

侵權行為人製造或銷售之多樣商品，均成立侵害商標權時，因侵害商標權之商品項目不同，而為各別之商品，商標權人得就各別商品分別起訴，並請求各項侵害商品之損害賠償[98]。職是，侵權行為人製造或銷售之多樣商品情形，商標權人基於請求基礎事實同一而合併請求損害賠償時，應以各項侵害商品單價分別乘以倍數後，再加總數額，作為損害賠償之金額。不因商標權人分別就各項商品起訴求償或於同一訴中合併行使損害賠

---

[96] 最高法院84年度台上字第2086號民事判決：專利權人所主張其有新型專利權之防滲隔熱浪板，遭第三人侵害專利權而製造及銷售防滲隔熱浪板，相關消費者購買該等侵害專利權之物品，並使用於其所有鐵架屋而為房屋之構成部分，倘專利權人行使銷毀請求權而拆除該浪板，將導致該浪板已不得再為使用而成為廢物，對於相關消費者造成重大損害，對於專利權人則無實質之利益，自與損害賠償應以填補債權人所受損害及所失利益立法意旨有違，亦非排除侵害之適當方法，其行使銷毀請求權，有違誠實信用原則。

[97] 大法官會議釋字第349號解釋：商標法第69條第2項但書規定，法院審酌侵害之程度及第三人利益後，得為其他必要之處置。

[98] 最高法院102年度台上字第974號民事判決。

償請求權，其所能獲得之損害填補，即有殊異。

（二）以平均數作為計算零售單價之基礎

1.損害賠償之目的

本文認為有多樣侵權商品而其零售單價不同時，應以平均數作為計算零售單價之基礎，此稱平均法。倘以各項侵害商品單價分別乘以倍數後，再加總數額，作為損害賠償金額之計算方法，易使被害人獲取遠逾其所受損害之賠償，反而致商標權人有不當得利之情事，已違損害賠償之目的，係在於填補被害人實際損害之立法目的，顯非立法者之本意[99]。為防查獲之商品如有數種以上之不同單價時，零售單價加總後再乘以500倍計算，等於以零售單價500倍之數倍計算，則超出法定之最高倍數，易使被害人獲取遠逾其所受損害之賠償，或造成懲罰加害人之情形發生，解釋上法院應以各項商品之平均數，作為計算零售單價之基礎，再乘以倍數，作為損害賠償金額之方式，較為妥適，且與立法目的相符[100]。

2.避免發生不當得利

參諸修正前商標法第63條第1項第3款規定：就查獲侵害商標權商品之零售單價500倍至1,500倍之金額。但所查商品超過1,500件時，以其總價定賠償金額。其與現行法相較，立法者將500倍部分刪除，觀其將最低損害賠償即單價 500倍部分刪除之修正理由，係為使法官能依侵權行為事實之個案為裁量，避免實際侵權程度輕微，惟因商標法規定，仍以零售單價500倍之金額計算損害賠償額，有失公允。準此，益徵多樣侵權商品單價不同，應以平均數作為計算零售單價之基礎，不應分別計算各項侵害商品之損害賠償[101]。

---

[99] 智慧財產及商業法院97年度民商上字第4號、97年度民商上易字第1號民事判決；智慧財產及商業法院97年度重附民字第1號刑事附帶民事判決。

[100] 林洲富，商標權人以商品單價加倍計算說—最高法院102年度台上字第974號民事判決，月旦裁判時報，33期，2015年3月，頁47。

[101] 司法院104年度智慧財產法律座談會彙編，智慧財產及商業法院，2015年5月，頁5至6。大會研討與表決結果，應以各項商品之平均數，作為計算零售單價之基礎，再乘以倍數，作為損害賠償金額之方式。

第三節 刑事責任

有鑑侵害他人商標，將使權利人受到嚴重之損失，一般性之損害賠償不足以達到有效之遏止，因此必須科以刑事責任，以非常手段處罰破壞市場交易之行為人。準此，商標法第95條至第98條規定商標侵權之刑事責任。

刑事責任	法條依據	說　明
侵害商標權罪	商標法第95條	未經商標權人同意而為商標使用之行為
侵害證明標章權罪	商標法第96條	證明標章遭受侵害
販賣侵害商標權商品罪	商標法第97條	就商標法第95條、第96條之商品而為販賣、意圖販賣而陳列、輸出或輸入
義務沒收	商標法第98條	違犯商標法第95條至第97條

例題5

丙擅自以「臺灣大哥大電信有限公司」之名稱，經營通訊器材販賣與維修業務。試問丙是否已侵害臺灣大哥大股份有限公司之商標權？有無刑事責任？

例題6

戊家具公司為生產高級家具業者，丁為製造家具業者，其以平價銷售家具，丁未經戊家具公司之同意，擅自偽造戊公司之商標使用於其所製造之家具。試問丁有何刑事責任？理由何在？

例題7

　　己收購真「OK頂好牌」機油空罐，裝入船舶廢油，冒充真「OK頂好牌」機油出售圖利，倘空罐有「OK頂好牌」商標業經庚公司呈准註冊在案，且己出售上開船舶廢油售價與真品相同。試問己之行為應成立何罪名？理由為何？

例題8

　　甲利用電腦上網連線至拍賣網站，在該網站網頁上，刊登仿冒他人有「LV」皮包之圖片與售價，供不特定人上網瀏覽及出價購買。試問甲是否構成商標法第97條之罪？理由為何？

壹、刑事責任

一、侵害商標權罪（96年檢察事務官）

（一）致相關消費者有混淆誤認之虞

　　行為人未得商標權人或團體商標權人同意，為行銷目的而有下列情形之一，處3年以下有期徒刑、拘役或科或併科新臺幣20萬元以下罰金（商標法第95條）。其處罰要件有二：1.行為人有行銷之主觀目的而使用商標；2.行為人有如後之行為之一：(1)行為人於同一商品或服務，使用相同之註冊商標或團體商標者（第1項第1款）；(2)行為人於類似之商品或服務，使用相同之註冊商標或團體商標，有致相關消費者混淆誤認之虞者（第1項第2款）；(3)行為人於同一或類似之商品或服務，使用近似於其註冊商標或團體商標之商標，有致相關消費者混淆誤認之虞者（第1項第

3款）[102]。商標法第95條第1項第1款雖未明文規定，需有致相關消費者有混淆誤認之虞之要件，然基於商標法之立法目的與刑法謙抑性原則，行為人就於同一商品或服務，使用相同之註冊商標或團體商標，倘未造成相關消費者有混淆誤認之虞，即不構成商標法第95條第1款之罪[103]。職是，商標權人無庸證明被告有意圖欺騙他人之情事。例如，被告於路邊攤販賣便宜之仿冒勞力士錶。意圖供自己或他人用於與註冊商標或團體商標同一商品或服務，未得商標權人或團體商標權人同意，為行銷目的而製造、販賣、持有、陳列、輸出或輸入附有相同或近似於註冊商標或團體商標之標籤、吊牌、包裝容器或與服務有關之物品者，處1年以下有期徒刑、拘役或科或併科新臺幣5萬元以下罰金（第2項）。前項之行為透過電子媒體或網路方式為之者，亦同（第3項）。

（二）故意犯與有行銷之主觀目的

侵害商標權罪除主觀應具故意之主觀犯罪構成要件外，倘僅單純將商標作為衣服之裝飾使用，並非以行銷為目的，自與商標法第5條規定商標使用情形不符[104]。再者，將他人平面商標加以立體商品化，重點在於商品之造型，而非表彰商品來源之商標，故基於罪刑法定主義，雖得成立民事之侵權行為，然不得以仿冒商標罪論處。因商標法第95條侵害之客體限於商標或團體商標，始有刑事責任，侵害團體標章，並無刑事責任。

（三）刑法之接續犯

刑法上之接續犯，係指行為人之數行為於同時同地或密切接近之時、地實行，侵害同一法益，各行為之獨立性極為薄弱，依一般社會健全觀念，在時間差距上，難以強行分開，在刑法評價上，以視為數個舉動之

---

[102] 智慧財產及商業法院108年刑智上易字第64號、第77號刑事判決。

[103] 司法院98年度智慧財產法律座談會彙編，智慧財產及商業法院，2009年7月，頁111至113。

[104] 洪敏晴，商標侵權救濟制度之研究—以刑事責任之必要為中心，國立中正大學財經法律研究所碩士學位論文，2012年6月，頁54至55。智慧財產及商業法院109年度刑智上易字第45號刑事判決。

接續施行，合為包括之一行為予以評價，較為合理，而論以單純一罪而言[105]。準此，行為人侵害同一法益行為，通常係在密集期間內以相同方式持續進行，而未曾間斷者，該等侵害同一法益之犯行，具有反覆、延續實行之特徵，自行為之概念以觀，縱有多次侵害同一法益之舉措，仍應評價為包括一罪之接續犯，自無併合論罪可言。例如，被告自某日起至日為警查獲止，先後多次仿冒商標或販賣仿冒商標商品之犯行（商標法第95條至第97條）。係基於單一之販賣決意，於密切接近之時間、地點，接續侵害商標或販賣侵害商標商品，並實行仿冒商標或販賣侵害商品之數舉動，而侵害同一法益，各舉動之獨立性極為薄弱，依一般社會健全觀念，在時間差距上，難以強行分開，在刑法評價上，以視為數個舉動之接續施行，合為包括之一行為予以評價，較為合理，而應依接續犯論以包括之一罪。

（四）想像競合犯

　　一行為而觸犯數罪名者，從一重處斷。但不得科以較輕罪名所定最輕本刑以下之刑（刑法第55條）。倘被告之行為，係基於販賣仿冒商標商品或侵害商標之犯意，以一行為侵害多數商標權人之法益，而同時觸犯構成要件相同之數罪名，為同種想像競合犯，應依刑法第55條規定，從一重處斷。職是，應從一以商標法第97條非法販賣侵害商標權之商品罪或第95條之侵害商標權罪處斷。

（五）逾授權契約範圍之銷售行為

　　WTO會員至少應對具有商業規模，而故意仿冒商標或侵害著作權之案件，訂定刑事程序及罰則。救濟措施應足可產生嚇阻作用之徒刑、罰金，並應與同等程度之其他刑事案件之量刑一致。必要時之救濟措施，應包括對侵權物品及主要用於侵害行為之材料及器具，予以扣押、沒收或銷燬之。會員得對侵害智慧財產權案件，就故意違法並具商業規模者，應訂

---

[105] 最高法院99年度台上字第7181號、100年度台上字第5085號刑事判決。

定刑事程序及罰則（與貿易有關之智慧財產權協定第61條）。會員應實施本協定之規定，會員雖無義務於法律提供較本協定所要求更廣泛之保護，惟不得牴觸本協定之規定。會員得於其本身法律體制與實務內，決定履行本協定之適當方式（與貿易有關之智慧財產權協定第1條第2項）。準此，逾授權契約範圍之銷售行為，通常具有故意違法與具商業規模，我國為WTO會員，應遵守與貿易有關之智慧財產權協定第61條規定，就行為人之銷售商品行為逾授權契約範圍，應課予侵害商標之刑事責任（商標法第95條）[106]。

二、侵害證明標章罪（99年檢察事務官）

（一）要　件

證明標章證明商品或服務之特性、品質、精密度、產地等事項，本身具有公眾信賴之期待與相關消費者保護之功能，較一般商標具有更高之公益性質，侵害證明標章權對社會公眾造成之損害較一般商標權為鉅，故未得證明標章權人同意，為行銷目的而於同一或類似之商品或服務，使用相同或近似於註冊證明標章之標章，有致相關消費者誤認誤信之虞者，處3年以下有期徒刑、拘役或科或併科新臺幣20萬元以下罰金（商標法第96條第1項）。意圖供自己或他人用於與註冊證明標章同一商品或服務，未得證明標章權人同意，為行銷目的而製造、販賣、持有、陳列、輸出或輸入附有相同或近似於註冊證明標章之標籤、吊牌、包裝容器或與服務有關之物品者，處3年以下有期徒刑、拘役或科或併科新臺幣20萬元以下罰金（第2項）。前項之行為透過電子媒體或網路方式為之者，亦同（第3項）。

（二）CAS臺灣優良農產品證明標章

行政院農業委員會（下稱農委會）之CAS臺灣優良農產品證明標章，

---

[106] 林洲富，逾越商標授權契約之商品銷售，智慧財產權月刊，263期，2020年11月1日，頁57至58。智慧財產及商業法院99年度刑智上易第71號刑事判決。

使用條件為農委會所訂「優良農產品驗證管理辦法」[107]。例如，甲擬參與副食品肉品類投標，向A公司宣稱倘得標將向其進貨，因而得A公司之同意，取得經農委會授權認證之「CAS」證明書，並持上開A公司文件前往投標。詎甲於得標後，為節省成本，未向A公司進貨，乃轉向乙購買。甲為免驗收人員發現所交付之肉品，並非依照原訂契約，由A公司所製造或加工之情，未經A公司之同意或授權，明知上開「CAS」證明標章名稱及圖樣，係由農委會向智慧財產局申請證明標章註冊登記，用以證明農產品及農產加工品之安全性及優良性。職是，核甲之行為，成立侵害證明標章罪[108]。

三、販賣侵害商標權或證明標章商品罪（96年檢察事務官）

（一）要　件

販賣或意圖販賣而持有、陳列、輸出或輸入他人所為前二條第1項商品者，處1年以下有期徒刑、拘役或科或併科新臺幣5萬元以下罰金；透過電子媒體或網路方式為之者，亦同（商標法第97條）[109]。準此，商標法第97條之販賣仿冒商標商品罪，以行為人明知為仿冒商標商品而販賣，為其犯罪構成要件[110]。販賣仿冒商標或證明標章商品行為，具有營利之意思，而有販入與賣出均成立，始為既遂，僅須以販賣圖利之意

---

[107] 商標法逐條釋義，經濟部智慧財產局，2013年12月，頁295至296。
[108] 智慧財產及商業法院98年度刑上易字第39號刑事判決。
[109] 智慧財產及商業法院108年度刑智上訴字第34號刑事判決：刑事實體法進步理念，已由傳統之國家主義價值觀，轉向個人主義價值觀，此為刑法謙抑思想，認為刑事罰是最後手段，倘依民法或行政法，已可達到維持社會正義之作用，原則上無以刑罰相加之必要。告訴人公司為精品品牌之龍頭，相當重視品牌形象之維護，雖長年投入大量資金與心力、行銷宣傳，花費鉅資投入費用保護自身之商標權、著作權及品牌價值。然基於自由經濟市場上之參與者，應以競爭為常態，倘依民法或行政法之規範，可維護市場之公平競爭，實無以刑罰相加之必要性。
[110] 智慧財產及商業法院108年度刑智上易字第44號、第83號刑事判決。

思而有販入或賣出之行爲，始能成立[111]。否則僅有販入行爲，則視犯罪情節，成立意圖販賣而持有或陳列罪[112]。因意圖販賣而陳列爲販賣之低度行爲，其爲販賣之高度行爲所吸收，不另論罪[113]。而意圖販賣而陳列罪，係指基於意圖營利而販入以外之其他原因而持有該物後，始起意販賣而陳列，其尚未售出者。商標法第97條所稱之輸入，解釋上應包括自大陸地區、香港及澳門。再者，倘侵害商標者僞造商標授權文書，亦觸犯行使僞造私文書罪，係以一行爲觸犯數罪名，而爲想像競合犯，應依刑法第55條規定，從一重之行使僞造私文書罪處斷[114]。

（二）商標之戲謔仿作

1.商標權與表達自由之衡平

所謂商標之戲謔仿作（parody），係指基於言論自由、表達自由及藝術自由之尊重，而對商標權予以合理之限制。因商標法本爲保護商標權及消費者利益，維護市場公平競爭，促進工商企業正常發展而制定（商標法第1條）。商標權人經由商標之使用及商標權之保護逐漸建立其品牌價值，且相關消費者藉由商標之識別性而得以區辨各別商品或服務來源（商標法第5條、第18條第2項）。是商標權涉及商標權人之利益與避免消費者混淆誤認之公共利益，倘欲允許商標之戲謔仿作，模仿知名商標的商標必須具詼諧、諷刺或批判等娛樂性，並同時傳達二對比矛盾之訊息，且應以避免混淆之公共利益與自由表達之公共利益，予以衡平考量。準此，除應保障戲謔仿作所代表之言論自由或創作自由外，亦應避免戲謔商標與被戲謔商標之近似，而藉以竊取他人之商譽、侵害商標權或妨害市場之公平交易秩序[115]。

---

[111] 最高法院101年度第10次刑事庭會議（五）。

[112] 智慧財產及商業法院105年度刑智上易字第61號刑事判決。

[113] 智慧財產及商業法院100年度刑智上易字第143號刑事判決。

[114] 林洲富，智慧財產刑事法—案例式，五南圖書出版股份有限公司，2021年8月，2版1刷，頁102。

[115] 陳匡正，商標戲謔仿作之合理使用判斷，評智慧財產法院100年度行商訴字第

2.香奈兒雙C反向交疊商標圖樣

被告所陳列、持有之物，均於其正面使用「掉漆實心鎖扣」圖樣，係將商標之雙「C」反向交疊圖案，加以類似溶化之設計意象。被告雖辯稱相關消費者看到「掉漆實心鎖扣」圖樣理應會會心一笑，明白清楚扣案提包之「掉漆實心鎖扣」圖樣，係爲戲謔圖樣云云。然可認屬詼諧之娛樂性質，而其所欲表達與商標所建立之形象相反或矛盾之訊息爲何？未見被告具體之表明，難認「掉漆實心鎖扣」圖樣與表達作品具有最低程度之關聯，無從判斷其有何文化之貢獻或社會價值，而具有犧牲商標權之保護必要性，實屬商業之搭便車行爲。故被告抗辯，並非可取。準此，被告未經商標權人同意，其於手提袋、購物紙袋之同一商品，使用高度近似於商標之「掉漆實心鎖扣」圖樣，復無商標法第36條不受他人商標權效力所拘束之情形，而違反同法第35條第2項第3款規定，構成商標權之侵害。被告犯行洵堪認定，係犯商標法第97條之意圖販賣而陳列仿冒商標商品罪[116]。

（三）詐欺取財罪

商標法關於侵害他人商標專用權之處罰，並非當然包括不法得利之意義在內，其雖爲欺騙其他之人而侵害他人商標權，然其行爲未具備不法所有意圖之要件時，不可繩以刑法詐欺之罪，僅能依商標法中有關規定處罰。倘其於侵害商標權外，有詐欺之行爲者，應另成立詐欺罪[117]。換言之，刑法第339條第1項詐欺取財罪之成立，以意圖爲自己或第三人不法所有，以詐術使人將本人或第三人之物交付爲要件。所謂以詐術使人交付，必須被詐欺人因其詐術而陷於錯誤，倘其所用方法，不能認爲詐術，

104號行政判決及智慧財產法院103年度刑智上易字第63號刑事判決，月旦法學雜誌，243期，2015年8月，頁238。

[116] 智慧財產及商業法院103年度刑智上易字第63號、109年度刑智上易字第35號刑事判決。

[117] 最高法院80年度台上字第834號、91年度台上字第4178號刑事判決。

亦不致使人陷於錯誤，即不構成該罪[118]。查被告所販售之仿冒皮包，被告明知該等仿冒皮包爲仿製品，接續向購買人佯稱該等皮包，均係其或友人至歐洲遊玩時至專賣店所購買，或自行在網路尋找專人至歐洲代購，均爲眞品。致購買人均陷於錯誤，因而交付買賣價金，被告則交付仿冒商標皮包與購買人。準此，被告涉犯刑法第339條第1項之詐欺取財罪。被告以一行爲同時觸犯詐欺取財罪及販賣仿冒商標商品罪，爲想像競合犯，應依刑法第55條規定，從一重之詐欺取財罪處斷[119]。

（四）共同以網際網路對公眾散布而犯詐欺取財

因刑法第339條之4前於2014年6月18日公布增訂，嗣於同年月20日施行，犯第339條詐欺罪而有3人以上共同犯之，或以廣播電視、電子通訊、網際網路或其他媒體等傳播工具，對公眾散布而犯之情形者，均爲加重詐欺取財罪，刑法第339條之4第1項第2款與第3款定有明文。刑法第339條之4第1項第2款、第3款規定，係將「3人以上共同犯之」、「以電子通訊、網際網路等傳播工具對公眾散布」列爲詐欺罪之加重要件。準此，法院自應審酌被告之犯罪行爲，是否合致刑法第210條與339條之4及商標法第97條之構成要件。例如，被告均明知本案陳列兜售之手錶，均係未經上開商標權人同意或授權之仿冒商標商品，爲達以之充作眞品販售牟利之目的，除僞刻被冒用之名義人印章後蓋用外，並僞造保證卡，用以表示商品來源、提供相當期間保固之意，足以生損害於被冒用之名義人，且在不特定多數人可得透過網際網路瀏覽之臉書社群網站，刊登出售手錶之訊息，核被告所爲，均係犯商標法第97條之非法陳列侵害商標權之商品罪、刑法第210條之僞造私文書罪及刑法第339條之4第2項、第1項第2款、第3款之3人以上共同以網際網路對公眾散布而犯詐欺取財未遂罪。被告係3人以上共同藉由以網際網路，對公眾散布而非法陳列仿冒商標商品、僞造私文書等手段，遂行佯以仿冒商標商品充作眞品，向不特定人兜

---

[118] 最高法院46年台上字第260號刑事判決。
[119] 智慧財產及商業法院106年度刑智上易字第77號刑事判決。

售而詐取財物之目的，其實行行為間具有局部之同一性，被告所犯上開各罪間，應認與一行為觸犯數罪名之要件相符，核屬想像競合犯，應依刑法第55條規定，從一重處斷，應論以刑法第339條之4第2項、第1項第2款、第3款之3人以上共同以網際網路對公眾散布而犯詐欺取財未遂罪[120]。

（五）幫助犯要件

　　幫助他人實行犯罪行為者，為幫助犯。雖他人不知幫助之情者，亦同（刑法第30條第1項）。刑法上所謂幫助他人犯罪，係指對他人決意實行之犯罪有認識，而基於幫助之意思，其於他人犯罪實行之前或進行中施以助力，給予實行上之便利，使犯罪易於實行，而助成其結果發生者[121]。例如，被告不知甲有販賣侵害他人商標之事實，被告提供帳戶予甲之行為，並非基於幫助甲之意思，使甲明知意圖販賣而透過網路方式陳列仿冒商標商品之犯罪，易於實行，而助其犯罪成立，就被告主觀認知而言，被告之行為與甲之犯行間，並無因果關係存在。職是，被告並無幫助甲為本案犯行之故意或不確定故意可言[122]。

四、沒　收

（一）義務沒收

　　侵害商標權、證明標章權或團體商標權之物品或文書，不問屬於犯人與否，沒收之（商標法第98條）。此為刑法第38條有關於沒收物之特別規定，應優先適用，採義務沒收主義。檢察官以被告犯罪嫌疑不足，雖依刑事訴訟法第252條第10款為不處分，或法院判決無罪確定。然扣案商品確為仿冒商標商品，檢察官得依據刑法第40條第2項規定，向法院聲請單

---

[120] 智慧財產及商業法院107年度刑智上訴第10號刑事判決。
[121] 最高法院102年度台上字第1650號刑事判決。
[122] 智慧財產及商業法院107年度刑智上易字第65號、109年度刑智上易字第76號刑事判決。

獨宣告沒收[123]。

（二）沒收犯罪所得

犯罪所得，屬於犯罪行為人者，沒收之。但有特別規定者，依其規定。而於全部或一部不能沒收或不宜執行沒收時，追徵其價額（刑法第38條之1第1項、第3項）。犯罪所得，包括違法行為所得、其變得之物或財產上利益及其孳息。例如，被告銷售侵害他人商標之茶葉禮盒，金額共計新臺幣（下同）5萬元之事實。此有證人到庭具結證述與消費明細在卷足憑。職是，法院就上揭犯罪所得，雖未扣案，仍應依刑法第38條之1第1項規定諭知沒收，併依同條第3項之規定諭知如全部或一部不能沒收時，追徵其價額5萬元[124]。

（三）裁定命第三人參與沒收程序

犯罪所得，屬於犯罪行為人者，沒收之。但有特別規定者，依其規定。犯罪行為人以外之自然人、法人或非法人團體，因下列情形之一取得犯罪所得者，亦同：1.明知他人違法行為而取得；2.因他人違法行為而無償或以顯不相當之對價取得；3.犯罪行為人為他人實行違法行為，他人因而取得。前二項之沒收，於全部或一部不能沒收或不宜執行沒收時，追徵其價額。第1項及第2項之犯罪所得，包括違法行為所得、其變得之物或財產上利益及其孳息。犯罪所得已實際合法發還被害人者，不予宣告沒收或追徵。財產可能被沒收之第三人得於本案最後事實審言詞辯論終結前，向該管法院聲請參與沒收程序；第三人未為聲請，法院認有必要時，應依職權裁定命該第三人參與沒收程序（刑法第38條之1；刑事訴訟法第455條之12第1項、第3項）。例如，被告以A公司名義販賣仿冒商標貨物、虛偽標記商品等罪，本案刑事訴訟程序進行結果，認被告成立犯罪時，而須依法沒收犯罪所得，依2016年7月1日修正公布施行之刑法第38條、第38

---

[123] 司法院98年度智慧財產法律座談會彙編，智慧財產及商業法院，2009年7月，頁87。智慧財產及商業法院105年度刑智抗字第18號、第21號刑事裁定。

[124] 智慧財產及商業法院105年度刑智上易字第82號刑事判決。

條之1規定，沒收對象可能包括A公司，爲保障可能被沒收財產之第三人程序主體地位，使其有參與本案程序之權利與尋求救濟之機會，法院認有依職權裁定命A公司參與本案沒收程序之必要[125]。

五、法條之適用

（一）商標法第95條與第97條

1.依商標法第95條處斷

商標之主要目的在於使用，而商標使用係以行銷爲目的，其方式不一而足，故侵害商標之態樣亦變化多端。行銷之目的係針對行銷商品或服務而言，並非指行銷商標。準此，商標權人將商標圖樣使用於錄有電腦程式之遊戲光碟及硬體、軟體等產品上，其所以成爲交易之客體，乃在於硬體（光碟片）與軟體（遊戲程式）相結合，始能達成預定之效用，自屬商品之一種，不應將硬體（光碟片）與軟體（遊戲程式）割裂爲二，故該仿冒之遊戲光碟已與商標結合爲一[126]。申言之，倘行爲人仿冒他人商標後，復販賣所仿冒之遊戲光碟（商標法第97條）。其屬未經商標權人同意或授權，將相同商標使用在其商品，應逕依商標法第95條第1款處斷，不適用吸收關係或想像競合犯[127]。

2.商標法第95條與97條兩罪之社會基本事實非同一

商標法第95條與97條兩罪之社會基本事實非同一，商標法第95條規定之處罰要件相較商標法第97條規定，係以行爲人明知爲侵害他人商標權之商品，而仍販賣、意圖販賣而持有、陳列、輸出或輸入或透過電子媒體或網路方式爲之爲其構成要件。兩罪間之構成要件有所差異。例如，檢察官起訴事實係針對被告輸入印有商標之鞋款，並非被告直接使用商標。

---

[125] 智慧財產及商業法院109年度職參字第1號刑事裁定。
[126] 最高法院93年度台上字第4180號、6454號刑事判決。
[127] 司法院98年度智慧財產法律座談會彙編，智慧財產及商業法院，2009年7月，頁95至96、107至108。智慧財產及商業法院107年度刑智上易字第49號刑事判決。

原審判決被告無罪，檢察官於第二審審判程序始變更起訴法條，雖經告知被告罪名，然於該猝不及防之情形，未賦予被告辯論之機會。準此，檢察官當庭變更之起訴法條，依審理本案結果所認定之事實，認與公訴人起訴之基本社會事實不同一，且有礙被告防禦權之行使，依刑事訴訟法第300條規定，不予准許變更檢察官之起訴法條[128]。

（二）接續犯

所謂刑法上之接續犯，係指行為人之數行為於同時同地或密切接近之時、地實行，侵害同一之法益，各行為之獨立性極為薄弱，依一般社會健全觀念，在時間差距上，難以強行分開，在刑法評價上，以視為數個舉動之接續施行，合為包括之一行為予以評價，較為合理，而論以單純一罪而言[129]。準此，行為人陳列、販賣仿冒商標商品之營業行為，係在密集期間內以相同之方式持續進行，未曾間斷，此販賣仿冒商標商品之犯行，具有反覆、延續實行之特徵，自行為之概念以觀，縱有多次陳列、販賣之舉措，仍應評價為包括一罪之接續犯。

（三）商標法第97條

行為人就為商標法第95條第1項第1款至第3款所規定之仿冒遊戲光碟，而販賣、意圖販賣而陳列、輸出或輸入者，不論行為人主觀有無「欺騙他人」或「使消費者或購買者誤認係真品」意圖，亦不問相關消費者或購買者有無受欺騙或係認為真品，均應以商標法第97條規定處斷[130]。

（四）基本社會事實同一

科刑之判決，得就起訴之犯罪事實，變更檢察官所引應適用之法條（刑事訴訟法第300條）。倘法院審理結果所認定之事實，其與起訴之基本社會事實同一，僅係與檢察官論罪法條有異，自得逕行變更起訴法條，

---

[128] 智慧財產及商業法院109年度刑智上易字第35號刑事判決。
[129] 最高法院100年度台上字第5085號刑事判決。
[130] 最高法院94年度台上字第6864號刑事判決。

無須就起訴之罪名不另爲無罪之諭知[131]。所謂變更法條者，係指罪名之變更，倘法院審理結果認定之罪名，其與檢察官起訴所引應適用法條之罪名有所不同，縱屬同一法條，僅項款不同，仍應變更法條。商標法第95條第1款至第3款，其差異在於使用被侵權商標之態樣。例如，檢察官加起訴法條雖爲商標法第95條第1款，法院認定爲商標法第95條第3款，兩者之犯罪事實爲同一，法院依審理結果所認定之事實，認與檢察官起訴之基本社會事實同一，得依刑事訴訟法第300條規定，變更檢察官之起訴法條[132]。

六、實質真實發見及程序正義之兼顧

（一）審判過程公開或踐行應提示證物

　　刑事訴訟法係爲適用刑法，確定國家具體之刑罰權爲目的而設之程序法規，刑事訴訟法之目的，在於發見實體之眞實，即尋求事實之眞相，使刑法得以正確適用，藉以維護社會之安全，爲達成此目的，應採取合理之手段，確保裁判之公正，藉以保障個人基本人權，遵守程序正義，使被告能充分行防禦權，兼顧實質之眞實發見及程序之正義，以保護被告之合法權益。準此，被告有爭執書證或物證之證據能力時，法院應在審判過程公開或踐行提示實物，使之透過調查證據程序，以顯現於審判庭，令當事人或辯護人辨認，始得採爲認定事實之基礎。被告提出或聲請調查有利之證據，法院就認定事實及適用法律之基礎事項，客觀上有調查之必要及爲維護公平正義或對被告之利益有重大關係事項，應依職權加以調查。

（二）鑑定之證據能力或證明力

　　所謂鑑定者，係指由選任之鑑定人或囑託之鑑定機構，除憑藉其特別知識經驗，就特定物證或書證加以鑑定或檢驗外，並得就無關親身經歷之

---

[131] 最高法院98年度台上字第3641號刑事判決。
[132] 智慧財產及商業法院107年度刑智上易字第49號刑事判決。

待鑑事項，依憑其特別知識經驗，包括技術、訓練、教育、能力等專業資格，而陳述或報告其專業意見。故鑑定係就某特定事物依法陳述其專業意見，以供法院審判之參酌依據，具有可替代性[133]。申言之，鑑定之所以有可替代性，係因鑑定之客體可交予多數專家為鑑定，其結果可能依專家之專業智識程度而有所不同，倘鑑定客體已消滅，即無從產生如同原鑑定之證明力。例如，因商品鑑定證明書不具證據能力，不能作為成為刑事證據，法院自應審酌扣案商品之證據能力或證明力。為發見真實之必要，就扣案商品為勘驗或鑑定程序。因扣案商品經地方檢察署銷毀在案，法院無從就被告出售予被害人之商品，認定是否等同扣案商品，故無法認定扣案商品是否為仿冒商標之商品，致無法認定被告是否有詐欺之犯意，以仿冒品使人誤認為真品，而有詐欺之行為，是無法據為有罪之認定[134]。

貳、例題解析

一、未得同意而惡意使用服務商標

　　臺灣大哥大股份有限公司業以「臺灣大哥大」服務商標申請註冊在案。丙明知上情，仍以「臺灣大哥大電信有限公司」之名稱作為自己公司之名稱，經營通訊器材之販賣與維修業務，致令該服務之相關消費者混淆誤認之虞，丙應依商標法第68條第1項第3款、第70條第2款、第71條負擔損害賠償之責任。再者，丙於所販賣之器材，使用他人近似註冊商標，有致相關消費者混淆誤認之虞者，亦應依商標法第95條第1項第3款負其刑責。

---

[133] 最高法院108年度台上字第1292號刑事判決；智慧財產及商業法院109年度刑智上訴第17號刑事判決。
[134] 智慧財產及商業法院108年度刑智上訴字第39號刑事判決。

二、偽造商標冒充高品質商品出售

戊家具公司為生產高級家具業者，丁為製造家具業者，其以平價銷售家具，丁未經戊家具公司之同意，擅自偽造戊公司之商標使用於其所製造之家具，丁偽造戊公司之商標使用於其所製造之家具，該當刑法第220條、第210條及第216條之行使偽造文書罪，其與商標法第95條第1項第1款之侵害商標權罪，一行為而觸犯數罪名者，從一重行使偽造文書罪處斷（刑法第55條本文）[135]。

三、以假品裝入真商標之包裝

己以真品機油空罐裝入廢油，冒充真品出售圖利之行為，除構成詐欺罪外，縱其未仿造商標，但無權使用該商標而使用之，顯已侵害庚公司之商標權，應另成立商標法第95條第1項第1款之侵害商標權罪，一行為而觸犯數罪名者，從一重詐欺取財罪處斷（刑法第339條第1項）[136]。

四、網路販賣

商標法第97條第1項所稱意圖販賣而陳列之犯罪態樣，固以行為人將侵害商標專用權之商品直接陳列於貨架上為其典型，然隨時代變遷及交易型態之改變，毋庸藉助實體銷售通路而透過網際網路進行商品交易，從中降低店租及庫存成本，已成現今邁入資訊時代之重要趨勢。是陳列之定義自不得仍侷限於傳統類型。當行為人將所欲販售之商品外型或其細微設計，藉由單一或不同角度進行拍攝呈現影像，並張貼於拍賣網站之網頁，使不特定多數人均可直接瀏覽觀看上開影像並挑選所需商品時，行為人既已對於其所侵害之商標圖樣有所主張，相對一方之買家亦可清楚辨識表彰該項商品來源之商標，就商標法所揭示之保障商標權及相關消費者利益之

---

[135] 最高法院90年度台上字第4257號刑事判決。
[136] 最高法院80年度第1次刑事庭會議決議。

立法目的而言,該交易模式所達成之效果,實與貨架陳設擺放商品無異,仍屬意圖販賣而陳列行為,並受相同之法律規範。核甲之所為,係犯商標法第97條第2項規定,未得商標權人同意於同一商品使用相同之註冊商標之商品而意圖販賣之陳列罪。準此,經由電子媒體或網路方式販賣侵害商標權商品,成立透過網路非法販賣侵害商標權之商品罪[137]。

第四節　行政救濟

　　智慧財產局所為有關商標之行政處分,倘有違背法規或逾越法規所容許之範圍或不當措施,人民得藉由訴願與行政訴訟等行政救濟途徑,主張權利救濟。

例題9

　　甲以A商標圖樣向經濟部智慧財產局申請商標註冊,智慧財產局認該申請商標圖樣,經審查結果認為無識別性,而為審定核駁申請商標註冊處分。試問甲應如何救濟?依據為何?

例題10

　　乙以B商標圖樣向智慧財產局申請商標註冊,智慧財產局認該申請商標圖樣,經審查結果符合註冊要件,而為審定核准申請商標註冊處分,丙以B商標圖樣並無識別性為事由,向智慧財產局提起異議,該異議案件經審定異議成立,並撤銷B商標圖樣之註冊。試問乙應如何救濟?依據為何?

---

[137] 智慧財產及商業法院107年度刑智上易字第6號刑事判決。

例題11

　　丁不服智慧財產及商業法院之商標評定行政訴訟而提起上訴，經最高行政法院判決駁回上訴確定後，丁依據行政訴訟法第273條第1項第1款、第13款及第14款規定，向最高行政法院提起再審之訴。試問應由何法院管轄，依據為何？

壹、行政處分

　　商標申請人向智慧財產局提出申請註冊，先經程序審查，繼而經實體審查，審定符合商標註冊要件，即作成核准商標註冊之行政處分，申請人繳納註冊費後，智慧財產局為公告註冊，並核發註冊證，倘申請人未遵期繳納註冊費，審定核准商標註冊之行政處分失效（商標法第32條）。商標註冊經公告後，任何人、利害關係人或主管機關得對核准商標註冊之行政處分提出異議、申請評定或申請廢止。反之，向智慧財產局提出申請註冊，先經程序審查，認定不合法時，應予駁回（商標法第8條第1項）；或經實體審查，審定不符合商標註冊要件，即作成核駁商標註冊之行政處分（商標法第31條）。

貳、訴　願

　　所謂訴願者，係指人民對於中央或地方機關之行政處分，認為違法或不當，致損害其利益者，得向上級機關請求救濟之制度（訴願法第1條第1項）。人民對於智慧財產局作成有關商標之行政處分，如有不服者，受處分之人得於處分書送達之翌日起30日，依法向經濟部提起訴願（商標法第3條第1項）。準此，不服商標註冊核駁審定、異議審定（商標法第54條）、評定評決（商標法第60條）、廢止決定（商標法第65條）等行政處分，得於法定期限向經濟部提起訴願。

參、行政訴訟

一、商標行政訴訟類型

　　商標行政訴訟之類型，分爲撤銷訴訟（行政訴訟法第4條）、確認訴訟（行政訴訟法第6條）、一般給付訴訟（行政訴訟法第8條）、課予義務訴訟（行政訴訟法第5條）及再審之訴（行政訴訟法第273條第1項）。商標行政訴訟之類型，有須經訴願程序與不必先經訴願程序之分。申言之：（一）提起撤銷訴訟與課予義務訴訟，須經訴願程序，此爲訴願前置主義。例如，商標異議案提出後，經濟部智慧財產局作成異議不成立處分，異議案之申請人不服該行政處分，經訴願仍遭駁回，得向智慧財產及商業法院提起行政訴訟[138]。商標撤銷訴訟與課予義務訴訟爲商標行政訴訟法最重要之權利防禦與主張之訴訟類型；（二）提出確認訴訟與一般給付訴訟不必先經訴願程序[139]。再者，商標行政訴訟採二級二審制，即不服訴願決定者，得向智慧財產及商業法院提起商標行政訴訟，智慧財產及商業法院爲第一審，其爲事實審，不服智慧財產及商業法院之裁判者，須以違背法令爲理由，而於20日內向最高行政法院提起上訴，最高行政法院爲上訴審，原則上爲法律審。

二、撤銷訴訟

（一）撤銷違法之商標處分

　　就撤銷訴訟而言，人民因智慧財產局之違法商標處分，認爲損害其權利或法律上之利益，經依訴願法提起訴願而不服經濟部決定，或提起訴願逾3個月而經濟部不爲決定，或延長訴願決定期間逾2個月不爲決定者，得向智慧財產及商業法院提起撤銷訴訟（行政訴訟法第4條第1項；智慧

---

[138] 最高行政法院106年度判字第362號行政判決：利害關係人未經訴願程序，不得向智慧財產及商業法院提起行政訴訟。

[139] 林洲富，智慧財產行政程序與救濟一案例式，五南圖書出版股份有限公司，2021年8月，4版1刷，頁239。

財產及商業法院組織法第2條、第3條第3項；智慧財產案件審理法第68條；智慧財產案件審理法審理細則第4條）。逾越權限或濫用權力之商標處分，以違法論（行政訴訟法第4條第2項）。商標訴願人以外之利害關係人，認為商標訴願決定，損害其權利或法律上之利益者，得向智慧財產及商業法院提起撤銷訴訟（第3項）。例如，商標權人之商標權經異議、評定或廢止，智慧財產局為撤銷商標權之審定或評決，商標權人對該不利益之負擔處分，提起訴願救濟，經濟部認該商標訴願無理由，以訴願決定書駁回其訴願。商標權人不服該商標訴願決定，得向智慧財產及商業法院提起撤銷訴訟以救濟之，請求撤銷商標訴願決定與原商標處分。

（二）提出新證據或補強證據

　　關於撤銷、廢止商標註冊或撤銷專利權之行政訴訟中，當事人於言詞辯論終結前，就同一撤銷或廢止理由提出之新證據，智慧財產及商業法院仍應審酌之（智慧財產案件審理法第70條第1項）。因就同一商標或專利權之有效性爭議，得發生多次之行政爭訟，難以終局確定，甚而影響其他相關民刑事訴訟之終結。而於智慧財產及商業法院成立後，審理關於舉發、評定及異議事件等行政訴訟事件之法官，其智慧財產專業知識得以強化，並有技術審查官之輔助，應有充分之能力在訴訟中就新證據為斟酌判斷，容許在行政訴訟仍得補提關於撤銷、廢止理由之新證據，以期減少就同一商標或專利權有效性之爭執，因循環發生行政爭訟，而拖延未決之情形。是智慧財產案件審理法第70條制定之目的，就是在處理此類問題，避免異議人或評定人另外聲請異議、評定而衍生另一種行政爭訟程序，故容許在行政訴訟中，仍得補提該等新證據，以解決循環發生行政爭訟之情形。準此，智慧財產案件審理法第70條所稱之新證據，並非所有在原處分階段未提出，而行政訴訟階段，始提出之證據，均為新證據，而是針對專利權或商標權應否撤銷之獨立證據。倘非證明商標權具有撤銷或廢止理由之獨立證據，則屬為發現真實，用以增強主要證據證明力之補強證據，當事人於行政訴訟之言詞辯論終結前，均得提出該等補強證據，作為攻擊

防禦方法[140]。

三、課予義務訴訟

　　課予義務訴訟分為怠為處分之訴與拒絕申請之訴兩種類型。申言之：（一）怠為處分之訴，係人民因智慧財產局對其依法申請之商標案件，其於法令所定期間內應作為而不作為，認為其權利或法律上利益受損害者，經依訴願程序後，得向智慧財產及商業法院提起請求該機關應為行政處分或應為特定內容之行政處分之訴訟（行政訴訟法第5條第1項；智慧財產及商業法院組織法第2條第1款、第3條第3款；智慧財產案件審理法第68條；智慧財產案件審理法審理細則第4條）；（二）拒絕申請之訴，係人民因智慧財產局對其依法申請之商標案件，予以駁回，認為其權利或法律上利益受違法損害者，經依訴願程序後，得向智慧財產及商業法院提起請求智慧財產局應為商標處分或應為特定內容之商標處分之訴訟（行政訴訟法第5條第2項）[141]。

四、通常訴訟程序

　　行政訴訟法第二編第二章簡易訴訟程序規定，智慧財產之行政訴訟不適用之（智慧財產案件審理法第67條）。故智慧財產行政訴訟一律適用通常訴訟程序，縱其涉訟標的金額或價額在40萬元以下，仍無適用簡易訴訟程序之餘地。例如，違反海關緝私條例事件，被上訴人所不服者，係上訴人認定被上訴人報運進出口貨物有非屬真品平行輸入之侵害專利權、商標權或著作權，依海關緝私條例第39條之1、第36條第1項、第37條第1項及第3項規定，裁處罰鍰新臺幣（下同）10萬元，是本件所涉者乃有關智慧財產事件之行政訴訟，其訴訟標的金額雖未逾40萬元，然依前開規

---

[140] 智慧財產及商業法院108年度行商訴字第12號行政判決。
[141] 林洲富，智慧財產行政程序與救濟─案例式，五南圖書出版股份有限公司，2021年8月，4版1刷，頁244至245。

定及說明，仍應適用通常訴訟程序審理，並非簡易訴訟程序。智慧財產及商業法院適用通常訴訟程序審理，並無不合[142]。

五、二級二審制

　　商標行政訴訟採二級二審制，不服訴願決定者，得於2個月內向智慧財產及商業法院提起商標行政訴訟。智慧財產及商業法院為第一審，其為事實審。不服智慧財產及商業法院之裁判者，須以違背法令為理由，而於20日內向最高行政法院提起上訴，最高行政法院為上訴審，原則上為法律審。

六、合法上訴要件

　　對智慧財產及商業法院之行政判決提起上訴者，除有特別規定外，依同法第1條規定，應適用行政訴訟法關於上訴審程序相關規定（智慧財產案件審理法第69條）。對於高等行政法院判決之上訴，非以其違背法令為理由，不得為之（行政訴訟法第242條）。行政判決不適用法規或適用不當者，為違背法令；而行政判決有同條第2項所列各款情形之一者，為當然違背法令（行政訴訟法第243條第1項、第2項）。準此，當事人對於智慧財產及商業法院行政判決上訴，依行政訴訟法第243條第1項規定，以判決有不適用法規或適用不當為理由時，其上訴狀或理由書應有具體之指摘，並揭示該法規之條項或其內容；倘係成文法以外之法則，應揭示該法則之旨趣；為司法院解釋或本院之判決，應揭示該判解之字號或其內容。以行政訴訟法第243條第2項所列各款情形為理由時，其上訴狀或理由書，應揭示合於該條項各款之事實。上訴狀或理由書未依此項方法表明，或其所表明者與上開法條規定不合時，即難認為已對智慧財產及商業法院行政判決之違背法令有具體之指摘，其上訴不合法[143]。

---

[142] 最高行政法院106年度判字第119號行政判決。
[143] 最高行政法院106年度裁字第1514號行政裁定。

七、既判力之遮斷效

所謂訴訟當事人，係指原告、被告及依第41條與第42條參加訴訟之人。判決對於經行政法院依第41條及第42條規定，裁定命其參加或許其參加而未為參加者，亦有效力。訴訟標的於確定之終局判決中經裁判者，有確定力（行政訴訟法第23條、第47條、第213條）。因訴訟標的之涵義，必須與原因事實相結合，使訴狀所表明請求法院審判之範圍明確。在判斷既判力之客觀範圍時，自應依原告起訴主張之原因事實，所特定之訴訟標的法律關係為據，凡屬確定判決同一原因事實所涵攝之法律關係，均應受其既判力之拘束，且不得以確定判決言詞辯論終結前，所提出或得提出而未提出之其他攻擊防禦方法，為與該確定判決意旨相反之主張，法院應以既判事項為基礎處理新訴，以避免當事人就法院據以為判斷訴訟標的之權利或法律關係存否之基礎資料，再次請求法院另行確定或重新評價，避免既判力因而失其意義，禁止發生與既判力發生矛盾，此為既判力之遮斷效[144]。

肆、例題解析

一、拒絕申請商標註冊之處分

（一）智慧財產及商業法院

甲以A商標圖樣向智慧財產局申請商標註冊，智慧財產局認該申請商標圖樣，經審查結果認為無識別性，而為審定申請商標註冊核駁處分，甲應於處分書送達之翌日起30日，依法向經濟部提起訴願，請求撤銷核駁商標註冊處分，命智慧財產局為核准商標註冊處分。倘經濟部經審理訴願後，認為核駁商標註冊處分並無違法或不當者，應以訴願無理由而駁回之。甲不服訴願決定，得於2個月內向智慧財產及商業法院提起行政訴訟，請求撤銷訴願決定及原處分，暨智慧財產局應為核准商標註冊之行政

---

[144] 智慧財產及商業法院108年度行商更（一）字第2號行政判決。

處分，此爲課予義務之訴（行政訴訟法第5條第2項）。倘智慧財產及商業法院認爲甲之起訴無理由，應駁回其訴（行政訴訟法第195條第1項；智慧財產及商業法院組織法第2條第1款、第3條第3款；智慧財產案件審理法第68條；智慧財產案件審理法審理細則第4條）。

（二）最高行政法院

甲不服敗訴判決而欲提起上訴，應於智慧財產及商業法院判決送達後20日之不變期間內爲之（行政訴訟法第241條本文）。對於智慧財產及商業法院判決之上訴最高行政法院，非以其違背法令爲理由，不得爲之（行政訴訟法第242條）。

二、撤銷商標註冊之處分

（一）智慧財產及商業法院

乙以B商標圖樣向智慧財產局申請商標註冊，智慧財產局認該申請商標圖樣，經審查結果符合註冊要件，而爲審定核准申請商標註冊處分，丙以B商標圖樣並無識別性爲事由，向智慧財產局提起異議，該異議案件經審定異議成立，並撤銷B商標圖樣之註冊，乙就該不利益之負擔處分，應於處分書送達之翌日起30日，依法向經濟部提起訴願，請求撤銷該撤銷商標註冊之處分。倘經濟部經審理訴願後，認爲撤銷商標註冊處分並無違法或不當者，應以訴願無理由而駁回之。乙不服訴願決定，得於2個月內向智慧財產及商業法院提起行政訴訟，請求撤銷訴願決定與原處分（行政訴訟法第4條第1項；智慧財產及商業法院組織法第2條第1款、第3條第3款；智慧財產案件審理法第68條；智慧財產案件審理法審理細則第4條），此爲撤銷之訴。

（二）最高行政法院

倘智慧財產及商業法院認爲乙之起訴無理由，應駁回其訴（行政訴訟法第195條第1項）。乙不服該敗訴判決提起上訴，應於智慧財產及商業法院判決送達後20日之不變期間內爲之（行政訴訟法第241條本文）。對

於智慧財產及商業法院判決之上訴最高行政法院，非以其違背法令爲理由，不得爲之（行政訴訟法第242條）。

三、再審管轄法院

(一) 專屬管轄

智慧財產案件之審理依本法之規定；本法未規定者，分別依民事、刑事或行政訴訟程序應適用之法律（智慧財產案件審理法第2條）。再審之訴專屬爲判決之原行政法院管轄。對於最高行政法院之判決，本於第273條第1項第9款至第14款事由聲明不服者，雖有前項之情形，仍專屬原高等行政法院管轄，由智慧財產及商業法院管轄（行政訴訟法第275條第1項、第3項）。訴訟之全部或一部，法院認爲無管轄權者，依原告聲請或依職權以裁定移送於其管轄法院（民事訴訟法第28條第1項；行政訴訟法第18條）。

(二) 事實審與法律審

丁前因商標評定事件，提起行政訴訟，智慧財產及商業法院行政判決駁回其訴，經最高行政法院行政判決維持而告確定。丁以前開判決有行政訴訟法第273條第1項第13款與第14款之再審事由，向最高行政法院提起再審之訴，其無管轄權，應依聲請或職權裁定移送智慧財產及商業法院。至丁以上開行政判決有行政訴訟法第273條第1項第1款事由提起再審之訴部分，應由最高行政法院另爲裁判[145]。

---

[145] 最高行政法院105年度裁字第1394號行政裁定。

參考書目

中文

專書

王澤鑑,侵權行為法,第1冊,三民書局股份有限公司,1998年12月,3刷。

曲三強,知識產權法原理,中國檢察出版社,2004年1月。

沈士亮,商標侵權行為損害賠償事件,法官辦理民事事件參考手冊(13),司法院,2006年10月。

李郁芬,商品外觀保護之比較研究,私立中國文化大學法律學研究所碩士論文,1995年。

吳昆達,由商標法上混淆理論之演進探討商標權侵權之認定—以美國法之初始興趣混淆理論為中心,國立中正大學財經法律研究所碩士學位論文,2010年6月。

吳聆佳,商標法上公眾審查制—論異議制之存廢,國立中正大學財經法律研究所碩士學位論文,2013年6月。

林洲富,智慧財產權法專題研究(1),翰蘆圖書出版有限公司,2006年5月。

林洲富,智慧財產行政程序與救濟—案例式,五南圖書出版股份有限公司,2021年8月。

林洲富,司法院研究年報,29輯4篇,智慧財產權之有效性與侵權判斷,司法院,2012年12月,4版1刷。

林洲富,智慧財產之審級制度,兩岸民事法學會通之道,政治大學法學院民事法學中心,元照出版有限公司經銷,2015年6月。

林洲富,智慧財產刑事法—案例式,五南圖書出版股份有限公司,2021年8月,2版1刷。

林洲富,司法院研究年報,31輯4篇,商標侵權與損害賠償研究,司法院,
　　2014年12月。

洪敏晴,商標侵權救濟制度之研究—以刑事責任之必要為中心,國立中正大學
　　財經法律研究所碩士學位論文,2012年6月。

徐火明,從美德與我國法律論商標之註冊,瑞興圖書股份有限公司,1992年。

曾陳明汝,商標法原理,翰蘆圖書出版有限公司,2002年12月,初版3刷。

曾淑婷,氣味商標問題之研究,臺灣大學法律研究所碩士論文,2006年6月。

黃堅真,氣味商標之研究—以實務申請探討為中心,國立清華大學科技法律研
　　究所碩士論文,2007年2月。

馮震宇,了解新商標法,永然出版社,2001年。

陳文吟,商標法論,三民書局股份有限公司,2001年4月,初版2刷。

陳律師,智慧財產權法,高點文化事業有限公司,2005年3月,10版。

陳櫻琴、葉玟妤,智慧財產權法,五南圖書出版股份有限公司,2005年3月。

陳昭華,商標法,經濟部智慧財產局,2008年3月,初版3刷。

陳思仔,反向混淆理論之研究—以美國法為主,國立中正大學財經法律研究所
　　碩士學位論文,2013年6月。

張澤平、張桂芳,商標法,書泉出版社,2004年3月,4版1刷。

梅安華,由「賽德克・巴萊」註冊案探討商標法上公序良俗條款,國立中正大
　　學財經法律學研究所碩士論文,2011年5月。

許漢義,位置商標之研究—以識別性及功能性為中心,國立中正大學法律系研
　　究所碩士論文,2021年6月。

趙晉枚、蔡坤財、周慧芳、謝銘洋、張凱娜,智慧財產權入門,元照出版有限
　　公司,2004年2月,3版1刷。

薛雅倩,立體商標保護之研究,私立東吳大學法律學研究所碩士論文,2001
　　年。

賴靖基,探討網路購物平臺提供者之商標侵權責任,國立中正大學財經法律研
　　究所碩士學位論文,2012年6月。

鄭中人,智慧財產權法導讀,五南圖書出版股份有限公司,2005年10月,3版

4刷。

林發立主編，商標法律實務大解碼，萬國法律事務所，元照出版有限公司總經
　　銷，2015年11月。

劉瀚宇，智慧財產權法，中華電視股份有限公司，2004年8月，2版。

臺灣高等法院暨所屬法院91年法律座談會彙編，2003年7月。

司法院98年度智慧財產法律座談會彙編，智慧財產及商業法院，2009年7月。

司法院99年度智慧財產法律座談會提案，智慧財產及商業法院，2012年5月。

司法院104年度智慧財產法律座談會彙編，智慧財產及商業法院，2015年5月。

司法院99年度智慧財產法律座談會提案，智慧財產及商業法院，2012年5月。

司法院106年度智慧財產法律座談會彙編，智慧財產及商業法院，2017年5月。

智慧財產訴訟制度相關論文彙編，1輯，司法院，2010年11月。

智慧財產訴訟制度相關論文彙編，2輯，司法院，2013年12月。

智慧財產訴訟制度相關論文彙編，3輯，司法院，2014年12月。

商標法逐條釋義，經濟部智慧財產局，2005年12月。

商標法逐條釋義，經濟部智慧財產局，2013年12月。

論文

王美花，中國大陸新修正專利法與商標法介紹，律師雜誌，2002年2月。

王美花，智慧財產專業法官培訓課程─商標主要法規與理論參考附件，經濟部
　　智慧財產局，2006年3月20、21日。

王美花，智慧財產專業法官培訓課程─商標主要法規與實務，經濟部智慧財產
　　局，2006年3月20、21日。

王德博、江存仁、李宗仁、洪淑敏、黃柏森、鍾桂華譯，澳洲商標法審查及程
　　序手冊第21章，智慧財產權月刊，65期，2004年5月。

王德博、江存仁、李宗仁、林麗平、洪淑敏、黃柏森、張瓊惠、鍾桂華譯，日
　　本立體商標案例（上），智慧財產權月刊，68期，2004年8月。

王敏銓、黃楠婷，商標商品化初探，智慧財產月刊，146期，2011年2月。

王敏銓，商標侵害損害賠償之計算─以合理權利金、侵害所得利益、法定賠償

額為中心，月旦法學雜誌，274期，2018年3月。

戎水木，日本商標法修正後有關立體商標之保護，智慧財產權月刊，13期，2000年1月。

呂姝賢，可口可樂的智財啟發—以「Minute Maid Bottle」立體商標申請案為中心思考，專利師，13期，2013年4月。

汪澤，論商標權侵害與正當使用之分野，智慧財產權月刊，146期。

林洲富，商標權人以商品單價加倍計算說—最高法院102年度台上字第974號民事判決，月旦裁判時報，33期，2015年3月。

林洲富，股份有限公司之商標移轉要件—評最高法院106年度台上字第133號民事判決，月旦裁判時報，81期，2019年3月。

胡秉倫，智慧財產專業法官培訓課程—商標爭議程序及實務，經濟部智慧財產局，2006年3月21日。

洪淑敏，新修正商標法—有關商標註冊申請及延展之變革，智慧財產權月刊，61期，2004年1月。

許忠信，論著名商標之沖淡行為與作商標使用行為之區別—94年度智上易字第5號判決評析，月旦裁判時報，4期，2010年8月。

高啟霈，智慧財產權訴訟中之證據保全與公證，公證法學，13期，2017年8月。

馮震宇，商標減損之認定與商標侵權，臺灣法學雜誌，223期，2013年5月。

曾勝珍，我國新修正商標法草案中註冊要件之評析（上），智慧財產權月刊，51期，2003年3月。

黃銘傑，功能性立體商標與專利權保護期間之競合與調和，月旦法學雜誌，120期，2005年5月。

黃銘傑，地理標示保護之商標法與公平交易法的交錯，月旦法學雜誌，245期，2015年10月。

黃銘傑，商標法第23條第1項第12款與第14款之瑜亮情結—評最高行政法院98年度判字第321號判決，月旦法學雜誌，192期，2011年5月，頁155。

黃銘傑，贈品行為與商標之使用—評智慧財產法院99年度民商上字第6號判

決，月旦法學雜誌，216期，2013年5月。

黃堅真，氣味商標之研究—以美國法探討我國氣味商標識別性問題，智慧財產權月刊，89期，2006年5月。

陳昭華，將商標使用在廣告或贈品上是否構成維權使用之探討，智慧財產權月刊，166期，2012年10月。

陳昭華，將平面商標作成立體商品是否侵害商標權，月旦法學教室，55期。

陳匡正，商標善意先使用之研究，台灣法學雜誌，276期，2015年7月。

陳匡正，商標戲謔仿作之合理使用判斷，評智慧法院100年度行商訴字第104號行政判決及智慧財產法院103年度刑智上易字第63號刑事判決，月旦法學雜誌，243期，2015年8月。

陳冠勳，非傳統商標涉及功能性或專利技術之審查實務與案例探討，專利師，21期，2015年4月。

劉孔中，關鍵字廣告之商標法與競爭法爭議—以Google為例，月旦法學雜誌，235期，2014年12月。

謝銘洋，新修正商標法評析，月旦法學雜誌，102期，2003年10月。

外文

Ann Doll, Mark, Their Protectability and Registrability: Registrability of Stand-Alone Colors as Trademark, 12 J. Contemp. Legal Issues 66 (2001).

David I Bainbridge, Intellectual Property (1992).

Faye M. Hammersley, The Smell of Success: Trade Dress Protection For Scent Marks, 2 Marq. Intell. Prop. L. Rev. 105 (1998).

James L. Vana, Color Trademark, 7 Tex.. Intell. Prop. L. J.387, 387-388 (1999).

Jeffrey S. Edelstein and Cathy L. Lueders, Recent Developments in Trade Dress Infringement Law, 2000, 40 IDEA 105 (2000).

Jerome Gilson & Anne Gilson LaLonde, Cinnamon Buns, Marching Docks and Cherry- Scented Racecar Exhaust: Protecting nontraditional Trademarks, 95

Trademark Rep. 773 (July-August 2005).

Lesley Matty, Rock, Paper, Scissors, Trademark? A Comparative, Analysis of Motion Mark as a feature of Trademark in the United States and Europe, 14 Cardozo J. Int'l & Comp. L. 557 (2006).

Peter Drahos & Ruth Mayne, Global Intellectual Property Rights Knowledge, Access and Development (2002).

Ruth E. Annand and Helen E. Norman, Blackstone's Guide to Trade Marks Act 1994, Blackstone Press Limited (1998).

Sheldon W. Halpern, Craig Allen Nard & Kenneth L. Port, Fundamentals of United States Intellectual Property Law: Copyright, Patent, and Trademark (1999).

2 Stephen P. Ladas, Patent, Trademark, and Related Rights National and International Protection 1054 (1975).

Wayne W. Herrington & George W. Thompson, Intellectual Property Rights and United States International Trade Law (2002).

W. R. Cornish, Intellectual Property: Patent, Copyright, Trade Marks and Allied Rights (2nd ed., 1989).

W. R. Cornish, Materials on Intellectual Property (1990).

附錄一　商標法

第一章　總則

第1條

為保障商標權、證明標章權、團體標章權、團體商標權及消費者利益，維護市場公平競爭，促進工商企業正常發展，特制定本法。

第2條

欲取得商標權、證明標章權、團體標章權或團體商標權者，應依本法申請註冊。

第3條

本法之主管機關為經濟部。

商標業務，由經濟部指定專責機關辦理。

第4條

外國人所屬之國家，與中華民國如未共同參加保護商標之國際條約或無互相保護商標之條約、協定，或對中華民國國民申請商標註冊不予受理者，其商標註冊之申請，得不予受理。

第5條

商標之使用，指為行銷之目的，而有下列情形之一，並足以使相關消費者認識其為商標：

一、將商標用於商品或其包裝容器。

二、持有、陳列、販賣、輸出或輸入前款之商品。

三、將商標用於與提供服務有關之物品。

四、將商標用於與商品或服務有關之商業文書或廣告。

前項各款情形，以數位影音、電子媒體、網路或其他媒介物方式為之者，亦同。

第6條

申請商標註冊及其他程序事項，得委任代理人辦理之。但在中華民國境內無住所

或營業所者，應委任代理人辦理之。

前項代理人以在國內有住所，並具備下列資格之一者為限：

一、依法得執行商標代理業務之專門職業人員。

二、商標代理人。

前項第二款規定之商標代理人，應經商標專責機關舉辦之商標專業能力認證考試及格或曾從事一定期間之商標審查工作，並申請登錄及每年完成在職訓練，始得執行商標代理業務。

前項商標專業能力認證考試之舉辦、商標審查工作之一定期間、登錄商標代理人之資格與應檢附文件、在職訓練之方式、時數、執行商標代理業務之管理措施、停止執行業務之申請、廢止登錄及其他應遵行事項之辦法，由主管機關定之。

第7條

二人以上欲共有一商標，應由全體具名提出申請，並得選定其中一人為代表人，為全體共有人為各項申請程序及收受相關文件。

未為前項選定代表人者，商標專責機關應以申請書所載第一順序申請人為應受送達人，並應將送達事項通知其他共有商標之申請人。

第8條

商標之申請及其他程序，除本法另有規定外，遲誤法定期間、不合法定程式不能補正或不合法定程式經指定期間通知補正屆期未補正者，應不受理。但遲誤指定期間在處分前補正者，仍應受理之。

申請人因天災或不可歸責於己之事由，遲誤法定期間者，於其原因消滅後三十日內，得以書面敘明理由，向商標專責機關申請回復原狀。但遲誤法定期間已逾一年者，不得申請回復原狀。

申請回復原狀，應同時補行期間內應為之行為。

前二項規定，於遲誤第三十二條第三項規定之期間者，不適用之。

第9條

商標之申請及其他程序，應以書件或物件到達商標專責機關之日為準；如係郵寄者，以郵寄地郵戳所載日期為準。

郵戳所載日期不清晰者，除由當事人舉證外，以到達商標專責機關之日為準。

第10條

處分書或其他文件無從送達者，應於商標公報公告之，並於刊登公報後滿三十

日，視為已送達。

第11條

商標專責機關應刊行公報，登載註冊商標及其相關事項。

前項公報，得以電子方式為之；其實施日期，由商標專責機關定之。

第12條

商標專責機關應備置商標註冊簿及商標代理人名簿；商標註冊簿登載商標註冊、商標權異動及法令所定之一切事項，商標代理人名簿登載商標代理人之登錄及其異動等相關事項，並均對外公開之。

前項商標註冊簿及商標代理人名簿，得以電子方式為之。

第13條

有關商標之申請及其他程序，得以電子方式為之。商標專責機關之文書送達，亦同。

前項電子方式之適用範圍、效力、作業程序及其他應遵行事項之辦法，由主管機關定之。

第14條

商標專責機關對於商標註冊之申請、異議、評定及廢止案件之審查，應指定審查人員審查之。

前項審查人員之資格，以法律定之。

第15條

商標專責機關對前條第一項案件之審查，應作成書面之處分，並記載理由送達申請人。

前項之處分，應由審查人員具名。

第16條

有關期間之計算，除第三十三條第一項、第七十五條第四項及第一百零三條規定外，其始日不計算在內。

第17條

本章關於商標之規定，於證明標章、團體標章、團體商標，準用之。

第二章 商標

第一節 申請註冊

第18條

商標,指任何具有識別性之標識,得以文字、圖形、記號、顏色、立體形狀、動態、全像圖、聲音等,或其聯合式所組成。

前項所稱識別性,指足以使商品或服務之相關消費者認識為指示商品或服務來源,並得與他人之商品或服務相區別者。

第19條

申請商標註冊,應備具申請書,載明申請人、商標圖樣及指定使用之商品或服務,向商標專責機關申請之。

申請商標註冊,以提出前項申請書之日為申請日。

第一項之申請人,為自然人、法人、合夥組織、依法設立之非法人團體或依商業登記法登記之商業,而欲從事其所指定商品或服務之業務者。

商標圖樣應以清楚、明確、完整、客觀、持久及易於理解之方式呈現。

申請商標註冊,應以一申請案一商標之方式為之,並得指定使用於二個以上類別之商品或服務。

前項商品或服務之分類,於本法施行細則定之。

類似商品或服務之認定,不受前項商品或服務分類之限制。

申請商標註冊,申請人有即時取得權利之必要時,得敘明事實及理由,繳納加速審查費後,由商標專責機關進行加速審查。但商標專責機關已對該註冊申請案通知補正或核駁理由者,不適用之。

第20條

在與中華民國有相互承認優先權之國家或世界貿易組織會員,依法申請註冊之商標,其申請人於第一次申請日後六個月內,向中華民國就該申請同一之部分或全部商品或服務,以相同商標申請註冊者,得主張優先權。

外國申請人為非世界貿易組織會員之國民且其所屬國家與中華民國無相互承認優先權者,如於互惠國或世界貿易組織會員領域內,設有住所或營業所者,得依前項規定主張優先權。

依第一項規定主張優先權者,應於申請註冊同時聲明,並於申請書載明下列事項:

一、第一次申請之申請日。

二、受理該申請之國家或世界貿易組織會員。

三、第一次申請之申請案號。

申請人應於申請日後三個月內，檢送經前項國家或世界貿易組織會員證明受理之申請文件。

未依第三項第一款、第二款或前項規定辦理者，視為未主張優先權。

主張優先權者，其申請日以優先權日為準。

主張複數優先權者，各以其商品或服務所主張之優先權日為申請日。

第21條

於中華民國政府主辦或認可之國際展覽會上，展出使用申請註冊商標之商品或服務，自該商品或服務展出日後六個月內，提出申請者，其申請日以展出日為準。

前條規定，於主張前項展覽會優先權者，準用之。

第22條

二人以上於同日以相同或近似之商標，於同一或類似之商品或服務各別申請註冊，有致相關消費者混淆誤認之虞，而不能辨別時間先後者，由各申請人協議定之；不能達成協議時，以抽籤方式定之。

第23條

商標圖樣及其指定使用之商品或服務，申請後即不得變更。但指定使用商品或服務之減縮，或非就商標圖樣為實質變更者，不在此限。

第24條

申請人之名稱、地址、代理人或其他註冊申請事項變更者，應向商標專責機關申請變更。

第25條

商標註冊申請事項有下列錯誤時，得經申請或依職權更正之：

一、申請人名稱或地址之錯誤。

二、文字用語或繕寫之錯誤。

三、其他明顯之錯誤。

前項之申請更正，不得影響商標同一性或擴大指定使用商品或服務之範圍。

第26條

申請人得就所指定使用之商品或服務，向商標專責機關請求分割為二個以上之註

冊申請案，以原註冊申請日為申請日。

第27條

因商標註冊之申請所生之權利，得移轉於他人。

第28條

共有商標申請權或共有人應有部分之移轉，應經全體共有人之同意。但因繼承、強制執行、法院判決或依其他法律規定移轉者，不在此限。

共有商標申請權之拋棄，應得全體共有人之同意。但各共有人就其應有部分之拋棄，不在此限。

前項共有人拋棄其應有部分者，其應有部分由其他共有人依其應有部分之比例分配之。

前項規定，於共有人死亡而無繼承人或消滅後無承受人者，準用之。

共有商標申請權指定使用商品或服務之減縮或分割，應經全體共有人之同意。

第二節 審查及核准

第29條

商標有下列不具識別性情形之一，不得註冊：

一、僅由描述所指定商品或服務之品質、用途、原料、產地或相關特性之說明所構成者。

二、僅由所指定商品或服務之通用標章或名稱所構成者。

三、僅由其他不具識別性之標識所構成者。

有前項第一款或第三款規定之情形，如經申請人使用且在交易上已成為申請人商品或服務之識別標識者，不適用之。

商標圖樣中包含不具識別性部分，且有致商標權範圍產生疑義之虞，申請人應聲明該部分不在專用之列；未為不專用之聲明者，不得註冊。

第30條

商標有下列情形之一，不得註冊：

一、僅為發揮商品或服務之功能所必要者。

二、相同或近似於中華民國國旗、國徽、國璽、軍旗、軍徽、印信、勳章或外國國旗，或世界貿易組織會員依巴黎公約第六條之三第三款所為通知之外國國徽、國璽或國家徽章者。

三、相同於國父或國家元首之肖像或姓名者。

四、相同或近似於中華民國政府機關或其主辦展覽會之標章，或其所發給之褒獎
　　牌狀者。

五、相同或近似於國際跨政府組織或國內外著名且具公益性機構之徽章、旗幟、
　　其他徽記、縮寫或名稱，有致公眾誤認誤信之虞者。

六、相同或近似於國內外用以表明品質管制或驗證之國家標誌或印記，且指定使
　　用於同一或類似之商品或服務者。

七、妨害公共秩序或善良風俗者。

八、使公眾誤認誤信其商品或服務之性質、品質或產地之虞者。

九、相同或近似於中華民國或外國之葡萄酒或蒸餾酒地理標示，且指定使用於與
　　葡萄酒或蒸餾酒同一或類似商品，而該外國與中華民國簽訂協定或共同參加
　　國際條約，或相互承認葡萄酒或蒸餾酒地理標示之保護者。

十、相同或近似於他人同一或類似商品或服務之註冊商標或申請在先之商標，有
　　致相關消費者混淆誤認之虞者。但經該註冊商標或申請在先之商標所有人同
　　意申請，且非顯屬不當者，不在此限。

十一、相同或近似於他人著名商標或標章，有致相關公眾混淆誤認之虞，或有減
　　　損著名商標或標章之識別性或信譽之虞者。但得該商標或標章之所有人同
　　　意申請註冊者，不在此限。

十二、相同或近似於他人先使用於同一或類似商品或服務之商標，而申請人因與
　　　該他人間具有契約、地緣、業務往來或其他關係，知悉他人商標存在，意
　　　圖仿襲而申請註冊者。但經其同意申請註冊者，不在此限。

十三、有他人之肖像或著名之姓名、藝名、筆名、稱號者。但經其同意申請註冊
　　　者，不在此限。

十四、相同或近似於著名之法人、商號或其他團體之名稱，有致相關公眾混淆誤
　　　認之虞者。但經其同意申請註冊者，不在此限。

十五、商標侵害他人之著作權、專利權或其他權利，經判決確定者。但經其同意
　　　申請註冊者，不在此限。

前項第九款及第十一款至第十四款所規定之地理標示、著名及先使用之認定，以
申請時為準。

第一項第二款、第四款、第五款及第九款規定，於政府機關或相關機構為申請人
或經其同意申請註冊者，不適用之。

商標圖樣中包含第一項第一款之功能性部分,未以虛線方式呈現者,不得註冊;其不能以虛線方式呈現,且未聲明不屬於商標之一部分者,亦同。

第31條

商標註冊申請案經審查認有第二十九條第一項、第三項、前條第一項、第四項或第六十五條第三項規定不得註冊之情形者,應予核駁審定。

前項核駁審定前,應將核駁理由以書面通知申請人限期陳述意見。

指定使用商品或服務之減縮、商標圖樣之非實質變更、註冊申請案之分割及不專用之聲明,應於核駁審定前為之。

第32條

商標註冊申請案經審查無前條第一項規定之情形者,應予核准審定。

經核准審定之商標,申請人應於審定書送達後二個月內,繳納註冊費後,始予註冊公告,並發給商標註冊證;屆期未繳費者,不予註冊公告。

申請人非因故意,未於前項所定期限繳費者,得於繳費期限屆滿後六個月內,繳納二倍之註冊費後,由商標專責機關公告之。但影響第三人於此期間內申請註冊或取得商標權者,不得為之。

第三節　商標權

第33條

商標自註冊公告當日起,由權利人取得商標權,商標權期間為十年。

商標權期間得申請延展,每次延展為十年。

第34條

商標權之延展,應於商標權期間屆滿前六個月內提出申請,並繳納延展註冊費;其於商標權期間屆滿後六個月內提出申請者,應繳納二倍延展註冊費。

前項核准延展之期間,自商標權期間屆滿日後起算。

第35條

商標權人於經註冊指定之商品或服務,取得商標權。

除本法第三十六條另有規定外,下列情形,應經商標權人之同意:

一、於同一商品或服務,使用相同於註冊商標之商標者。

二、於類似之商品或服務,使用相同於註冊商標之商標,有致相關消費者混淆誤認之虞者。

三、於同一或類似之商品或服務,使用近似於註冊商標之商標,有致相關消費者

混淆誤認之虞者。

商標經註冊者,得標明註冊商標或國際通用註冊符號。

第36條

下列情形,不受他人商標權之效力所拘束:

一、以符合商業交易習慣之誠實信用方法,表示自己之姓名、名稱,或其商品或服務之名稱、形狀、品質、性質、特性、用途、產地或其他有關商品或服務本身之說明,非作為商標使用者。

二、以符合商業交易習慣之誠實信用方法,表示商品或服務之使用目的,而有使用他人之商標用以指示該他人之商品或服務之必要者。但其使用結果有致相關消費者混淆誤認之虞者,不適用之。

三、為發揮商品或服務功能所必要者。

四、在他人商標註冊申請日前,善意使用相同或近似之商標於同一或類似之商品或服務者。但以原使用之範圍為限;商標權人並得要求其附加適當之區別標示。

附有註冊商標之商品,係由商標權人或經其同意之人於國內外市場上交易流通者,商標權人不得就該商品主張商標權。但為防止商品流通於市場後,發生變質、受損或經他人擅自加工、改造,或有其他正當事由者,不在此限。

第37條

商標權人得就註冊商標指定使用之商品或服務,向商標專責機關申請分割商標權。

第38條

商標圖樣及其指定使用之商品或服務,註冊後即不得變更。但指定使用商品或服務之減縮,不在此限。

商標註冊事項之變更或更正,準用第二十四條及第二十五條規定。

註冊商標涉有異議、評定或廢止案件時,申請分割商標權或減縮指定使用商品或服務者,應於處分前為之。

第39條

商標權人得就其註冊商標指定使用商品或服務之全部或一部指定地區為專屬或非專屬授權。

前項授權,非經商標專責機關登記者,不得對抗第三人。

授權登記後，商標權移轉者，其授權契約對受讓人仍繼續存在。

非專屬授權登記後，商標權人再為專屬授權登記者，在先之非專屬授權登記不受影響。

專屬被授權人在被授權範圍內，排除商標權人及第三人使用註冊商標。

商標權受侵害時，於專屬授權範圍內，專屬被授權人得以自己名義行使權利。但契約另有約定者，從其約定。

第40條

專屬被授權人得於被授權範圍內，再授權他人使用。但契約另有約定者，從其約定。

非專屬被授權人非經商標權人或專屬被授權人同意，不得再授權他人使用。

再授權，非經商標專責機關登記者，不得對抗第三人。

第41條

商標授權期間屆滿前有下列情形之一，當事人或利害關係人得檢附相關證據，申請廢止商標授權登記：

一、商標權人及被授權人雙方同意終止者。其經再授權者，亦同。

二、授權契約明定，商標權人或被授權人得任意終止授權關係，經當事人聲明終止者。

三、商標權人以被授權人違反授權契約約定，通知被授權人解除或終止授權契約，而被授權人無異議者。

四、其他相關事證足以證明授權關係已不存在者。

第42條

商標權之移轉，非經商標專責機關登記者，不得對抗第三人。

第43條

移轉商標權之結果，有二以上之商標權人使用相同商標於類似之商品或服務，或使用近似商標於同一或類似之商品或服務，而有致相關消費者混淆誤認之虞者，各商標權人使用時應附加適當區別標示。

第44條

商標權人設定質權及質權之變更、消滅，非經商標專責機關登記者，不得對抗第三人。

商標權人為擔保數債權就商標權設定數質權者，其次序依登記之先後定之。

質權人非經商標權人授權，不得使用該商標。

第45條

商標權人得拋棄商標權。但有授權登記或質權登記者，應經被授權人或質權人同意。

前項拋棄，應以書面向商標專責機關為之。

第46條

共有商標權之授權、再授權、移轉、拋棄、設定質權或應有部分之移轉或設定質權，應經全體共有人之同意。但因繼承、強制執行、法院判決或依其他法律規定移轉者，不在此限。

共有商標權人應有部分之拋棄，準用第二十八條第二項但書及第三項規定。

共有商標權人死亡而無繼承人或消滅後無承受人者，其應有部分之分配，準用第二十八條第四項規定。

共有商標權指定使用商品或服務之減縮或分割，準用第二十八條第五項規定。

第47條

有下列情形之一，商標權當然消滅：

一、未依第三十四條規定延展註冊者，商標權自該商標權期間屆滿後消滅。

二、商標權人死亡而無繼承人者，商標權自商標權人死亡後消滅。

三、依第四十五條規定拋棄商標權者，自其書面表示到達商標專責機關之日消滅。

第四節　異議

第48條

商標之註冊違反第二十九條第一項、第三十條第一項或第六十五條第三項規定之情形者，任何人得自商標註冊公告日後三個月內，向商標專責機關提出異議。

前項異議，得就註冊商標指定使用之部分商品或服務為之。

異議應就每一註冊商標各別申請之。

第49條

提出異議者，應以異議書載明事實及理由，並附副本。異議書如有提出附屬文件者，副本中應提出。

商標專責機關應將異議書送達商標權人限期答辯；商標權人提出答辯書者，商標專責機關應將答辯書送達異議人限期陳述意見。

依前項規定提出之答辯書或陳述意見書有遲滯程序之虞，或其事證已臻明確者，商標專責機關得不通知相對人答辯或陳述意見，逕行審理。

第50條

異議商標之註冊有無違法事由，除第一百零六條第一項及第三項規定外，依其註冊公告時之規定。

第51條

商標異議案件，應由未曾審查原案之審查人員審查之。

第52條

異議程序進行中，被異議之商標權移轉者，異議程序不受影響。

前項商標權受讓人得聲明承受被異議人之地位，續行異議程序。

第53條

異議人得於異議審定前，撤回其異議。

異議人撤回異議者，不得就同一事實，以同一證據及同一理由，再提異議或評定。

第54條

異議案件經異議成立者，應撤銷其註冊。

第55條

前條撤銷之事由，存在於註冊商標所指定使用之部分商品或服務者，得僅就該部分商品或服務撤銷其註冊。

第56條

經過異議確定後之註冊商標，任何人不得就同一事實，以同一證據及同一理由，申請評定。

第五節　　評定

第57條

商標之註冊違反第二十九條第一項、第三十條第一項或第六十五條第三項規定之情形者，利害關係人或審查人員得申請或提請商標專責機關評定其註冊。

以商標之註冊違反第三十條第一項第十款規定，向商標專責機關申請評定，其據以評定商標之註冊已滿三年者，應檢附於申請評定前三年有使用於據以主張商品或服務之證據，或其未使用有正當事由之事證。

依前項規定提出之使用證據，應足以證明商標之真實使用，並符合一般商業交易

習慣。

第58條

商標之註冊違反第二十九條第一項第一款、第三款、第三十條第一項第九款至第十五款或第六十五條第三項規定之情形，自註冊公告日後滿五年者，不得申請或提請評定。

商標之註冊違反第三十條第一項第九款、第十一款規定之情形，係屬惡意者，不受前項期間之限制。

第59條

商標評定案件，由商標專責機關首長指定審查人員三人以上為評定委員評定之。

第60條

評定案件經評定成立者，應撤銷其註冊。但不得註冊之情形已不存在者，經斟酌公益及當事人利益之衡平，得為不成立之評定。

第61條

評定案件經處分後，任何人不得就同一事實，以同一證據及同一理由，申請評定。

第62條

第四十八條第二項、第三項、第四十九條至第五十三條及第五十五條規定，於商標之評定，準用之。

第六節　廢止

第63條

商標註冊後有下列情形之一，商標專責機關應依職權或據申請廢止其註冊：

一、自行變換商標或加附記，致與他人使用於同一或類似之商品或服務之註冊商標構成相同或近似，而有使相關消費者混淆誤認之虞者。

二、無正當事由迄未使用或繼續停止使用已滿三年者。但被授權人有使用者，不在此限。

三、未依第四十三條規定附加適當區別標示者。但於商標專責機關處分前已附加區別標示並無產生混淆誤認之虞者，不在此限。

四、商標已成為所指定商品或服務之通用標章、名稱或形狀者。

五、商標實際使用時有致公眾誤認誤信其商品或服務之性質、品質或產地之虞者。

被授權人為前項第一款之行為，商標權人明知或可得而知而不為反對之表示者，亦同。

有第一項第二款規定之情形，於申請廢止時該註冊商標已為使用者，除因知悉他人將申請廢止，而於申請廢止前三個月內開始使用者外，不予廢止其註冊。

廢止之事由僅存在於註冊商標所指定使用之部分商品或服務者，得就該部分之商品或服務廢止其註冊。

第64條

商標權人實際使用之商標與註冊商標不同，而依社會一般通念並不失其同一性者，應認為有使用其註冊商標。

第65條

商標專責機關應將廢止申請之情事通知商標權人，並限期答辯；商標權人提出答辯書者，商標專責機關應將答辯書送達申請人限期陳述意見。但申請人之申請無具體事證或其主張顯無理由者，得逕為駁回。

第六十三條第一項第二款規定情形，其答辯通知經送達者，商標權人應證明其有使用之事實；屆期未答辯者，得逕行廢止其註冊。

註冊商標有第六十三條第一項第一款規定情形，經廢止其註冊者，原商標權人於廢止日後三年內，不得註冊、受讓或被授權使用與原註冊圖樣相同或近似之商標於同一或類似之商品或服務；其於商標專責機關處分前，聲明拋棄商標權者，亦同。

第66條

商標註冊後有無廢止之事由，適用申請廢止時之規定。

第67條

第四十八條第二項、第三項、第四十九條第一項、第三項、第五十二條及第五十三條規定，於廢止案之審查，準用之。

以註冊商標有第六十三條第一項第一款規定申請廢止者，準用第五十七條第二項及第三項規定。

商標權人依第六十五條第二項提出使用證據者，準用第五十七條第三項規定。

第七節　權利侵害之救濟

第68條

未得商標權人同意，有下列情形之一，為侵害商標權：

一、於同一商品或服務，使用相同於註冊商標之商標者。

二、於類似之商品或服務，使用相同於註冊商標之商標，有致相關消費者混淆誤認之虞者。

三、於同一或類似之商品或服務，使用近似於註冊商標之商標，有致相關消費者混淆誤認之虞者。

為供自己或他人用於與註冊商標同一或類似之商品或服務，未得商標權人同意，為行銷目的而製造、販賣、持有、陳列、輸出或輸入附有相同或近似於註冊商標之標籤、吊牌、包裝容器或與服務有關之物品者，亦為侵害商標權。

第69條

商標權人對於侵害其商標權者，得請求除去之；有侵害之虞者，得請求防止之。

商標權人依前項規定為請求時，得請求銷毀侵害商標權之物品及從事侵害行為之原料或器具。但法院審酌侵害之程度及第三人利益後，得為其他必要之處置。

商標權人對於因故意或過失侵害其商標權者，得請求損害賠償。

前項之損害賠償請求權，自請求權人知有損害及賠償義務人時起，二年間不行使而消滅；自有侵權行為時起，逾十年者亦同。

第70條

未得商標權人同意，有下列情形之一，視為侵害商標權：

一、明知為他人著名之註冊商標，而使用相同或近似之商標，有致減損該商標之識別性或信譽之虞者。

二、明知為他人著名之註冊商標，而以該著名商標中之文字作為自己公司、商號、團體、網域或其他表彰營業主體之名稱，有致相關消費者混淆誤認之虞或減損該商標之識別性或信譽之虞者。

第71條

商標權人請求損害賠償時，得就下列各款擇一計算其損害：

一、依民法第二百十六條規定。但不能提供證據方法以證明其損害時，商標權人得就其使用註冊商標通常所可獲得之利益，減除受侵害後使用同一商標所得之利益，以其差額為所受損害。

二、依侵害商標權行為所得之利益；於侵害商標權者不能就其成本或必要費用舉證時，以銷售該項商品全部收入為所得利益。

三、就查獲侵害商標權商品之零售單價一千五百倍以下之金額。但所查獲商品超

過一千五百件時，以其總價定賠償金額。

四、以相當於商標權人授權他人使用所得收取之權利金數額爲其損害。

前項賠償金額顯不相當者，法院得予酌減之。

第72條

商標權人對輸入或輸出之物品有侵害其商標權之虞者，得申請海關先予查扣。

前項申請，應以書面爲之，並釋明侵害之事實，及提供相當於海關核估該進口物品完稅價格或出口物品離岸價格之保證金或相當之擔保。

海關受理查扣之申請，應即通知申請人；如認符合前項規定而實施查扣時，應以書面通知申請人及被查扣人。

被查扣人得提供第二項保證金二倍之保證金或相當之擔保，請求海關廢止查扣，並依有關進出口物品通關規定辦理。

查扣物經申請人取得法院確定判決，屬侵害商標權者，被查扣人應負擔查扣物之貨櫃延滯費、倉租、裝卸費等有關費用。

第73條

有下列情形之一，海關應廢止查扣：

一、申請人於海關通知受理查扣之翌日起十二日內，未依第六十九條規定就查扣物爲侵害物提起訴訟，並通知海關者。

二、申請人就查扣物爲侵害物所提訴訟經法院裁定駁回確定者。

三、查扣物經法院確定判決，不屬侵害商標權之物者。

四、申請人申請廢止查扣者。

五、符合前條第四項規定者。

前項第一款規定之期限，海關得視需要延長十二日。

海關依第一項規定廢止查扣者，應依有關進出口物品通關規定辦理。

查扣因第一項第一款至第四款之事由廢止者，申請人應負擔查扣物之貨櫃延滯費、倉租、裝卸費等有關費用。

第74條

查扣物經法院確定判決不屬侵害商標權之物者，申請人應賠償被查扣人因查扣或提供第七十二條第四項規定保證金所受之損害。

申請人就第七十二條第四項規定之保證金，被查扣人就第七十二條第二項規定之保證金，與質權人有同一之權利。但前條第四項及第七十二條第五項規定之貨櫃

延滯費、倉租、裝卸費等有關費用，優先於申請人或被查扣人之損害受償。

有下列情形之一，海關應依申請人之申請，返還第七十二條第二項規定之保證金：

一、申請人取得勝訴之確定判決，或與被查扣人達成和解，已無繼續提供保證金之必要者。

二、因前條第一項第一款至第四款規定之事由廢止查扣，致被查扣人受有損害後，或被查扣人取得勝訴之確定判決後，申請人證明已定二十日以上之期間，催告被查扣人行使權利而未行使者。

三、被查扣人同意返還者。

有下列情形之一，海關應依被查扣人之申請返還第七十二條第四項規定之保證金：

一、因前條第一項第一款至第四款規定之事由廢止查扣，或被查扣人與申請人達成和解，已無繼續提供保證金之必要者。

二、申請人取得勝訴之確定判決後，被查扣人證明已定二十日以上之期間，催告申請人行使權利而未行使者。

三、申請人同意返還者。

第75條

海關於執行職務時，發現輸入或輸出之物品顯有侵害商標權之虞者，應通知商標權人及進出口人。

海關為前項之通知時，應限期商標權人進行認定，並提出侵權事證，同時限期進出口人提供無侵權情事之證明文件。但商標權人或進出口人有正當理由，無法於指定期間內提出者，得以書面釋明理由向海關申請延長，並以一次為限。

商標權人已提出侵權事證，且進出口人未依前項規定提出無侵權情事之證明文件者，海關得採行暫不放行措施。

商標權人提出侵權事證，經進出口人依第二項規定提出無侵權情事之證明文件者，海關應通知商標權人於通知之時起三個工作日內，依第七十二條第一項規定申請查扣。

商標權人未於前項規定期限內，依第七十二條第一項規定申請查扣者，海關得於取具代表性樣品後，將物品放行。

第76條

海關在不損及查扣物機密資料保護之情形下，得依第七十二條所定申請人或被查扣人或前條所定商標權人或進出口人之申請，同意其檢視查扣物。

海關依第七十二條第三項規定實施查扣或依前條第三項規定採行暫不放行措施後，商標權人得向海關申請提供相關資料；經海關同意後，提供進出口人、收發貨人之姓名或名稱、地址及疑似侵權物品之數量。

商標權人依前項規定取得之資訊，僅限於作為侵害商標權案件之調查及提起訴訟之目的而使用，不得任意洩漏予第三人。

第77條

商標權人依第七十五條第二項規定進行侵權認定時，得繳交相當於海關核估進口貨樣完稅價格及相關稅費或海關核估出口貨樣離岸價格及相關稅費百分之一百二十之保證金，向海關申請調借貨樣進行認定。但以有調借貨樣進行認定之必要，且經商標權人書面切結不侵害進出口人利益及不使用於不正當用途者為限。

前項保證金，不得低於新臺幣三千元。

商標權人未於第七十五條第二項所定提出侵權認定事證之期限內返還所調借之貨樣，或返還之貨樣與原貨樣不符或發生缺損等情形者，海關應留置其保證金，以賠償進出口人之損害。

貨樣之進出口人就前項規定留置之保證金，與質權人有同一之權利。

第78條

第七十二條至第七十四條規定之申請查扣、廢止查扣、保證金或擔保之繳納、提供、返還之程序、應備文件及其他應遵行事項之辦法，由主管機關會同財政部定之。

第七十五條至第七十七條規定之海關執行商標權保護措施、權利人申請檢視查扣物、申請提供侵權貨物之相關資訊及申請調借貨樣，其程序、應備文件及其他相關事項之辦法，由財政部定之。

第79條

法院為處理商標訴訟案件，得設立專業法庭或指定專人辦理。

第三章　證明標章、團體標章及團體商標

第80條

證明標章,指證明標章權人用以證明他人商品或服務之特定品質、精密度、原料、製造方法、產地或其他事項,並藉以與未經證明之商品或服務相區別之標識。

前項用以證明產地者,該地理區域之商品或服務應具有特定品質、聲譽或其他特性,證明標章之申請人得以含有該地理名稱或足以指示該地理區域之標識申請註冊為產地證明標章。

主管機關應會同中央目的事業主管機關輔導與補助艱困產業、瀕臨艱困產業及傳統產業,提升生產力及產品品質,並建立各該產業別標示其產品原產地為台灣製造之證明標章。

前項產業之認定與輔導、補助之對象、標準、期間及應遵行事項等,由主管機關會商各該中央目的事業主管機關後定之,必要時得免除證明標章之相關規費。

第81條

證明標章之申請人,以具有證明他人商品或服務能力之法人、團體或政府機關為限。

前項之申請人係從事於欲證明之商品或服務之業務者,不得申請註冊。

第82條

申請註冊證明標章者,應檢附具有證明他人商品或服務能力之文件、證明標章使用規範書及不從事所證明商品之製造、行銷或服務提供之聲明。

申請註冊產地證明標章之申請人代表性有疑義者,商標專責機關得向商品或服務之中央目的事業主管機關諮詢意見。

外國法人、團體或政府機關申請產地證明標章,應檢附以其名義在其原產國受保護之證明文件。

第一項證明標章使用規範書應載明下列事項:

一、證明標章證明之內容。

二、使用證明標章之條件。

三、管理及監督證明標章使用之方式。

四、申請使用該證明標章之程序事項及其爭議解決方式。

商標專責機關於註冊公告時,應一併公告證明標章使用規範書;註冊後修改者,應經商標專責機關核准,並公告之。

第83條

證明標章之使用,指經證明標章權人同意之人,依證明標章使用規範書所定之條件,使用該證明標章。

第84條

產地證明標章之產地名稱不適用第二十九條第一項第一款及第三項規定。

產地證明標章權人不得禁止他人以符合商業交易習慣之誠實信用方法,表示其商品或服務之產地。

第85條

團體標章,指具有法人資格之公會、協會或其他團體,為表彰其會員之會籍,並藉以與非該團體會員相區別之標識。

第86條

團體標章註冊之申請,應以申請書載明相關事項,並檢具團體標章使用規範書,向商標專責機關申請之。

前項團體標章使用規範書應載明下列事項:

一、會員之資格。

二、使用團體標章之條件。

三、管理及監督團體標章使用之方式。

四、違反規範之處理規定。

第87條

團體標章之使用,指團體會員為表彰其會員身分,依團體標章使用規範書所定之條件,使用該團體標章。

第88條

團體商標,指具有法人資格之公會、協會或其他團體,為指示其會員所提供之商品或服務,並藉以與非該團體會員所提供之商品或服務相區別之標識。

前項用以指示會員所提供之商品或服務來自一定產地者,該地理區域之商品或服務應具有特定品質、聲譽或其他特性,團體商標之申請人得以含有該地理名稱或足以指示該地理區域之標識申請註冊為產地團體商標。

第89條

團體商標註冊之申請，應以申請書載明商品或服務，並檢具團體商標使用規範書，向商標專責機關申請之。

前項團體商標使用規範書應載明下列事項：

一、會員之資格。

二、使用團體商標之條件。

三、管理及監督團體商標使用之方式。

四、違反規範之處理規定。

產地團體商標使用規範書除前項應載明事項外，並應載明地理區域界定範圍內之人，其商品或服務及資格符合使用規範書時，產地團體商標權人應同意其成為會員。

商標專責機關於註冊公告時，應一併公告團體商標使用規範書；註冊後修改者，應經商標專責機關核准，並公告之。

第90條

團體商標之使用，指團體或其會員依團體商標使用規範書所定之條件，使用該團體商標。

第91條

第八十二條第二項、第三項及第八十四條規定，於產地團體商標，準用之。

第92條

證明標章權、團體標章權或團體商標權不得移轉、授權他人使用，或作為質權標的物。但其移轉或授權他人使用，無損害消費者利益及違反公平競爭之虞，經商標專責機關核准者，不在此限。

第93條

證明標章權人、團體標章權人或團體商標權人有下列情形之一者，商標專責機關得依任何人之申請或依職權廢止證明標章、團體標章或團體商標之註冊：

一、證明標章作為商標使用。

二、證明標章權人從事其所證明商品或服務之業務。

三、證明標章權人喪失證明該註冊商品或服務之能力。

四、證明標章權人對於申請證明之人，予以差別待遇。

五、違反前條規定而為移轉、授權或設定質權。

六、未依使用規範書為使用之管理及監督。

七、其他不當方法之使用，致生損害於他人或公眾之虞。

被授權人為前項之行為，證明標章權人、團體標章權人或團體商標權人明知或可得而知而不為反對之表示者，亦同。

第94條

證明標章、團體標章或團體商標除本章另有規定外，依其性質準用本法有關商標之規定。但第十九條第八項規定，不在準用之列。

第四章 罰則

第95條

未得商標權人或團體商標權人同意，有下列情形之一，處三年以下有期徒刑、拘役或科或併科新臺幣二十萬元以下罰金：

一、於同一商品或服務，使用相同於註冊商標或團體商標之商標者。

二、於類似之商品或服務，使用相同於註冊商標或團體商標之商標，有致相關消費者混淆誤認之虞者。

三、於同一或類似之商品或服務，使用近似於註冊商標或團體商標之商標，有致相關消費者混淆誤認之虞者。

意圖供自己或他人用於與註冊商標或團體商標同一商品或服務，未得商標權人或團體商標權人同意，為行銷目的而製造、販賣、持有、陳列、輸出或輸入附有相同或近似於註冊商標或團體商標之標籤、吊牌、包裝容器或與服務有關之物品者，處一年以下有期徒刑、拘役或科或併科新臺幣五萬元以下罰金。

前項之行為透過電子媒體或網路方式為之者，亦同。

第96條

未得證明標章權人同意，於同一或類似之商品或服務，使用相同或近似於註冊證明標章之標章，有致相關消費者誤認誤信之虞者，處三年以下有期徒刑、拘役或科或併科新臺幣二十萬元以下罰金。

意圖供自己或他人用於與註冊證明標章同一商品或服務，未得證明標章權人同意，為行銷目的而製造、販賣、持有、陳列、輸出或輸入附有相同或近似於註冊證明標章之標籤、吊牌、包裝容器或與服務有關之物品者，處三年以下有期徒刑、拘役或科或併科新臺幣二十萬元以下罰金。

前項之行為透過電子媒體或網路方式為之者，亦同。

第97條

販賣或意圖販賣而持有、陳列、輸出或輸入他人所為之前二條第一項商品者，處一年以下有期徒刑、拘役或科或併科新臺幣五萬元以下罰金。

前項之行為透過電子媒體或網路方式為之者，亦同。

第98條

侵害商標權、證明標章權或團體商標權之物品或文書，不問屬於犯罪行為人人與否，沒收之。

第98-1條

未依本法登錄而充任商標代理人或以商標代理人名義招攬業務者，由商標專責機關處新臺幣三萬元以上十五萬元以下罰鍰，並限期令其停止行為；屆期不停止者，按次處罰至停止為止。

前項規定，於商標代理人停止執行業務期間，或經公告撤銷或廢止登錄者，亦適用之。

商標代理人違反第六條第四項所定辦法中有關在職訓練之方式、時數或執行商標代理業務管理措施之規定者，商標專責機關應視其違規情節予以警告、申誡、停止執行業務、撤銷或廢止登錄處分，並公告於商標代理人名簿。

第99條

未經認許之外國法人或團體，就本法規定事項得為告訴、自訴或提起民事訴訟。我國非法人團體經取得商標權或證明標章權者，亦同。

第五章　附則

第100條

本法中華民國九十二年四月二十九日修正之條文施行前，已註冊之服務標章，自本法修正施行當日起，視為商標。

第101條

本法中華民國九十二年四月二十九日修正之條文施行前，已註冊之聯合商標、聯合服務標章、聯合團體標章或聯合證明標章，自本法修正施行之日起，視為獨立之註冊商標或標章；其存續期間，以原核准者為準。

第102條

本法中華民國九十二年四月二十九日修正之條文施行前，已註冊之防護商標、防護服務標章、防護團體標章或防護證明標章，依其註冊時之規定；於其專用期間屆滿前，應申請變更為獨立之註冊商標或標章；屆期未申請變更者，商標權消滅。

第103條

依前條申請變更為獨立之註冊商標或標章者，關於第六十三條第一項第二款規定之三年期間，自變更當日起算。

第104條

依本法申請註冊、加速審查、延展註冊、異動登記、異議、評定、廢止及其他各項程序，應繳申請費、註冊費、加速審查費、延展註冊費、登記費、異議費、評定費、廢止費等各項相關規費。

前項收費標準，由主管機關定之。

第105條

本法中華民國一百年五月三十一日修正之條文施行前，註冊費已分二期繳納者，第二期之註冊費依修正前之規定辦理。

第106條

本法中華民國一百十二年五月九日修正之條文施行前，已受理而尚未處分之異議或評定案件，以註冊時及修正施行後之規定均為違法事由為限，始撤銷其註冊；其程序依修正施行後之規定辦理。但修正施行前已依法進行之程序，其效力不受影響。

對本法中華民國一百十二年五月九日修正之條文施行前註冊之商標、證明標章及團體標章，於修正施行後提出異議、申請或提請評定者，以其註冊時及修正施行後之規定均為違法事由為限。

第107條

本法中華民國一百年五月三十一日修正之條文施行前，尚未處分之商標廢止案件，適用修正施行後之規定辦理。但修正施行前已依法進行之程序，其效力不受影響。

第108條

本法中華民國一百年五月三十一日修正之條文施行前，以動態、全像圖或其聯合

式申請註冊者，以修正之條文施行日爲其申請日。

第109條

以動態、全像圖或其聯合式申請註冊，並主張優先權者，其在與中華民國有相互承認優先權之國家或世界貿易組織會員之申請日早於本法中華民國一百年五月三十一日修正之條文施行前者，以一百年五月三十一日修正之條文施行日爲其優先權日。

於中華民國政府主辦或承認之國際展覽會上，展出申請註冊商標之商品或服務而主張展覽會優先權，其展出日早於一百年五月三十一日修正之條文施行前者，以一百年五月三十一日修正之條文施行日爲其優先權日。

第109-1條

本法中華民國一百十二年五月九日修正之條文施行前三年持續從事商標代理業務，且每年辦理申請商標註冊及其他程序案件達十件者，得於修正施行之翌日起算一年內申請登錄爲商標代理人。

未依前項規定登錄爲商標代理人，且不具第六條第二項所定資格者，不得繼續執行商標代理業務。但所代理案件於本法中華民國一百十二年五月九日修正之條文施行前業經商標專責機關受理，於尚未審定或處分前，不在此限。

第110條

本法施行細則，由主管機關定之。

第111條

本法之施行日期，由行政院定之。

附錄二　商標法施行細則

2018年6月7日經濟部令修正發布第19條條文

第一章　總則

第1條

本細則依商標法（以下簡稱本法）第一百十條規定訂定之。

第2條

依本法及本細則所為之申請，除依本法第十三條規定以電子方式為之者外，應以書面提出，並由申請人簽名或蓋章；委任商標代理人者，得僅由代理人簽名或蓋章。商標專責機關為查核申請人之身分或資格，得通知申請人檢附身分證明、法人證明或其他資格證明文件。

前項書面申請之書表格式及份數，由商標專責機關定之。

第3條

申請商標及辦理有關商標事項之文件，應用中文；證明文件為外文者，商標專責機關認有必要時，得通知檢附中文譯本或節譯本。

第4條

依本法及本細則所定應檢附之證明文件，以原本或正本為之。但有下列情形之一，得以影本代之：

一、原本或正本已提交商標專責機關，並載明原本或正本所附之案號者。

二、當事人釋明影本與原本或正本相同者。商標專責機關為查核影本之真實性，得通知當事人檢送原本或正本，並於查核無訛後，予以發還。

第5條

委任商標代理人者，應檢附委任書，載明代理之權限。

前項委任，得就現在或未來一件或多件商標之申請註冊、異動、異議、評定、廢止及其他相關程序為之。

代理人權限之變更，非以書面通知商標專責機關，對商標專責機關不生效力。

代理人送達處所變更，應以書面通知商標專責機關。

第6條

代理人就受委任權限內有為一切行為之權。但選任及解任代理人、減縮申請或註冊指定使用之商品或服務、撤回商標之申請或拋棄商標權，非受特別委任，不得為之。

第7條

本法第八條第一項所稱屆期未補正，指於指定期間內迄未補正或於指定期間內補正仍不齊備者。

第8條

依本法及本細則指定應作為之期間，除第三十四條規定外，得於指定期間屆滿前，敘明理由及延長之期間，申請商標專責機關延長之。

第9條

依本法第八條第二項規定，申請回復原狀者，應敘明遲誤期間之原因及其消滅日期，並檢附證明文件。

第10條

商標註冊簿應登載下列事項：

一、商標註冊號及註冊公告日期。

二、商標申請案號及申請日。

三、商標權人姓名或名稱、住居所或營業所；商標權人在國內無住居所或營業所者，其國籍或地區。

四、商標代理人。

五、商標種類、型態及圖樣為彩色或墨色。

六、商標名稱、商標圖樣及商標描述。

七、指定使用商品或服務之類別及名稱。

八、優先權日及受理申請之國家或世界貿易組織會員；展覽會優先權日及展覽會名稱。

九、依本法第二十九條第二項及第三項、第三十條第一項第十款至第十五款各款但書及第四項規定註冊之記載。

十、商標註冊變更及更正事項。

十一、商標權之延展註冊，商標權期間迄日；延展註冊部分商品或服務者，其延

展註冊之商品或服務及其類別。

十二、商標權之分割，原商標之註冊簿應記載分割後各註冊商標之註冊號數；分割後商標之註冊簿應記載原商標之註冊號及其註冊簿記載事項。

十三、減縮部分商品或服務之類別及名稱。

十四、繼受商標權者之姓名或名稱、住居所或營業所及其商標代理人。

十五、被授權人姓名或名稱、專屬或非專屬授權、授權始日，有終止日者，其終止日、授權使用部分商品或服務及其類別及授權使用之地區；再授權，亦同。

十六、質權人姓名或名稱及擔保債權額。

十七、商標授權、再授權、質權變更事項。

十八、授權、再授權廢止及質權消滅。

十九、商標撤銷或廢止註冊及其法律依據；撤銷或廢止部分商品或服務之註冊，其類別及名稱。

二十、商標權拋棄或消滅。

二十一、法院或行政執行機關通知強制執行、行政執行或破產程序事項。

二十二、其他有關商標之權利及法令所定之一切事項。

第11條

商標註冊簿登載事項，應刊載於商標公報。

第二章　商標申請及審查

第12條

申請商標註冊者，應備具申請書，聲明商標種類及型態，載明下列事項：

一、申請人姓名或名稱、住居所或營業所、國籍或地區；有代表人者，其姓名或名稱。

二、委任商標代理人者，其姓名及住居所或營業所。

三、商標名稱。

四、商標圖樣。

五、指定使用商品或服務之類別及名稱。

六、商標圖樣含有外文者，其語文別。

七、應提供商標描述者，其商標描述。

八、依本法第二十條主張優先權者，第一次申請之申請日、受理該申請之國家或
　　世界貿易組織會員及申請案號。

九、依本法第二十一條主張展覽會優先權者，第一次展出之日期及展覽會名稱。

十、有本法第二十九條第三項或第三十條第四項規定情形者，不專用之聲明。

第13條

申請商標註冊檢附之商標圖樣，應符合商標專責機關公告之格式。商標專責機關
認有必要時，得通知申請人檢附商標描述及商標樣本，以輔助商標圖樣之審查。

商標圖樣得以虛線表現商標使用於指定商品或服務之方式、位置或內容態樣，並
於商標描述中說明。該虛線部分，不屬於商標之一部分。

第一項所稱商標描述，指對商標本身及其使用於商品或服務情形所為之相關說
明。

第一項所稱商標樣本，指商標本身之樣品或存載商標之電子載體。

第14條

申請註冊顏色商標者，商標圖樣應呈現商標之顏色，並得以虛線表現顏色使用於
指定商品或服務之方式、位置或內容態樣。

申請人應提供商標描述，說明顏色及其使用於指定商品或服務之情形。

第15條

申請註冊立體商標者，商標圖樣為表現立體形狀之視圖；該視圖以六個為限。

前項商標圖樣得以虛線表現立體形狀使用於指定商品或服務之方式、位置或內容
態樣。

申請人應提供商標描述，說明立體形狀；商標包含立體形狀以外之組成部分者，
亦應說明。

第16條

申請註冊動態商標者，商標圖樣為表現動態影像變化過程之靜止圖像；該靜止圖
像以六個為限。

申請人應提供商標描述，依序說明動態影像連續變化之過程，並檢附符合商標專
責機關公告格式之電子載體。

第17條

申請註冊全像圖商標者，商標圖樣為表現全像圖之視圖；該視圖以四個為限。

申請人應提供商標描述，說明全像圖；因視角差異產生不同圖像者，應說明其變

化情形。

第18條

申請註冊聲音商標者，商標圖樣爲表現該聲音之五線譜或簡譜；無法以五線譜或簡譜表現該聲音者，商標圖樣爲該聲音之文字說明。

前項商標圖樣爲五線譜或簡譜者，申請人應提供商標描述。

申請註冊聲音商標應檢附符合商標專責機關公告格式之電子載體。

第19條

申請商標註冊，應依商品及服務分類之類別順序，指定使用之商品或服務類別，並具體列舉商品或服務名稱。

商品及服務分類應由商標專責機關依照世界智慧財產權組織之商標註冊國際商品及服務分類尼斯協定發布之類別名稱公告之。

於商品及服務分類修正前已註冊之商標，其指定使用之商品或服務類別，以註冊類別爲準；未註冊之商標，其指定使用之商品或服務類別，以申請時指定之類別爲準。

第20條

本法第二十條第一項所定之六個月，自在與中華民國相互承認優先權之國家或世界貿易組織會員第一次申請日之次日起算至本法第十九條第二項規定之申請日止。

第21條

依本法第二十一條規定主張展覽會優先權者，應檢送展覽會主辦者發給之參展證明文件。

前項參展證明文件，應包含下列事項：

一、展覽會名稱、地點、主辦者名稱及商品或服務第一次展出日。

二、參展者姓名或名稱及參展商品或服務之名稱。

三、商品或服務之展示照片、目錄、宣傳手冊或其他足以證明展示內容之文件。

第22條

依本法第二十一條規定主張展覽會優先權者，其自該商品或服務展出後之六個月，準用第二十條之規定。

第23條

依本法第二十二條規定須由各申請人協議者，商標專責機關應指定相當期間，通

知各申請人協議；屆期不能達成協議時，商標專責機關應指定期日及地點，通知各申請人抽籤決定之。

第24條

本法第二十三條但書所稱非就商標圖樣實質變更，指下列情形之一：

一、刪除不具識別性或有使公眾誤認誤信商品或服務性質、品質或產地之虞者。

二、刪除商品重量或成分標示、代理或經銷者電話、地址或其他純粹資訊性事項者。

三、刪除國際通用商標或註冊符號者。

四、不屬商標之部分改以虛線表示者。

前項第一款規定之情形，有改變原商標圖樣給予消費者識別來源之同一印象者，不適用之。

第25條

依本法第二十四條規定申請變更商標註冊申請事項者，應備具申請書，並檢附變更證明文件。但其變更無須以文件證明者，免予檢附。

前項申請，應按每一商標各別申請。但相同申請人有二以上商標，其變更事項相同者，得於一變更申請案同時申請之。

第26條

依本法第二十五條規定申請商標註冊申請事項之更正，商標專責機關認有查證之必要時，得要求申請人檢附相關證據。

第27條

申請分割註冊申請案者，應備具申請書，載明分割件數及分割後各商標之指定使用商品或服務。

分割後各商標申請案之指定使用之商品或服務不得重疊，且不得超出原申請案指定之商品或服務範圍。

核准審定後註冊公告前申請分割者，商標專責機關應於申請人繳納註冊費，商標經註冊公告後，再進行商標權分割。

第28條

依本法第二十七條規定移轉商標註冊申請所生之權利，申請變更申請人名義者，應備具申請書，並檢附移轉契約或其他移轉證明文件。

前項申請應按每一商標各別申請。但繼受權利之人自相同之申請人取得二以上商

標申請權者，得於一變更申請案中同時申請之。

第29條

商標註冊申請人主張有本法第二十九條第二項規定，在交易上已成為申請人商品或服務之識別標識者，應提出相關事證證明之。

第30條

本法第三十條第一項第十款但書所稱顯屬不當，指下列情形之一：

一、申請註冊商標相同於註冊或申請在先商標，且指定使用於同一商品或服務者。

二、註冊商標經法院禁止處分者。

三、其他商標專責機關認有顯屬不當之情形者。

第31條

本法所稱著名，指有客觀證據足以認定已廣為相關事業或消費者所普遍認知者。

第32條

本法第三十條第一項第十四款所稱法人、商號或其他團體之名稱，指其特取名稱。

第33條

同意他人依本法第三十條第一項第十款至第十五款各款但書規定註冊者，嗣後本人申請註冊之商標有本法第三十條第一項第十款規定之情形時，仍應依該款但書規定取得該他人之同意後，始得註冊。

第34條

本法第三十一條第二項規定限期陳述意見之期間，於申請人在中華民國境內有住居所或營業所者，為一個月；無住居所或營業所者，為二個月。

前項期間，申請人得敘明理由申請延長。申請人在中華民國境內有住居所或營業所者，得延長一個月；無住居所或營業所者，得延長二個月。

前項延長陳述意見期間，申請人再申請延長者，商標專責機關得依補正之事項、延長之理由及證據，再酌予延長期間；其延長之申請無理由者，不受理之。

第三章　商標權

第35條

申請延展商標權期間，商標權人應備具申請書，就註冊商標指定之商品或服務之全部或一部為之。

對商標權存續有利害關係之人，亦得載明理由，提出前項延展商標權期間之申請。

第36條

申請分割商標權，準用第二十七條第一項及第二項規定，並應按分割件數檢送分割申請書副本。

商標權經核准分割者，商標專責機關應就分割後之商標，分別發給商標註冊證。

第37條

申請變更或更正商標註冊事項，準用第二十五條及第二十六條之規定。

第38條

申請商標授權登記者，應由商標權人或被授權人備具申請書，載明下列事項：

一、商標權人及被授權人之姓名或名稱、住居所或營業所、國籍或地區；有代表人者，其姓名或名稱。

二、委任代理人者，其姓名及住居所或營業所。

三、商標註冊號數。

四、專屬授權或非專屬授權。

五、授權始日。有終止日者，其終止日。

六、授權使用部分商品或服務者，其類別及名稱。

七、授權使用有指定地區者，其地區名稱。

前項授權登記由被授權人申請者，應檢附授權契約或其他足資證明授權之文件；由商標權人申請者，商標專責機關為查核授權之內容，亦得通知檢附前述授權證明文件。

前項申請，應按每一商標各別申請。但商標權人有二以上商標，以註冊指定之全部商品或服務，授權相同之人於相同地區使用，且授權終止日相同或皆未約定授權終止日者，得於一授權申請案中同時申請之。

申請商標再授權登記者，準用前三項規定，除本法第四十條第一項本文規定之情

形外，並應檢附有權為再授權之證明文件。

再授權登記使用之商品或服務、期間及地區，不得逾原授權範圍。

第39條

申請商標權之移轉登記者，應備具申請書，並檢附移轉契約或其他移轉證明文件。

前項申請，應按每一商標各別申請。但繼受權利之人自相同之商標權人取得二以上商標權者，得於一移轉申請案中同時申請之。

第40條

申請商標權之質權設定、移轉或消滅登記者，應由商標權人或質權人備具申請書，並依其登記事項檢附下列文件：

一、設定登記者，其質權設定契約或其他質權設定證明文件。

二、移轉登記者，其質權移轉證明文件。

三、消滅登記者，其債權清償證明文件、質權人同意塗銷質權設定之證明文件、法院判決書及判決確定證明書或與法院確定判決有同一效力之證明文件。

申請質權設定登記者，並應於申請書載明該質權擔保之債權額。

第41條

有下列情形之一，商標權人得備具申請書並敘明理由，申請換發或補發商標註冊證：

一、註冊證記載事項異動。

二、註冊證陳舊或毀損。

三、註冊證滅失或遺失。

依前項規定補發或換發商標註冊證時，原商標註冊證應公告作廢。

第42條

異議之事實及理由不明確或不完備者，商標專責機關得通知異議人限期補正。

異議人於商標註冊公告日後三個月內，得變更或追加其主張之事實及理由。

第43條

商標權人或異議人依本法第四十九條第二項規定答辯或陳述意見者，其答辯書或陳述意見書如有附屬文件，副本亦應附具該文件。

第44條

於商標權經核准分割公告後，對分割前註冊商標提出異議者，商標專責機關應通

知異議人,限期指定被異議之商標,分別檢附相關申請文件,並按指定被異議商標之件數,重新核計應繳納之規費;規費不足者,應為補繳;有溢繳者,異議人得檢據辦理退費。

第45條

於異議處分前,被異議之商標權經核准分割者,商標專責機關應通知異議人,限期聲明就分割後之各別商標續行異議;屆期未聲明者,以全部續行異議論。

第46條

第四十二條第一項、第四十三條至前條規定,於評定及廢止案件準用之。

第四章　證明標章、團體標章及團體商標

第47條

證明標章權人為證明他人之商品或服務,得在其監督控制下,由具有相關檢測能力之法人或團體進行檢測或驗證。

第48條

證明標章、團體標章及團體商標,依其性質準用本細則關於商標之規定。

第五章　附則

第49條

申請商標及辦理有關商標事項之證據及物件,欲領回者,應於該案確定後一個月內領取。

前項證據及物件,經商標專責機關通知限期領回,屆期未領回者,商標專責機關得逕行處理。

第50條

本細則自發布日施行。

索引　INDEX

國家圖書館出版品預行編目資料

商標法：案例式／林洲富著. -- 六版. -- 臺
北市：五南圖書出版股份有限公司, 2023.10
　　面；　公分
　　ISBN 978-626-366-640-5(平裝)

1.CST: 商標法　2.CST: 判例解釋例

587.3　　　　　　　　　　112015787

1S23

商標法—案例式

作　　者 ― 林洲富（134.2）

發 行 人 ― 楊榮川

總 經 理 ― 楊士清

總 編 輯 ― 楊秀麗

副總編輯 ― 劉靜芬

責任編輯 ― 林佳瑩

封面設計 ― 陳亭瑋

出 版 者 ― 五南圖書出版股份有限公司

地　　址：106台北市大安區和平東路二段339號4樓

電　　話：(02)2705-5066　　傳　　真：(02)2706-6100

網　　址：https://www.wunan.com.tw

電子郵件：wunan@wunan.com.tw

劃撥帳號：01068953

戶　　名：五南圖書出版股份有限公司

法律顧問　林勝安律師

出版日期　2008年8月初版一刷
　　　　　2012年9月二版一刷
　　　　　2016年3月三版一刷
　　　　　2018年8月四版一刷
　　　　　2021年7月五版一刷
　　　　　2023年10月六版一刷

定　　價　新臺幣450元

經典永恆・名著常在

五十週年的獻禮——經典名著文庫

五南，五十年了，半個世紀，人生旅程的一大半，走過來了。

思索著，邁向百年的未來歷程，能為知識界、文化學術界作些什麼？

在速食文化的生態下，有什麼值得讓人雋永品味的？

歷代經典・當今名著，經過時間的洗禮，千錘百鍊，流傳至今，光芒耀人；

不僅使我們能領悟前人的智慧，同時也增深加廣我們思考的深度與視野。

我們決心投入巨資，有計畫的系統梳選，成立「經典名著文庫」，

希望收入古今中外思想性的、充滿睿智與獨見的經典、名著。

這是一項理想性的、永續性的巨大出版工程。

不在意讀者的眾寡，只考慮它的學術價值，力求完整展現先哲思想的軌跡；

為知識界開啟一片智慧之窗，營造一座百花綻放的世界文明公園，

任君遨遊、取菁吸蜜、嘉惠學子！